Manuel Thaler
Florian Mörchel

Duales Studium

Der Wegbegleiter ins Berufsleben

STARK

Autoren

Manuel Thaler (Jahrgang 1990) absolvierte ein ausbildungsintegriertes duales Studium an der Universität der Bundeswehr München mit dem Partnerunternehmen Munich Re, das er mit einem wirtschaftswissenschaftlichen Master mit Auszeichnung abschloss. Der Studienschwerpunkt lag dabei auf Finanz- und Risikomanagementthemen. Seine Praxiseinsätze absolvierte er in München, London sowie in Bogotá. Dabei wurde er zusätzlich mit einem Stipendium der Schmalenbach-Stiftung gefördert. Im Anschluss an das Studium blieb der Autor im Ausbildungsunternehmen Munich Re und arbeitet momentan als Risikomanager für Kreditrisiken in München.

Florian Mörchel (Jahrgang 1989) erlangte einen Master of Science der Wirtschafts- und Organisationswissenschaften der Universität der Bundeswehr München mit dem Partnerunternehmen Generali Versicherungen im ausbildungsintegrierten Studium. Seine Praxiseinsätze absolvierte er an den Standorten in München, Erfurt und Paris. In der Studienvertiefung »Entwicklung zukunftsfähiger Organisationen« sammelte der Autor praktische Erfahrungen mit den Methoden der systemischen Beratung. Auch Florian blieb seinem Partnerunternehmen treu und ist gegenwärtig als Produktmanager in München tätig.

Coverbild: © contrastwerkstatt | fotolia.de

Bildnachweis S. 196: © mars – Fotolia.com

ISBN 978-3-8490-2044-6

© 2016 by Stark Verlagsgesellschaft mbH & Co. KG
www.berufundkarriere.de

Inhalt

Vorwort

Florian war gerade am Flughafen. Der Jakobsweg wartete auf ihn. Nach viereinhalb Jahren Dualem Studium lechzte er nach einer Pause und Urlaub für den Kopf. Doch bevor er sich auf den Weg in den französischen Südwesten machte, rief er Manuel frühmorgens an: »Ich bin dabei!«. Manuel hatte ihm auf der Abschlussfeier am Ende des Studiums von der Idee eines Ratgebers für Duale Studenten erzählt. Zwei Monate nach Florians Rückkehr nach Deutschland begann das Buchprojekt.

Wir beide hatten das Duale Studium gerade eingetütet. Der Wunsch-Job hatte uns beide bei unseren Praxispartnern schon gefunden. Dieser Ratgeber enthält das gesammelte Wissen, das wir uns und unsere Freunde sich über unser Duales Studium hinweg hart erarbeitet haben. In Deinen Händen hältst Du das Buch, das wir uns als Vorbereitung und als Wegbegleiter für unser Duales Studium erträumt hätten: Ein Nachschlagewerk für alle Phasen des Dualen Studiums. Sätze wie »Wenn ich das doch vorher gewusst hätte!« oder »Ich habe mir das Duale Studium ganz anders vorgestellt« hätten wir dann in unserem Freundeskreis nie gehört.

Das vorherrschende Bild von Dualen Studiengängen und das tatsächliche Angebot unterscheiden sich teils erheblich. Auch in den Medien wird immer wieder ein verzerrtes Bild gezeichnet. So werden Duale Studiengänge oft als stipendienartiges Geschenk von Unternehmen an Schulabgänger[1] und todsicherer Karrierebeschleuniger gepriesen. Das Duale Studium ist nüchtern betrachtet ein dritter Karriereweg neben Studium und Berufsausbildung. Es ist nicht für jeden gemacht. Wer aber in das Programm passt und es für sich zu nutzen weiß, dem eröffnen sich hier Entwicklungs- und Fördermöglichkeiten, die in einem normalen Studium nur schwer vorstellbar sind. Mittlerweile werden über 1 500 verschiedene Duale Studiengänge von über 40 000 Unternehmen in Deutschland angeboten. Die Angebote unterscheiden sich sehr stark und es herrscht teils große Verwirrung. Nach wie vor gibt es große Qualitätsunterschiede bei den angebotenen Programmen. Es wird dabei immer schwieriger, die entscheidenden Fragen zu beantworten: Passt ein Duales Studium zu mir?

---

[1] Die verwendete Sprachform dient der besseren Lesbarkeit und schließt immer auch das jeweils andere Geschlecht mit ein.

Und wenn ja, welches Programm passt zu mir? Wie finde ich den passenden Dualen Studiengang und den richtigen Praxispartner? Worauf achten Unternehmen bei der Auswahl Dualer Studenten?

Der vorliegende Ratgeber widmet sich der Beantwortung dieser Fragen. Er erklärt, wie Duale Studiengänge funktionieren und wie man diese im Vergleich zu einem normalen Studium einordnen kann. Dabei klären wir, zu welchen Typen welche Art des Dualen Studiums passt. Nutze den Ratgeber als eine Art Kompass, um Dich in dem unübersichtlichen Angebotsdschungel an Dualen Studiengängen zurechtzufinden. Wir versorgen Dich mit Tipps und Tricks für die Bewerbung auf Duale Studiengänge. Schaffst Du es, einen der begehrten Plätze zu ergattern, warten auf dem Weg des Dualen Studenten weitere Herausforderungen. Wie Du Dir einen Auslandsaufenthalt organisierst, auf was Du bei der innerbetrieblichen Ausbildung achten musst, wie Du den Spagat zwischen Arbeit und Hochschule am besten hinbekommst und wie Du Dein eigener Finanzminister wirst: Das alles lernst Du in fünf Schritten in diesem Buch. Dabei bereiten wir Dich auch auf den Übergang am Studienende in eine passende Einstiegsposition im Unternehmen vor und zeigen, wie Du mit einem Dualen Studium erfolgreich ins Berufsleben startest.

www In unserem Online Content zeigen wir Dir, wie Du während Deines Dualen Studiums Deine Finanzen in den Griff bekommst. Das zusätzliche Kapitel findest Du unter: **www.berufundkarriere.de/onlinecontent**
Folge einfach den Anweisungen auf der Website.

Schritt 1

Das Duale Studium: Was steckt dahinter und ist es der richtige Weg für Dich?

Als Allererstes führen wir Dich in die Welt des Dualen Studiums ein. Du solltest wissen, was ein Duales Studium ist, welche Arten es gibt und ob der Weg des Dualen Studiums zu Deinem Charakter und Deinen persönlichen Plänen passt. Erst dann kannst Du Dich überhaupt auf die Suche nach passenden Dualen Studiengängen machen. Mit unseren Tricks hast Du auch im Bewerbungsprozess um die begehrten Plätze gute Karten. Was Dich erwartet:

- In **Kapitel 1** zeigen wir Dir, wie ein Duales Studium aufgebaut ist und auf was es bei den einzelnen Teilen ankommt.
- In **Kapitel 2** geht es um die wichtigste Frage überhaupt: Wieso sollte man ein Duales Studium beginnen und stimmen diese Beweggründe mit Deinen eigenen überein?
- In **Kapitel 3** wechseln wir die Seite und erklären Dir, warum Unternehmen dieses teure Programm anbieten und warum es wichtig für Dich ist, deren Motive zu verstehen.
- In **Kapitel 4** vergleichen wir das Duale Studium mit dem klassischen Studium und geben Dir einen Überblick über die Vor- und Nachteile.

Kapitel 1
Das Duale Studium – einfach erklärt

In diesem Buch geben wir Dir wichtige Tipps für Deine Karriere mit einem Dualen Studium. Immer mehr Schüler interessieren sich für diesen dritten Weg neben der Berufsausbildung und dem normalen Studium. Denn das Duale Studium ist längst keine Nische mehr, sondern ein etablierter Karrierestart. Ende 2014 wurden fast 95 000 Duale Studenten allein in Erstausbildung in Deutschland gezählt und es werden jedes Jahr mehr. Das sind so viele aktive Duale Studenten, dass sie das Stadion des FC Barcelona fast komplett füllen könnten. Dabei hatten Abiturienten 2014 die Auswahl zwischen über 1 500 Dualen Studiengängen, die von über 40 000 Partnerunternehmen angeboten werden. Die Statistik des Bundesinstituts für Berufsausbildung zeigt den rasanten Anstieg:

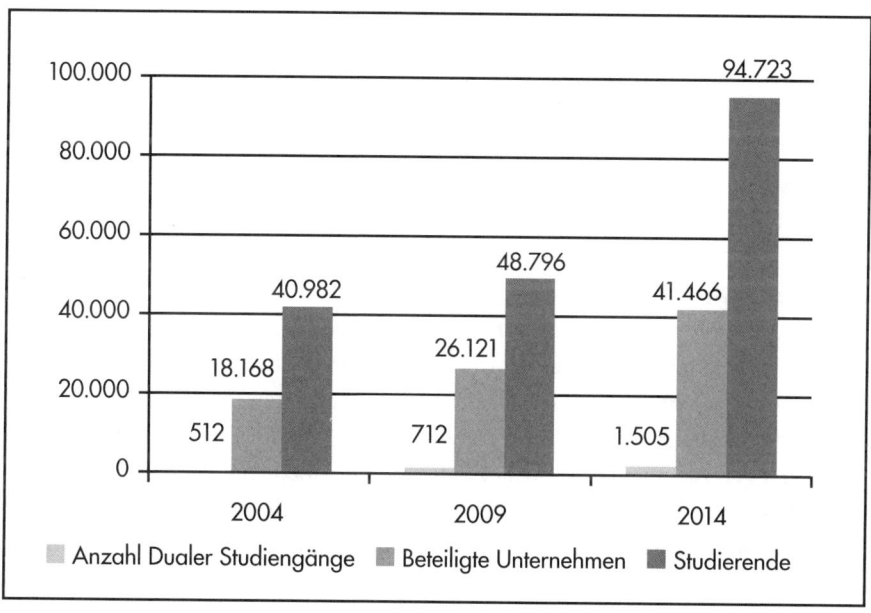

Quelle: Bundesinstitut für Berufsausbildung (AusbildungPlus Datenbank): Im Jahr 2014 werden nur Erstausbildungsstudiengänge erfasst.

In diesem Kapitel geben wir Dir eine Einführung in die Welt des Dualen Studiums. Es dient Dir als Grundlage für ein allgemeines Verständnis dieses Themas:

- Es gibt eine große **Verwirrung um Duale Studiengänge**. Warum das so ist, erfährst Du in diesem Abschnitt.
- Wir fassen knapp zusammen, **was ein Duales Studium wirklich ist:** eine Kombination von Studium, Ausbildung und Arbeit beim Praxispartner – also die Verknüpfung zwischen Studium und Arbeit. Dabei erklären wir Dir die Unterschiede, die es zwischen diesen drei Komponenten geben kann.
- Wir erklären Dir, welche Kategorien es für Duale Studiengänge gibt und wie die **Schubladensystematik** funktioniert: Worin unterscheiden sich ausbildungsintegrierte, praxisintegrierte, berufsintegrierte und begleitende Studiengänge?
- Damit Du das Duale Studium besser verstehst, geben wir Dir **Beispiele für unterschiedliche Duale Studienprogramme.**
- Wir grenzen für Dich noch einmal die Duale Berufsausbildung vom Dualen Studium ab. Denn es besteht große **Verwechslungsgefahr im Vergleich zur Ausbildung.** Dabei machen wir deutlich, wie groß der Unterschied zwischen diesen beiden Bildungswegen ist.

Verwirrung um Duale Studiengänge

Für Dich als zukünftigen Dualen Studenten haben wir eine gute und eine schlechte Nachricht.

- **Die gute Nachricht:** Das Duale Studium ist als anerkannter Ausbildungsweg in der Wirtschaft bekannt und wird geschätzt. Du findest ein vielfältiges Angebot vor, sodass Du bestimmt mehrere Duale Studiengänge finden kannst, die zu Dir passen.
- **Die schlechte Nachricht:** Es gibt viele Missverständnisse zum Thema Duales Studium, egal ob in Zeitungsartikeln oder in von Unternehmen genehmigten Erfahrungsberichten im Internet: Die verfügbaren Informationen über Duale Studiengänge vermitteln wahlweise das Bild eines bezahlten Studiums, einer verlängerten Berufsausbildung oder von einem Angebot für ein paar außergewöhnliche Überflieger. Als ehemalige Duale Studenten erkennen wir, wie dadurch die wissenshungrigen Köpfe der Schüler mit gefährlichem Halbwissen gefüttert werden. Wir haben bei unseren Gesprächen mit Schülern, Studenten und Kollegen immer wieder eines festgestellt: Zum Thema Duales Studium gibt es noch viel Aufklärungsbedarf.

Berufsinformationszentren oder Informationsseiten im Internet versuchen Duale Studiengänge meist mithilfe wenig sagender Schlagworte in verschiedene Schubladen zu stecken, um Dir die Orientierung zu erleichtern. Dort werden Duale Studiengänge in »berufsintegrierte«, »berufsbegleitende«, »praxisintegrierte«, »praxisorientierte« oder »ausbildungsintegrierte« Studiengänge unterteilt. Du findest die Einteilung intuitiv und selbsterklärend und weißt genau, was damit gemeint ist? Glückwunsch, dann kannst Du dieses Kapitel einfach überspringen. Du gehörst dann aber auch zu einer Minderheit. Bei Hochschulen und Unternehmen hat sich diese Systematik schon eingebürgert und teilweise wird bei dieser Einteilung der Studiengänge einiges durcheinandergeworfen. Deshalb erklären wir Dir die Schubladeneinteilung weiter hinten im Kapitel.

Doch stellen wir zuerst die allerwichtigste Frage:
Was ist denn jetzt ein Duales Studium genau? Und wie soll man bei so vielen verschiedenen Programmen das zu einem selbst passende Angebot finden?

Was ist ein Duales Studium jetzt wirklich?

Ein Duales Studium ist einfach gesagt nichts anderes als eine Kombination eines Studiums mit einem Praxiseinsatz bei einem festgelegten Kooperationspartner. Der Kooperationspartner ist ein Unternehmen oder eine andere öffentliche oder private Organisation – im Buch nennen wir diesen Praxispartner oder Partnerunternehmen. Dabei lässt sich jedes Duale Studium wie ein Baukasten für ein Spielzeughaus in folgende drei Bestandteile einteilen:
1. Ein **Partnerunternehmen**, bei dem Praxisphasen durchlaufen werden,
2. ein **Studium**, das an einer Hochschule oder Berufsakademie durchgeführt wird,
3. und die **Verknüpfung** zwischen dem Studiengang und dem Unternehmen.

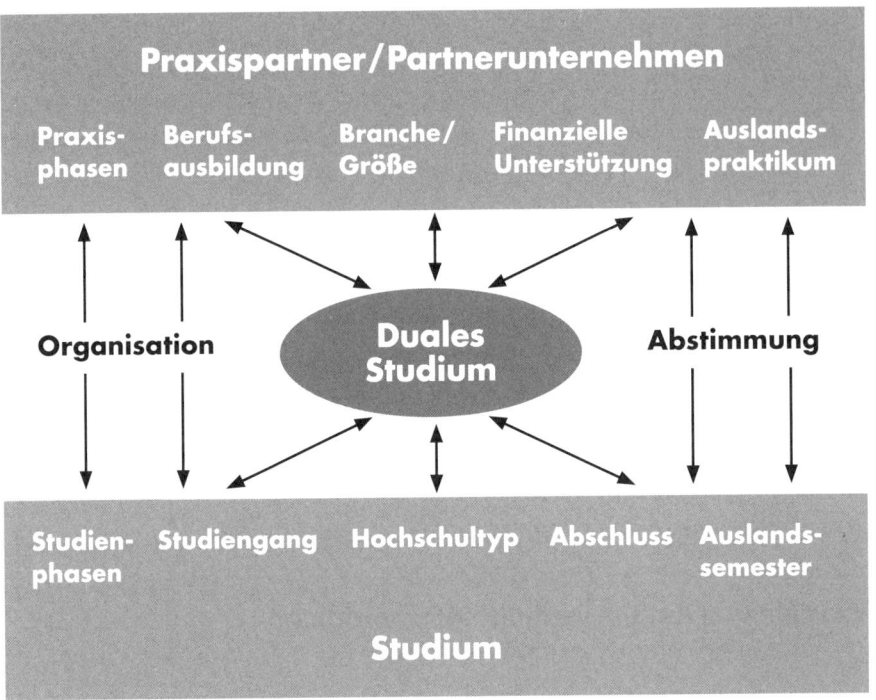

Grafik: Baukastenprinzip Duales Studium

Versteht man das angebotene Studienprogramm, die Praxisphasen und das Unternehmen sowie die Verknüpfung der beiden Komponenten, so versteht man das Gebäude des Dualen Studiums. Die drei Komponenten können sich jeweils stark unterscheiden. Die drei Bausteine können dabei ganz unterschiedlich gestaltet sein.

1. **Der Praxispartner** oder das Partnerunternehmen spielt eine Schlüsselrolle. Es schreibt einen Dualen Studienplatz aus und pickt sich die Teilnehmer aus den Bewerbern heraus. Ziel eines Dualen Studiums ist es, dass Du darauf vorbereitet wirst, nach dem Studium gleich für Dein Partnerunternehmen in einer angemessenen Position Deine Karriere zu starten. Es ist deshalb entscheidend, dass Du Dir ein Unternehmen suchst, das zu Dir passt. Darüber hinaus musst Du Dich oft dazu verpflichten, nach dem Studium noch für ein bis zwei Jahre im Unternehmen zu bleiben. Die Aufgaben und Angebote des Praxispartners in einem Dualen Studium konzentrieren sich auf folgende Punkte:

- Es muss die *Praxisphasen* im Unternehmen organisieren und den Dualen Studenten als Mitarbeiter ausbilden und formen (Kapitel 2).
- Der Duale Student wird vom Partnerunternehmen als Angestellter bezahlt. Meist bietet es weitere *finanzielle Unterstützung* an, indem es Studiengebühren, Auslandsaufenthalte und Bücher bezuschusst (Kapitel 4).
- In jedem Fall ist es der engste Ansprechpartner und trägt die Verantwortung dafür, dass sich der Duale Student wohl fühlt. Es ist Dein Partnerunternehmen, das Dir Hindernisse aus dem Weg räumt und Dir eine tolle Entwicklung ermöglicht (Kapitel 7).
- Manche Programme enthalten neben der akademischen Ausbildung auch den *Abschluss eines anerkannten Ausbildungsberufs* beim Partnerunternehmen, wie zum Beispiel zum Industriekaufmann / zur Industriekauffrau IHK. Andere Programme verzichten auf einen zusätzlichen Berufsabschluss und lassen den Unternehmen mehr Freiheiten bei der Planung der Ausbildung im Unternehmen (Kapitel 2).
- Dein Partnerunternehmen: Dual Studieren kannst Du bei einem Drei-Mann-Betrieb bis hin zu einem Großkonzern wie VW mit fast 600 000 Mitarbeitern. Was Unternehmen Dir bieten sollten und wie Du ein Unternehmen findest, das zu Dir passt, zeigen wir Dir (Kapitel 7).
- Viele Unternehmen bieten als Teil des Dualen Studiums ein oder mehrere *Auslandspraktika* an. Sie erhöhen so die Attraktivität ihres Angebots für Bewerber. Ein weiterer Vorteil ist, dass Duale Studenten schon sehr früh lernen, in einem internationalen Arbeitsumfeld zurechtzukommen (Kapitel 7).

2. **Das Studium** bildet den theoretischen Schwerpunkt der Ausbildung. Im Unterschied zu einer Berufsausbildung zeichnet sich ein Duales Studium durch ein wissenschaftsbezogenes Studium aus, bei dem die Ansprüche deutlich höher sind. Auch das Angebot im Studiengang kann sehr unterschiedlich aussehen. Wir unterscheiden eine Reihe von Kriterien, die ein Studienangebot besonders prägen:
- Die Wahl der *Studienrichtung* ist die größte Weggabelung. Du hast für ein Duales Studium inzwischen eine Auswahl, die weit über die Klassiker Maschinenbau und BWL hinausgeht. Die meisten Studiengänge haben nach wie vor Bezug zu Informatik, Ingenieurwissenschaften, Wirtschaftswissenschaften oder Sozialwissenschaften (Kapitel 6).

- Du musst Dich für einen *Hochschultyp* entscheiden. Das Angebot an Bildungs-einrichtungen umfasst hochschulähnliche Berufsakademien aber auch Duale Hochschulen, Fachhochschulen und Universitäten. Du solltest wissen, welcher Hochschultyp zu Dir passt (Kapitel 5).
- Zu einem Studiengang gehört ein angestrebter *Studienabschluss*. Die meisten Dualen Studiengänge richten sich an Abiturienten und Fachabiturienten und gelten als Erstausbildung. In diesem Fall wird ein Bachelorabschluss oder in Aus-nahmefällen ein Diplomabschluss angeboten. Manche Dualen Studiengänge gehen weiter und planen von Anfang an mit einem Masterstudium nach einem abgeschlossenen Bachelor (Kapitel 5).
- Viele Berufsakademien und Hochschulen bieten die Möglichkeit eines *Aus-landssemesters* an, wenn das Partnerunternehmen einverstanden ist und sich der Student darum kümmert (Kapitel 12).

3. Die bewusste inhaltliche, zeitliche und organisatorische **Verknüpfung** von Stu-dium und Praxiseinsatz haucht dem Dualen Studium erst wirklich Leben ein.[2] Denn mit der Bildungseinrichtung und dem Praxispartner gibt es im Dualen Stu-dium mindestens zwei Lernorte, die aufeinander abgestimmt werden müssen. Bei einer schwachen Verknüpfung lebst Du in der Hochschule und im Unternehmen in zwei Parallelwelten. Bei einer starken Verknüpfung spürst Du immer wieder das gemeinsame Ausbildungsziel.

- Die *zeitliche Verknüpfung* spielt eine entscheidende Rolle. Es gibt Duale Studi-engänge mit Blockzeiten, das heißt auf mehrere Wochen Theorie folgen meh-rere Wochen im Betrieb. Im Wochenmodell finden Praxis- und Studienphasen innerhalb einer Woche parallel statt und sind nach Wochentagen aufgeteilt. Dann sitzt Du beispielsweise Montag und Dienstag an der Uni und arbeitest dafür von Mittwoch bis Freitag im Partnerunternehmen (Kapitel 4).
- Die *inhaltliche Verknüpfung* eines Dualen Studiums ist der Grad, wie stark die Aufgaben im Unternehmen mit dem in der Hochschule erworbenen Wissen zusammenhängen. Wie gut kannst Du die Inhalte des Studiums bei Deinem Ein-satz im Unternehmen gebrauchen? Eine enge Verzahnung besteht z. B. dann, wenn Du ein Problem aus Deinem Unternehmen in Deiner Bachelorarbeit wis-senschaftlich bearbeitest (Kapitel 2).

---

[2] Positionierung des ver.di-Bundesfachbereichsvorstandes Bildung, Wissenschaft und Forschung zum Dualen Studium (Beschluss v. 21.02.2014)

- Die *organisatorische Verknüpfung* definiert, wie gut die Verwaltung von Hochschule und Unternehmen Hand in Hand gehen. Willst Du beispielsweise ein Auslandssemester oder Auslandspraktikum machen, so wirst Du schnell merken, wie gut die Zusammenarbeit in der Organisation funktioniert. Unternehmen und Hochschule sollten sich regelmäßig abstimmen und ihre Interessen aufeinander ausrichten (Kapitel 2).

INFO

Eingrenzung des Wissenschaftsrates

Auch die Wissenschaftler in Deutschland haben sich mit dem Thema Duales Studium beschäftigt. Ziel war es eine eindeutige Abgrenzung des Dualen Studiums von anderen Ausbildungsformen zu schaffen. Herausgekommen ist eine eigene Definition, an der wir unsere Baukastendefinition (siehe S. 13 f.) orientiert haben. Der Wissenschaftsrat hat im Oktober 2013 in einer Veröffentlichung zwei »konstitutive Wesensmerkmale« von Dualen Studiengängen definiert:

1. Die **Dualität** als Verbindung und Abstimmung von mindestens zwei Lernorten
2. Die Verfasstheit als **wissenschaftliches und wissenschaftsbezogenes Studium**

Werden für beide Merkmale die Mindestanforderungen erfüllt, so handelt es sich bei einem Ausbildungsprogramm um ein Duales Studium.

ACHTUNG

Missverständnis Duales Studium: Was ein Duales Studium nicht ist

Vor dem nächsten Kapitel wollen wir die größten Missverständnisse über den Begriff Duales Studium aus dem Weg räumen. Denn ...

- Duales Studium ist kein geschützter Begriff. Es gibt unendlich viele Möglichkeiten und noch keine einheitlichen Standards für ein Duales Studium. Deshalb musst Du bei jedem Angebot genau hinschauen, was drinsteckt.
- ein Duales Studium ist kein Stipendium von einem Unternehmen an Studenten. Du musst für Dein Gehalt arbeiten und gibst dafür Freiheiten und viel Freizeit auf. Du kannst nicht einfach wie ein Praktikant das Unternehmen wechseln und hast den gleichen Urlaubsanspruch wie ein Angestellter. Zweimonatige Semesterferien wirst Du nie erleben.
- ein Duales Studium ist keine Form der klassischen Berufsausbildung. Du hast hier immer ein Studium mit wissenschaftlichem Anspruch an einer Hochschule oder ähnlichen Einrichtung als theoretischen Ausbildungsteil.
- ein berufsbegleitendes Studium ist kein Duales Studium. Im berufsbegleitenden Studium wird neben dem normalen Job in einer Art Abend- und Wochenendstudium ein zusätzlicher Abschluss erworben. Ein Duales Studium zeichnet sich allerdings dadurch aus, dass Studium und Praxisteil im Unternehmen eng aufeinander abgestimmt sind. Das berufsbegleitende Studium wird oft fälschlicherweise als Duales Studium bezeichnet.
- ein Studium an zwei Universitäten ist ebenfalls kein Duales Studium. Das Duale Studium ist nämlich die Kombination aus Theorie und Praxis.

Die vielbenutzte Schubladensystematik

Offiziell werden Duale Studiengänge meist in verschiedene Kategorien eingeteilt. Du solltest die Einteilung kennen und verstehen, da sie immer wieder benutzt wird. Sei Dir aber bewusst, dass sie leider nicht immer verlässlich und eindeutig benutzt wird und Du auch hier oft verwirrt wirst. Deshalb lohnt es sich trotzdem immer zu hinterfragen, welche Art von Studium und welche Art von Ausbildung hinter dem jeweiligen Dualen Studienangebot steckt. Wie sind diese miteinander verknüpft? Wir orientieren uns bei der Darstellung an der Veröffentlichung des Wissenschaftsrates im Oktober 2013.

Erstausbildung	Mit anerkannter Berufsausbildung im Betrieb	ausbildungsintegriert
	Praktische Ausbildung im Betrieb	praxisintegriert
Weiterbildung	Berufstätigkeit im Betrieb	berufsintegriert
	Praktische Weiterbildung im Betrieb	praxisintegriert

- **Ausbildungsintegriertes oder ausbildungsintegrierendes Studium**
  - **Beschreibung:** Ein Duales Studium, bei dem eine anerkannte Berufsausbildung und das Studium systematisch miteinander verknüpft sind. Sie sind als ein Programm organisiert und ergänzen sich. Oft kannst Du Dir Teile der Ausbildung für Dein Studium anrechnen lassen. Am Ende des ausbildungsintegrierten Studiums hast Du einen Berufsabschluss und einen Studienabschluss in der Tasche.
  - **Formel:** Berufsausbildung + Studium + Verknüpfung = ausbildungsintegriertes Studium

- **Beispiel:** Studium zum Bachelor of Science in Wirtschaftsinformatik an der FH Südwestfalen mit integrierter IHK-Ausbildung zum Fachinformatiker Systemintegration, wie es zum Beispiel Atos IT Solutions in München anbietet.

- **Praxisintegriertes oder praxisintegrierendes Studium**
  - **Beschreibung:** Ein Duales Studium, bei dem Praxisanteile im Unternehmen und das Studium systematisch miteinander verknüpft sind. Sie sind als ein Programm organisiert und ergänzen sich. Die Praxiseinsätze werden oft im Studium in Form von vorgeschriebenen Praktika als Studienleistungen angerechnet. Der Unterschied zum »ausbildungsintegrierten Studium« ist, dass die Praxiseinsätze nicht zu einem zusätzlichen Berufsabschluss führen. Die Praxisphasen sind jedoch stark ausbildungsähnlich gestaltet. Du erwirbst aber keinen offiziellen Berufsabschluss, sondern nur einen Studienabschluss. Ansonsten gibt es ein paar rechtliche Unterschiede zum ausbildungsintegrierten Modell (siehe Kapitel 11).
  - **Formel:** geplante Praxiseinsätze + Studium + Verknüpfung = praxisintegriertes Studium
  - **Beispiel:** Die meisten Studiengänge an der Dualen Hochschule Baden-Württemberg (DHBW), etwa das Studium zum Bachelor of Engineering mit fest vorgesehenen Praxisinhalten.

ACHTUNG

Praxisintegriert gegen ausbildungsintegriert

Man kann nicht sagen, ob ein praxis- oder ausbildungsintegriertes Studium das bessere Modell ist. Wir wiegen die Vor- und Nachteile einer anerkannten Berufsausbildung in einem Dualen Studium in Kapitel 4 gegeneinander ab. In letzter Zeit erfreut sich das praxisintegrierte Studium einer größeren Beliebtheit.

- **Berufsintegriertes Studium**
  - **Beschreibung:** Ein Duales Studium, bei dem das Studium mit einer fachlich verwandten Berufstätigkeit verbunden ist. Es muss eine inhaltliche Verzahnung zwischen Beruf und Studium geben. Im Gegensatz zu einem praxisintegrierten Studium ist man schon stärker in eine berufliche Position eingebunden. Es handelt sich nicht um eine Erstausbildung.
  - **Formeln:** Berufliche Position + Studium = berufsintegriertes Studium
  - **Beispiel:** Bachelor of Arts BWL – Bank bei PWC. Hier wird für junge Leute, die bereits eine Berufsausbildung zum Bankkaufmann abgeschlossen haben, ein Duales Studium an der Dualen Hochschule Baden-Württemberg (DHBW) angeboten. Da hier schon eine abgeschlossene Berufsausbildung vorausgesetzt wird, kann der Duale Student von Anfang an in einer passenden Position eingesetzt werden.

- **Berufsbegleitendes, praxisbegleitendes oder ausbildungsbegleitendes Studium**
  - **Beschreibung:** Diese Bezeichnungen deuten darauf hin, dass neben dem Beruf, einem Praktikum oder einer Berufsausbildung studiert wird. Allerdings erfolgt hier keine inhaltliche, organisatorische oder institutionelle Verknüpfung zwischen Studium und Praxis. Die einzelnen Ausbildungsbestandteile sind nicht aufeinander abgestimmt. Damit fehlt das dritte Merkmal eines Dualen Studiums. Diese Bezeichnungen stehen deshalb auch nicht für Duale Studiengänge.
  - **Formeln:** Berufsausbildung + Studium = ausbildungsbegleitendes Studium
    Praktika + Studium = praxisbegleitendes Studium
    Berufliche Tätigkeit + Studium = berufsbegleitendes Studium
  - **Beispiel:**
    - Ausbildungsbegleitendes Studium: Ausbildung zum Bankkaufmann / -kauffrau mit einem privaten Abendstudium BWL
    - Berufsbegleitendes Studium: Arbeit als Sachbearbeiter und privates Abendstudium BWL
    - Praxisbegleitendes Studium: Das Studium der sozialen Arbeit. Ein Studium mit hohem Praxisanteil, das heißt vielen Praktika, die aber nicht als einheitliches Lehrprogramm gestaltet sind.

INFO

Wie ist das mit dem Unterschied zwischen Theorie und Praxis?

Am einfachsten kann man sich den Zusammenhang von Theorie und Praxis am Bild des Werkzeugs eines Handwerkers vorstellen:

- Die Theorie an Hochschule oder Berufsakademie lehrt Dir Wissen, Methoden und Herangehensweisen. Das ist sozusagen das Werkzeug. Zudem lernst Du in den Unternehmen noch branchen- und unternehmensspezifische Theorie. Die Unternehmen geben Dir also noch einmal ihr eigenes Spezialwerkzeug mit.
- In der Praxis lernst Du dann das Werkzeug einzusetzen und damit Werte für das Unternehmen zu schaffen. Das muss trainiert werden, indem Du Dein neues Wissen, Dein Werkzeug, im Unternehmen anwendest. Selbst wenn Du das beste Werkzeug der Welt hast, macht Dich das noch nicht zum guten Handwerker. Du musst auch geübt im Umgang damit sein.

Verwechslungsalarm mit Dualer Ausbildung

Ein Duales Studium ist keine duale Ausbildung. Die duale Ausbildung, auch duales Berufsausbildungssystem, bezeichnet die zweigeteilte Ausbildung im Betrieb und an der Berufsschule. Sie ist eine Alternative zum Hochschulstudium. Dual steht in diesem Sinne für die zwei Lernorte:

- Im Unternehmen lernst Du direkt in der betrieblichen Praxis,
- während die Berufsschule das theoretische Rüstzeug vermittelt.

Die Berufsausbildung ist je nach Berufswunsch mehrjährig und endet mit einer mündlichen und einer schriftlichen Prüfung, die vor der Industrie- und Handelskammer (IHK) beziehungsweise Handwerkskammer (HWK) abgelegt werden muss.

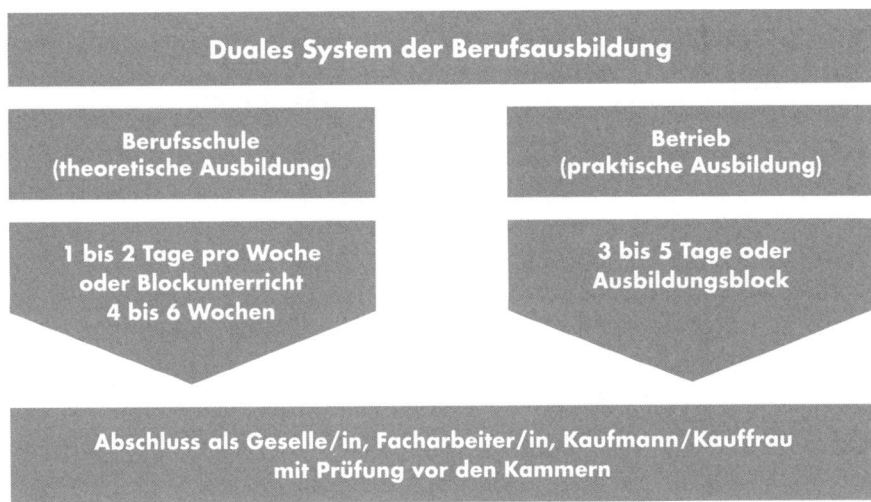

Eigene Darstellung in Anlehnung an vom Bundesministerium für Bildung und Forschung veröffentlichte Inhalte

Das Duale System gilt im Rest der Welt als vorbildlich, weil Du durch Dein theoretisches Berufsschulwissen leicht in anderen Betrieben Fuß fassen kannst. Einheitliche Berufsausbildungsstandards erlauben Dir, mobil überall in Deutschland Deinen Beruf auszuüben. Außerdem bist Du nicht auf Deinen erlernten Beruf festgelegt, sondern kannst Deine berufliche Karriere weiter vorantreiben: beispielsweise durch eine Fachwirt-Weiterbildung oder mit Berufserfahrung später noch ein Studium beginnen.

Auszubildende im Dualen System erhalten vom ersten Tag an eine Ausbildungsvergütung von durchschnittlich 730 €. Je nach Branche und Region existieren Unterschiede. Das Gehalt ist wie im Dualen Studium allerdings eher eine Nebensache. Die duale Ausbildung ist nicht zum Geldverdienen gemacht, sondern zum Erlernen eines Berufes.

EXPRESS-WISSEN

- Ein Duales Studium ist die Kombination eines Studiums mit fest eingeplanten Praxisphasen bei einem festgelegten Kooperationspartner. Es lässt sich in die Bestandteile
  - Partnerunternehmen,
  - Studiengang und die
  - Verknüpfung zwischen diesen beiden Lernorten zerlegen.
- Aktuell gibt es fast 100 000 Duale Studenten in Erstausbildung und über 1 500 verschiedene Duale Studiengänge in Deutschland.
- Der Praxispartner ist der Arbeitgeber und Hauptansprechpartner des Dualen Studenten. Er ist entweder ein Unternehmen oder eine öffentliche oder soziale Einrichtung. Er bezahlt den Dualen Studenten und organisiert die Ausbildung im Betrieb. Das Partnerunternehmen schreibt den Dualen Studienplatz aus und wählt die Teilnehmer aus den Bewerbern aus.
- Der Studiengang ist der theoretische Schwerpunkt der Ausbildung. Neben der Fachrichtung gibt es auch eine große Auswahl an möglichen Hochschulen, an denen man ein Duales Studium aufnehmen kann: Berufsakademien und Duale Hochschulen, Fachhochschulen und Universitäten.
- Erst mit der festen Verknüpfung von Studiengang und dem Einsatz im Partnerunternehmen definiert sich das Duale Studium. Sie kann zeitlich, inhaltlich und organisatorisch unterschiedlich gestaltet sein.
- Eine verbreitete Einteilung von Dualen Studiengängen unterscheidet praxisintegrierte von ausbildungsintegrierten und berufsintegrierten Dualen Studiengängen.
  - In einem ausbildungsintegrierten Studium ist eine anerkannte Berufsausbildung Teil des Dualen Studiums.
  - In einem praxisintegrierten Studium ist eine praktische Ausbildung im Unternehmen Teil des Dualen Studiums. Für die praktische Ausbildung gibt es keinen zusätzlichen Berufsabschluss.
  - In einem berufsintegrierten Studium ergänzen sich der berufliche Einsatz und die Lerninhalte an der Hochschule.
- Ein Duales Studium darf nicht mit einer Dualen Ausbildung verwechselt werden. Eine Duale Ausbildung enthält kein Hochschulstudium und ist ein ganz anderer Ausbildungsweg.

Kapitel 2
Der Deal: Deshalb solltest Du ein Duales Studium machen

Deal or no deal? Bevor Du eine Urlaubsreise buchst, musst Du Dir im Klaren sein, ob die angebotene Reise ungefähr Deinen Erwartungen entspricht. Ist es eine Abenteuerreise? Oder ein Pauschalurlaub? Geht die Reise in die Ferne? Oder bleibst Du eher in bekannten Gefilden?

Dieser Gedankengang lässt sich auch auf die Studien- und Berufswahl übertragen. Deine Ausbildung nach der Schule wird für Dich eine entscheidende Reise in Richtung Deiner zukünftigen Wunschkarriere. Mit der Entscheidung für ein Duales Studium gehörst Du zu einer Gruppe junger Menschen, die schon recht konkrete Vorstellungen von ihrer Zukunft hat. Du weißt bereits, was der nächste Schritt auf Deinem Bildungsweg sein soll und was Dir dabei besonders wichtig ist. Es ist nicht Dein Ding, wichtige Entscheidungen dem Zufall zu überlassen. Das wissen wir, denn sonst hättest Du Dich nicht für dieses Buch entschieden und bis hierhin gelesen.

Doch bevor Du Dich für ein Duales Studium als Ausbildungsweg entscheidest, solltest Du wissen, wie gut dieser Weg wirklich zu Dir passt. Wir erklären Dir deshalb genau, welche Argumente für ein Duales Studium sprechen, wieso das Duale Studium Dich auf die Überholspur in einer (vermeintlichen) Einbahnstraße bringt und zu wem ein Duales Studium passt. Nach der Lektüre dieses Kapitels weißt Du, ob ein Duales Studium ein guter Weg für Dich ist.

In einzelnen Schritten liefert Dir dieses Kapitel folgende Inhalte:

- Eine Erklärung der **drei wichtigsten Argumente für ein Duales Studium:** die Verbindung von Theorie und Praxis, die schnelle und sichere Einarbeitung in den Job nach dem Studium und die finanzielle Vergütung während des Studiums.
- **Als Dualer Student bist Du auf der Überholspur in der Einbahnstraße.** Die Natur des Dualen Studiums ist es, dass Du sehr schnell und sehr intensiv in eine spezialisierte Richtung ausgebildet wirst. Dir sind aber während des intensiven Programms wenige Möglichkeiten für Anpassungen gegeben. Wir klären Dich über die Vor- und Nachteile dieses Merkmals auf.
- **Ein Kommentar** unseres Freundes, des Psychologen Martin Faltl, erklärt Dir auf wissenschaftlicher Basis, **zu wem ein Duales Studium passt.** Dabei baut Martin Faltl auch auf seinen eigenen Erfahrungen auf: Vor seinem Psychologiestudium hatte er bereits ein Duales Studium angefangen und sich noch in der Probezeit zum Abbruch entschieden.
- Du findest am Ende des Kapitels eine **Übersicht über Eigenschaften, die Unternehmen in Dualen Studenten suchen.** Findest Du Deine Persönlichkeit in dieser Liste wieder, bringst Du die richtigen Eigenschaften für ein Duales Studium mit.

Die drei Triebfedern des Dualen Studenten

Frage einmal Duale Studenten oder Studieninteressierte: Warum hast Du Dich für ein Duales Studium entschieden? Oder: Was sind die wichtigsten Gründe dafür, dass Du Dual studieren willst? Du wirst aus ihren Antworten immer drei wesentliche Argumente heraushören. Ob die Dual Studierenden im Bereich Wirtschaft, Technik oder Soziales zu Hause sind, macht dabei keinen Unterschied. Diese Motive sind die Triebfedern von Dualen Studenten – über alle Studienfächer hinweg:

1. **Der Praxisbezug** – der Wunsch, das erlernte Theoriewissen in der Praxis zu erproben und anzuwenden und neben der Theorie aus der Hochschule auch das echte Anpacken zu lernen.
2. **Ein schneller Berufseinstieg und gute Karrierechancen** – die Hoffnung, im Partnerunternehmen schon einen Fuß in die Tür zu bekommen und von Anfang an ein gutes Fundament für die berufliche Karriere zu haben.
3. **Die Bezahlung** – die finanzielle Vergütung während des Studiums durch den Praxispartner.

Ob diese Erwartungen auch erfüllt werden und wann Du der Typ bist, der deshalb ein Duales Studium machen sollte, untersuchen wir nun gemeinsam noch einmal genau.

1. Praxisbezug

Du willst endlich mit anpacken, anstatt nur Theorie zu pauken? Du möchtest das theoretische Wissen mit der Praxis in Verbindung bringen und es auf diese Weise besser verstehen? Du willst nicht nur für die nächste Klausur lernen, sondern für den anvisierten Beruf?

Ist Deine Antwort dreimal ein überzeugendes Ja, erfüllst Du eine wichtige Voraussetzung, um ein Duales Studium durchzuziehen. Beschreiben wir es noch ein wenig konkreter. Einem Dualen Studenten ist es wichtiger, das Erlernte praktisch anzuwenden, als tief in die Zusammenhänge von wissenschaftlichen Forschungsgebieten einzusteigen. Als Dualer Student möchtest Du schnell an Dein Ziel kommen, Deinen Abschluss. Dabei versprichst Du Dir vom regelmäßigen Wechsel zwischen Praxis- und Theoriephase einen schnelleren Lernfortschritt durch häufige Aha-Erlebnisse. Diesen Anspruch haben auch die anderen Beteiligten: die Hochschule und das Unternehmen. Sie teilen die Idealvorstellung, dass das theoretische Wissen von der Hochschule oder BA im Betriebsalltag auf Tauglichkeit geprüft und dort angewendet werden kann. Diese Vorstellung ist noch nicht ganz Realität geworden und wird es wohl auch nie vollständig werden. Gerade zu Beginn Deines Studiums wirst Du um einige Grundlagenvorlesungen nicht herum kommen. Das ist aber auch wichtig, damit Du später die spezielleren Inhalte der Vertiefungsvorlesungen in Deinem Fachgebiet einordnen kannst. Denn das Spezielle baut bekanntlich auf dem Allgemeinen auf.

INFO

Wissen, wofür man die Theorie lernt

Melanie-Gitte Lansmann absolvierte von 1988 – 1991 ein Duales Studium »Tourismus und Marketing« an der damaligen Berufsakademie Ravensburg, heute DHBW Ravensburg. Nach vielen abwechslungsreichen Jobs in verschiedenen Unternehmen und als Mutter von zwei Kindern leitet sie nun ihre eigene Marketing-Service-Agentur THINK ABOUT und bildet aktuell selbst eine Duale Studentin aus. Wir haben sie gefragt, warum ihr der Praxisbezug im Dualen Studium so wichtig war:

»Das Tolle am Dualen Studium war für mich, dass ich wusste, wofür ich lerne. Gerade wenn ich mitten in einer anstrengenden Klausurenphase steckte oder eine Vorlesung nicht ganz so spannend war, hat mich der Gedanke daran wieder motiviert. Ein Beispiel: Mein Praxispartner war eine GmbH. Wenn dann in der Vorlesung Gesellschaftsformen wie die AG, GmbH oder OHG besprochen wurden oder wozu eine Buchhaltung im Unternehmen wichtig ist, war mir klar, dass ich sowas in der Theorie lernen muss. Im Arbeitsalltag, also in der Praxis, diskutiert man darüber nicht im Detail, muss es aber trotzdem wissen.«

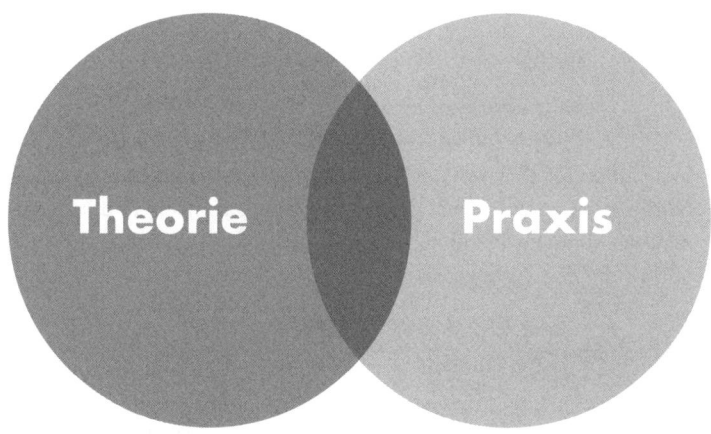

Es ist deshalb wichtig zu verstehen, dass sich Theorie und Praxis auch in einem Dualen Studium nie ganz überschneiden werden. Das Diagramm oben zeigt Dir bildlich, wie Theorie und Praxis im Dualen Studium zusammenstehen. Du wirst nicht alle Kurse, die Du an der Hochschule besuchst, in der Praxis anwenden können. Aber auch Fertigkeiten, die Du nur im Partnerunternehmen lernen kannst, wirst Du für Dein Studium an der Hochschule kaum bis gar nicht brauchen. Kannst Du beispielsweise prima mit der SAP-Software im Unternehmen umgehen? Oder Du lernst als Ingenieur das handwerkliche Arbeiten im Unternehmen? Oft kannst Du diese Fertigkeiten nicht in Deinem Studium einbringen. Aber trotzdem sind sie wichtig für Deine spätere Karriere. Und Du bekommst in einem Dualen Studium eine ganze Reihe von diesen Fähigkeiten vermittelt. Ein Vorteil des Dualen Studiums ist deshalb nicht nur das Anwenden von Hochschulwissen in der Praxis, also die Schnittmenge der beiden Kreise. Du erlernst zusätzlich schon während des Studiums Fertigkeiten, die Du an der Hochschule selbst nicht trainieren kannst.

INFO

Wie unterscheidet sich die Theorie von der Praxis? Beispiele nach Studiengang

Wir haben für Dich ein paar Beispiele aus verschiedenen Studiengängen zusammengetragen, damit Du Dir ein Bild machen kannst, wie unterschiedlich theoretisches Wissen und praktische Fertigkeiten sind.

Studiengang	Theorie	Praxis
Informatik	Grundlagen Software-Engineering	Mitarbeit in der Erstellung eines Updates eines unternehmenseigenen Software-Programms
Soziale Arbeit	Pädagogische Theorie	Betreuung sozial benachteiligter Menschen
BWL	Einführung in Bilanzen und Rechnungswesen	Mitarbeit bei Bilanzanalysen von Kunden im Kunden-management
Wohnungs- und Immobilien-management	Einführung in Mietrecht	Mitarbeit bei der Formulierung einer wasserdichten außerordentlichen Kündigung an einen Mieter
Ingenieur-wissenschaften	Einführung Konstruktion inklusive technischer Zeichnungen	Mitarbeit in der Produktentwicklung beim CAD-Design und Test einzelner Komponenten

ACHTUNG

Irrtum Umsetzung der Theorie in die Praxis

Ein Irrtum über Duale Studiengänge ist, dass Du die erlernte Theorie gänzlich in die Praxis umsetzen kannst. Wie Du in der Grafik auf S. 29 siehst: Theorie und Praxis sind zwei Paar Schuhe. Einen Teil der Theorie kannst Du zwar direkt in der Firma anwenden, auch wenn die Überschneidung von Theorie und Praxis relativ gering ist (die Überlappung der beiden Kreise im Diagramm). Oft sind in der Praxis andere Fähigkeiten notwendig. Als Dualer Student hast Du also trotzdem einen entscheidenden Vorteil im Vergleich zu normalen Studenten: Du lernst Theorie und Praxis gleichzeitig und gleichermaßen.

Einsatzplanung in der Praxisphase

Als sich die Führung Deiner Firma überlegt hat, ein Duales Studium anzubieten, hatten die Entscheider einen groben Einsatzplan für Dich im Kopf. Es ist nicht in allen Schreibtischschubladen auf der Chefetage Dein Dualer Studienplan als ausgetüfteltes Vorhaben bis ins Detail niedergeschrieben. Aber ein gutes Duales Studium führt einen Studenten in den Praxisphasen über einfache Aufgaben langsam hin zu herausfordernden Tätigkeiten und der Übernahme von mehr Verantwortung.

Wir zeigen Dir eine idealtypische Planung der Praxisphasen. Dabei sind folgende Phasen für einen Dualen Studenten vorgesehen:

- **Anpacken an der Basis in der frühen Phase des Studiums.** Ob Dein Studiengang in Richtung Technik, Wirtschaft oder Soziales geht: Es gibt immer Basisaufgaben, die Du ohne große Einarbeitung erledigen kannst. Unterschiede gibt es im Detail, etwa bei der Dauer dieser Phase und wie Du an die Aufgaben herangeführt wirst. Manchmal wirst Du länger mit Samthandschuhen angefasst und genießt Welpenschutz. Gerade in kleineren Unternehmen wirst Du aber ohne lange Einführung gleich ins kalte Wasser geworfen und musst von Anfang an schwierige und verantwortungsvolle Aufgaben übernehmen. Demgegenüber beginnt es für Dich vor allem in großen Unternehmen in den ersten Wochen mit einer langen Einführung und Kennenlernen, organisiert von der Personalabteilung. Hier wird viel Wert auf einen sanften Einstieg gelegt. Deshalb lernst Du in Einführungskursen das Unternehmen und die Branche besser kennen. Manchmal fahren die Dualen Studenten alleine oder mit den Azubis zusammen auf Einführungsfahrt in eine Art Schullandheim oder Firmenhotel. Ist diese Schnupperphase vorbei oder findet sie gar nicht erst statt, startet die Ausbildungszeit. Manche Unternehmen haben für diesen Zweck eigene Lernwerkstätten, andere lernen Dich gleich in der Wirklichkeit der Arbeitswelt ein. Ein Dualer Ingenieur stellt sein handwerkliches Geschick an Werkbänken oder einer Maschine gemeinsam mit anderen Azubis unter Beweis oder wird es dort erst entdecken. Der Duale Wirtschaftsstudent sitzt am Schreibtisch und besänftigt vielleicht einen unzufriedenen Kunden am anderen Ende der Servicehotline. Ein Student im Bereich Soziales unterstützt anfangs erfahrene Kollegen bei der Betreuung von Menschen mit Behinderung. Machst Du bei solchen Aufgaben eine gute Figur, werden Dir danach Aufgaben anvertraut, die Deine analytischen Fähigkeiten und das theoretisch Gelernte auf die Probe stellen.

- **Kleinere, komplizierte Einzel- und Teamaufgaben.** Nachdem Du die Frühphase gut gemeistert hast und im Studium weiter fortgeschritten bist, bist Du bereit für die nächste Stufe. Du bekommst jetzt kompliziertere Aufgaben. Das Anspruchsniveau wird bei jedem guten Praxispartner mit der Zeit steigen. Naturgemäß fallen die Tätigkeiten je nach Studienbereich sehr unterschiedlich aus. Allerdings haben sie eines gemeinsam: Sie fördern Deine Selbstständigkeit und sind nahe an Deiner späteren Tätigkeit nach dem Studium. Die Aufgabentypen sind sehr vielfältig. Nun kannst Du etwa als BWLer ein Projekt, wie die Analyse eines neuen Marktes oder eines Konkurrenten, organisieren und dabei auf Deine noch frischen kaufmännischen Kenntnisse zurückgreifen. Als Dualer Student der Wirtschaftsinformatik bist Du schon in Softwareprojekte im Unternehmen eingebunden. Hingegen kannst Du im sozialen Bereich beispielsweise in der anspruchsvollen Budgetplanung einer Pflegeeinrichtung mitarbeiten.

- **Verstehen, wie alles ineinander greift.** Die Kombination der ersten beiden Punkte dient einem wichtigen Zweck: Du bekommst einen tiefen Einblick in den Betrieb vom Keller bis zum Speicher und lernst, wie alles zusammenhängt. So verstehst Du mit jeder neuen Aufgabe und jeder Praxisphase die Abläufe und Prozesse immer besser. Du begreifst Schritt für Schritt mehr, wie die Arbeitswelt in Deinem Betrieb funktioniert. Um es ein wenig bildlicher auszudrücken: Was vorher noch ein ungeordneter Haufen an Puzzleteilen war, fügt sich in Deinem Kopf allmählich zu einem großen Ganzen – einem Big Picture – zusammen. Du weißt, wenn Du eine Frage hast, wer Dir im Unternehmen eine Antwort geben kann. Du kennst die Prozesse und hast einen Überblick über die verschiedenen Bereiche des Unternehmens gewonnen. Dieses Wissen kannst Du nun in Deinen Aufgaben einbringen. Manchmal wirst Du Dich als Dualer Student dabei ertappen, wie Du bereits nach ein bis zwei Jahren einen neuen Mitarbeiter einlernst. Unternehmen setzen auch wegen dieser Entwicklung auf Duale Studenten.

TIPP

Was machst Du, wenn Dein Duales Studium komplett anders verläuft?

Wir haben Dir in Kapitel 12 eine Reihe von Tipps (9 Alltags-Hacks) für die Zeit Deines Dualen Studiums zusammengestellt. Dabei beschreiben wir auch, wie Du Deine Praxisphasen im Unternehmen so (mit)gestalten kannst, dass sie Deinen Vorstellungen entsprechen. Bist Du also mit den Praxisphasen Deines Dualen Studiums unzufrieden, können wir Dich beruhigen: Es gibt eine Lösung! Schaue hierfür einfach zu unseren Alltags-Hacks.

2. Leichter Berufseinstieg und gute Karrierechancen

Möchtest Du schon jetzt nach dem Abitur Deinen beruflichen Weg ebnen und den Grundstein für eine Karriere in einem Deiner Wunschunternehmen legen? Oder strebst Du nach Sicherheit und möchtest schon jetzt Gewissheit über Deine berufliche Perspektive? Einmal den Fuß in der Tür, sind die Übernahmechancen nach einem erfolgreichen Studienabschluss für Dual Studierende sehr gut. Das zeigen die hohen Übernahmequoten von über 90 Prozent. Fast vollkommen erfüllen sich also Wünsche nach einem sicheren Arbeitsplatz und planbarer Zukunft mit einem Dualen Studium. Das liegt zum einen daran, dass Du als Dualer Student auch Dankbarkeit für Deinen Praxispartner empfindest und gerne bei ihm bleibst. Manche Praxispartner sprechen sogar eine Übernahmegarantie aus. Diese Bindung wird auch oft noch vom Unternehmen über eine Rückzahlungsverpflichtung im Vertrag unterstrichen. Das heißt, wenn Du als Dualer Student gleich nach dem Studium abspringst, musst Du einen Teil der Studienkosten zurückzahlen (siehe Kapitel 11). Aber Dein Praxispartner hat natürlich auch ein sehr großes Interesse daran, Dich nach dem Dualen Studium zu übernehmen.

Zwei Gründe erklären die außerordentlich guten Übernahmechancen nach dem Dualen Studium:

- Du hast eine auf das Unternehmen zugeschnittene Ausbildung bekommen und bist als fertiger Dualer Student für das Unternehmen sehr wertvoll. Auf Deinen Erfahrungen aus den Praxisphasen kannst Du aufbauen und Du bist stark im Unternehmen verwurzelt. Du lernst den Praxispartner über einen langen Zeitraum kennen und gewinnst so einen viel tieferen Einblick als ein normaler Praktikant oder Diplomand. Viele Duale Studenten starten nach dem Studium in einer Abteilung, in der sie bereits während des Dualen Studiums gearbeitet haben. Die Einarbeitung fällt dann leicht und dauert nur kurz. Deine gesammelten Betriebskenntnisse versetzen Dich in die komfortable Lage, leichter in den Beruf einzusteigen und verschaffen Dir anschließend sehr gute Karrierechancen.
- Die Unternehmen haben bereits viel Geld in Dich als Dualen Studenten investiert. Aus diesem Investment wollen Sie natürlich jetzt endlich den Nutzen ziehen. In Kapitel 3 erklären wir Dir genau, wie die Partnerunternehmen von Dir als Dualem Studenten profitieren. Würden die Partnerunternehmen Dich jetzt einfach weiterschicken, hätten sie an Dir Geld verloren. Deshalb kommt es nur in Ausnahmesituationen, wie einer Firmenpleite oder einem groben Fehlverhalten auf der Seite des Dualen Studenten vor, dass Dein Praxispartner Dich gleich nach dem Studium weiterschickt. Die meisten Unternehmen helfen Dir sogar nach dem Studium, eine passende Stelle zu finden.

INFO

Übernahmegarantie

Ein weiches Ruhekissen schenken manche Unternehmen ihren Studenten gleich zu Beginn. Der Nachwuchs soll frühzeitig ans Unternehmen gebunden werden – und am besten auch rechtlich wasserdicht. Somit garantieren Dir manche Firmen und Einrichtungen die Übernahme. Leichter kann der Berufseinstieg wohl nicht sein. Jedoch trifft das nur für einen kleineren Teil aller Dual Studierenden zu. Kaum ein Vertrag gleicht an dieser Stelle dem anderen.

INFO

Die steigende Bekanntheit des Dualen Studiums

Die Bekanntheit Dualer Studienprogramme nimmt zu. Ehemalige Duale Studenten erreichen jetzt immer mehr Führungspositionen und fördern das Konzept des Dualen Studiums. Als ehemalige Duale Studenten wissen sie noch viel besser, wie schnell man im Dualen Studium lernt und wie herausfordernd diese Art der Ausbildung ist. Es ist deshalb noch für einige Zeit mit einer Stärkung der Position der Dualen Studenten innerhalb der deutschen Wirtschaft zu rechnen. Sei Dir allerdings bewusst, dass ein Duales Studium immer weniger etwas Besonderes ist. Denn es gibt immer mehr Duale Absolventen (Alumni). Du stichst durch die Art der Ausbildung immer weniger aus der Masse hervor. Das ist der Nachteil der ansonsten erfreulichen Entwicklung. Aus diesem Grund findest Du bei uns in Kapitel 12 Tipps, wie Du trotzdem mit Deinem Dualen Studium positiv auffällst.

3. Vergütung durch den Praxispartner

Fürs Studieren bezahlt werden. Damit kannst Du Dich anfreunden? Mit dieser Vorstellung stehst Du nicht allein da, denn für die meisten Dualen Studenten war dies ein ausschlaggebendes, vielleicht sogar das Hauptkriterium für ihre Studienwahl.

Fast alle Praxispartner bieten eine finanzielle Unterstützung. Sie ist der Ausgleich dafür, dass Du Dich früh an das Unternehmen bindest, dort regelmäßig Deine Praxisphasen verbringst und arbeitest. Nicht nur, dass Du Dich Monat für Monat über die Vergütung freuen kannst; darüber hinaus übernehmen die Partnerunternehmen in der Regel Deine Studiengebühren. Manchmal bezahlt man Dir die Lehrbücher und einen oder mehrere Auslandsaufenthalte. Von den Geldsorgen im Studium bleibst Du als Dualer Student meistens verschont. Entgegen der landläufigen Meinung unterscheiden sich allerdings die Höhe und der Umfang der finanziellen Unterstützung stark. Zwischen den Branchen, aber selbst innerhalb einer Branche und im selben Studiengang berichten Duale Studenten über deutliche Unterschiede. Wie das genau aussieht, erfährst Du in Kapitel 7.

INFO

Wie viel Geld bekommt man als Dualer Student?

Die Informationsplattform duales-studium.de hat 2015 eine Gehaltsstudie durchgeführt. Man kam zu folgenden Ergebnissen: Erstens verdienen Studierende in ausbildungs- und praxisintegrierenden Studiengängen 1 117 € brutto im Durchschnitt. Und – wenig überraschend – zahlen große Unternehmen durchschnittlich 266 € mehr im Monat als kleine Betriebe.

INTERVIEW

Ein Auszug aus dem Interview mit Marc-Sven Mengis, Geschäftsführer Personal der weltweit agierenden Unternehmensgruppe fischer

Wir haben auch einen großen Teil der Informationen und Ratschläge Unternehmensvertretern zu verdanken. Unsere Gesprächs- und Interviewpartner waren bereit, uns von ihren Erfahrungen zu erzählen und den einen oder anderen Tipp zu verraten. Vieles haben wir direkt in die Tipps dieses Buches eingearbeitet. Zusätzlich hilft es jedoch, dass Du weißt, von wem die Ratschläge kommen. Wir haben ein Interview mit Marc-Sven Mengis, dem Geschäftsführer Personal der Unternehmensgruppe fischer geführt. Die Unternehmensgruppe fischer bietet über zehn Duale Studiengänge in verschiedenen Bereichen mit der Dualen Hochschule Baden-Württemberg (DHBW) an. Darunter fallen wirtschafts- und ingenieurwissenschaftliche Studiengänge sowie Wirtschaftsinformatik. Herr Mengis hat selbst seine Karriere mit einem Dualen Studium bei fischer begonnen. Als Interviewpartner versteht er sowohl die Studenten als auch die Unternehmensperspektive auf das Duale Studium in allen von fischer angebotenen Fachrichtungen. Mit einem Ausschnitt aus dem Interview möchten wir Dir noch mehr Wissen über das Duale Studium aus erster Hand vermitteln. →

- *Was würden Sie einem Abiturienten raten, der heute auf Sie zukommt und fragt, ob er ein Duales Studium beginnen soll?*
  Zuerst ist es für jeden Einzelnen wichtig, zu wissen, was er selber möchte. Man sollte sich fragen: Was ist mir wichtig? Nicht jeder muss zwangsweise ein Duales Studium machen und nicht jeder eignet sich dafür. Ich persönlich würde wieder ein Duales Studium wählen und ich kann es auch jedem weiterempfehlen, der weiß, dass er in die Wirtschaft möchte, und der ein praxisnahes Studium anstrebt. Wichtig ist, dass man sich nicht auf dem Dualen Studium ausruht, sondern anschließend auch bereit ist, sich weiterzuentwickeln.

- *Bietet ein Duales Studium einen großen Vorteil gegenüber einem klassischen Studium?*
  Das Duale Studium bietet den Studenten Vorteile (Anmerkung der Ratgeber-Autoren: Praxisbezug der Theorieinhalte, finanzielle Vergütung, gute Übernahmechancen, schnelle Einarbeitung; siehe auch Kapitel 2 und 4). Doch als Dualer Student darf man sich nicht allein auf diese Vorteile verlassen. Gute Absolventen eines klassischen Studiums von der FH oder Uni können diesen Vorsprung aufholen. Ruht man sich darauf aus, ist der Vorsprung in einem halben oder dreiviertel Jahr eingeholt.

- *Wie unterscheiden sich klassische Hochschulabsolventen, Azubis und Duale Studenten im Praxiseinsatz und in der Betreuung?*
  Es ist sehr schwierig, Vergleiche zu ziehen. Denn alle drei weisen ein anderes Ausbildungsprofil auf und lassen sich anders einsetzen. Im Vergleich zu einem Auszubildenden sollte ein Dualer Student auch komplexere Aufgaben bekommen. Die Erwartungen an einen Dualen Studenten sind also von Anfang an hoch. Das DHBW-Studium bereitet ihn jedoch gut darauf vor.

- *Für welchen Einsatz nach dem Studium sind frischgebackene Duale Studenten im Unternehmen besonders geeignet?*
  Ein Vorteil der Dualen Studenten ist es, dass sie das Unternehmen nach dem Studium schon sehr gut kennen. Sie sind deshalb zu Beginn hervorragend für Schnittstellenabteilungen zwischen Management und operativen Abteilungen geeignet. Diese Stellen werden zunehmend wichtiger und machen in einem Unternehmen schnell den Unterschied aus.　　　　　→

- *Viele Duale Studiengänge, die fischer anbietet, sind sehr spezialisiert. Wird man nach einem Dualen Studium mit Anfang 20 bei Ihnen schon als Spezialist anerkannt?*

  Das ist ein sehr großes Missverständnis unter Studenten, gerade auch unter Dualen Studenten. Denn auch die Partnerhochschulen in Dualen Studiengängen vermitteln gelegentlich den Eindruck, dass man mit dem Abschluss eines stärker spezialisierten Dualen Studiums schon am Ziel angekommen ist. Ein Duales Studium führt zwar zu einer höheren Spezialisierung als ein klassisches Studium. Allerdings hat man sich zunächst erstmal »nur« ein solides Fundament gebaut. Jedem muss klar sein, dass dies die Basis ist und der Weg noch weiter geht.

  Es gibt Aufgaben, die kommen vielleicht nur einmal im Jahr vor. Dann hat man auch als Dualer Student nur sehr wenig Erfahrung in diesen Bereichen und kann vielleicht erst drei bis vier Jahre nach dem Studium den Status eines Spezialisten erlangen.

  Will man als BWLer in der Buchhaltung zum Beispiel Spezialist für Bilanzen werden, dauert das. Eine Bilanz wird einmal im Jahr aufgestellt. Hat man nach drei Jahren im Dualen Studium, wenn es hoch kommt, die Bilanzerstellung zweimal mitgemacht, benötigt man natürlich noch mehr Berufserfahrung, um hier wirklich gut zu werden.

- *Welchen Anteil an Ihrer Karriere hatte Ihr Duales Studium? Wie hat es Ihren Werdegang bei fischer geprägt?*

  Eine Karriere besteht natürlich aus mehr als nur der Ausbildungsform. Was ich persönlich immer gerne antworte, wenn ich auf ein Karriere-Erfolgsrezept angesprochen werde ist: Karriere basiert vor allem auf zwei Säulen:

  Die erste steht für die berufliche Ausbildung und Entwicklung. Dabei hat das Duale Studium ein wichtiges und gutes Fundament geschaffen. Aber die fachliche Ausbildung kann dabei natürlich auch nicht stehen bleiben. Ich habe neben dem Beruf die Möglichkeiten genutzt, mich mit Fernstudiengängen und höherwertigen Seminaren fachlich immer weiterzuentwickeln und empfehle das an jeden weiter. Für Erfolg in der Karriere muss man zusätzlich außerhalb der regulären Arbeitszeiten Kraft und Energie investieren und etwas mehr machen. Für mich persönlich war immer wichtig, dass der Praxisbezug dabei nicht verloren geht. Ich bin deshalb ein Fan davon, →

diese Weiterbildung neben dem Job zu machen. Will man Karriere machen, darf das kein Problem sein.

Die zweite ebenso wichtige Säule ist die Persönlichkeit. Wer die benötigte Persönlichkeit nicht mitbringt und nicht entwickelt, der tut sich schwer. Damit hängt zusammen, wie stark man sich im Unternehmen engagiert. Bin ich bereit, mehr als die notwendigen acht Stunden im Unternehmen zu bleiben und bereit, zusätzliche Aufgaben einzufordern? Das ist die Persönlichkeit, die für einen großen beruflichen Erfolg erforderlich ist.

Wissenschaftler vs. Praktiker

Willst Du gerne Wissenschaftler werden? Dann ist ein Duales Studium für Dich wahrscheinlich nicht die beste Option.

Nur die allerwenigsten Dualen Studenten streben eine Wissenschaftskarriere an. Zu diesem Ergebnis kam zum Beispiel die Deutsche Akademie der Technikwissenschaften acatech 2014 in einer Studie. Befragt wurden die Dual Studierenden zu ihren Karriere- und Berufszielen. Auf dem letzten Platz landete die wissenschaftliche Tätigkeit. Demgegenüber belegte die berufliche Karriere in der Wirtschaft Platz 1.

Das Bayerische Staatsinstitut für Hochschulforschung und Hochschulplanung veröffentlichte 2014 ähnliche Ergebnisse. Selbst Duale Studenten, die sich für ein anschließendes Masterstudium entscheiden oder sogar promovieren möchten, wollen weitere Erkenntnisse erlangen und sich Fähigkeiten aneignen, um ihre Karrierechancen zu verbessern. Viel weniger trieb sie der wissenschaftliche Forscherdrang.

Ein Dualer Student wird es schwerer haben, auf der Karrierebühne der Wissenschaft zu bestehen. Denn beispielsweise wird an der Berufsakademie kaum oder nur wenig geforscht. Zeit und Möglichkeit als Hobbyforscher oder studentische Hilfskraft zu brillieren, bekommst Du kaum. Es wird schwierig, die richtigen Leute kennenzulernen und ein Netzwerk aufzubauen. Als Dualer Student an einer Universität hast Du im Vergleich mit anderen Dualen Studenten immer noch die besten Karten. Später haben wir noch ein paar Tipps für Dich, falls Du Dich während des Dualen Studiums für eine wissenschaftliche Karriere entscheidest.

Es gibt außerdem noch die Möglichkeit »Back to the roots«: Für einen nebenberuflichen Lehrauftrag als Dualer Dozent an der DHBW kann man sich nach erfolgreichem Studienabschluss und mehrjähriger Berufserfahrung bewerben.

Wie sieht es mit den Karrierechancen eines Dualen Studenten aus? Das Duale Studium liefert Dir die Chance, ein einzigartiges Karriereprofil zu schaffen. Wie wir Dir in Kapitel 3 noch zeigen werden, sind Duale Studenten für Unternehmen sehr wertvoll. Mit einem Dualen Studium kannst Du den ersten Schritt in eine erfolgreiche Berufslaufbahn gehen. Was dabei eine besondere Rolle spielt, erklären wir nun im folgenden Abschnitt.

Auf der Überholspur in der Einbahnstraße

Ein Duales Studium ist sehr fordernd. Es ist ein intensives Programm. Das heißt: Du lernst Dein Partnerunternehmen von der Pike auf kennen. Die Intensität eines Dualen Studiums setzt Dich auf die Überholspur in Deinem Bereich. Eine schnelle Entwicklung zum Experten in Deiner Branche ist möglich. Dabei hast Du allerdings nicht viele Möglichkeiten, auf dieser Reise innezuhalten und auch mal einen Blick abseits des Dir vorgezeichneten Pfades zu werfen. Umkehren mitten auf dem Weg ist nur mit erheblichen Nachteilen möglich. Du befindest Dich also erst einmal auf einer Einbahnstraße. Es ist deshalb wichtig zu verstehen, welchen beruflichen Weg Du mit einem Dualen Studium einschlägst und wie Du mit dem Spagat zwischen Ausbildungsbreite und -tiefe am besten umgehst.

INFO

Ausbildungstiefe und Ausbildungsbreite

Zwei wichtige Fachbegriffe für das Verständnis Dualer Studiengänge sind Ausbildungstiefe und Ausbildungsbreite:
- Ausbildungsbreite – in wie viele verschiedene Branchen, Bereiche, Wissensfelder und Aufgabentypen bekommst Du einen Einblick? Je mehr Du während Deiner Ausbildung erfahren darfst, desto größer ist die Ausbildungsbreite.
- Ausbildungstiefe – wie weit geht Dein Einblick und wie sehr reifst Du zu einem Experten in einem bestimmten Bereich heran? Je intensiver Du in diesem Bereich ausgebildet wirst, desto größer ist die Ausbildungstiefe.

Wenn Du Dich für ein Duales Studium entscheidest, lernst Du von Anfang an die Praxis im Unternehmen kennen und kannst Deine praktischen Fähigkeiten schneller weiterentwickeln als in einem normalen Studium. Das theoretische Wissen aus der Hochschule kannst Du im Betrieb teilweise anwenden und vertiefen. Du lernst, wie Du mit Kollegen unterschiedlichen Alters und Bildungshintergrundes erfolgreich zusammenarbeitest, und vertiefst dabei betriebsrelevantes Fachwissen. Durch die sofortige Eingliederung ins Berufsleben kannst Du schnell eine starke persönliche Reife entwickeln. Ein großes Netzwerk im Partnerunternehmen kannst Du Dir aufbauen und Du kennst die Unternehmensabläufe und -kultur. Alles bereits während des Studiums. Du weißt, wie der Hase läuft. Die Ausbildungstiefe eines Dualen Studiums ist also von Natur aus größer als die von normalen Studiengängen. Deshalb wirst Du in Deinem Betrieb schnell zu einem gefragten Spezialisten. Du landest unweigerlich auf der Überholspur in Deiner Entwicklung. Die einzigen Voraussetzungen sind, dass Du Dich hier reinhängst und das Unternehmen Dir ein gutes Programm bietet.

Der Nachteil daran ist, dass Du Dich von Studienbeginn an schon auf einen feststehenden Pfad begibst, bei dem nur eingeschränkter Raum für eine Kursänderung bleibt. Vor allem in einem normalen Bachelorstudiengang ist eine größere Ausbildungsbreite möglich. Bei einem Dualen Studium hast Du keine Möglichkeit durch Praktika bei verschiedenen Unternehmen festzustellen, welche Branche, Unternehmensgröße und -kultur am besten zu Dir passt. Es wird sehr schwer, nachträglich Deinen eingeschlagenen Karriereweg dann während des Programmes anzupassen. Du musst also vor dem Dualen Studium ziemlich genau wissen, welche Arbeit Du Dir später gut vorstellen kannst. Auch die Branche ist entscheidend. Wähle eine Branche, bei der Du einschätzen kannst, dass es diese in ein paar Jahren immer noch gibt. So stellst Du sicher, dass sich die Einbahnstraße nicht als Sackgasse herausstellt. Hast Du Dich schon immer für Autos begeistert und beginnst Dein Duales Studium in der Automobilbranche, kannst Du fast nichts falsch machen. Aber wenn Du eigentlich in der Automobilbranche arbeiten willst und dann ein Duales Studium in einer Bank anfängst, kann es sein, dass Du bald unglücklich wirst. Sei Dir auf jeden Fall bewusst, dass es nicht ganz einfach ist, den Weg zu verlassen. Bis zum Ende des Studiums bist Du sowieso gebunden. Aber auch danach bist Du erst einmal auf dem Fachgebiet Deines Dualen Studiums ausgebildet. Ein Wechsel in eine komplett andere Branche wird schwierig.

Ein Duales Studium ist also nichts für Unentschlossene, die aus Verlegenheit einfach einmal etwas ausprobieren wollen. Hast Du allerdings wenig Zweifel, dass Du in der bestimmten Branche und mit der gewählten Ausbildungsrichtung Deine Zukunft siehst, kannst Du mit einem Dualen Studium rasant vorankommen.

Unsere Ratschläge basieren auf Interviews mit vielen verschiedenen ehemaligen und aktiven Dualen Studenten. Ein ehemaliger Dualer Student, der mittlerweile in den USA für seinen Praxispartner arbeitet, bringt die Kernaussage dieses Kapitels auf den Punkt:

»Mach ein Duales Studium auf keinen Fall nur, weil Dir nichts anderes einfällt oder weil Du danach sicher etwas in der Hand hast. Mach ein Duales Studium dann, wenn Du wirklich bei dem Praxispartner arbeiten willst.«

TIPP
Duales Studium für wenig Entschlossene

Ein Duales Studium kann zu Dir auch dann passen, falls für Dich noch nicht feststeht, in welchem Bereich Du nach Deinem Studium landen willst. In diesem Fall empfehlen wir Dir: Wähle einen breiter gefassten Studiengang, also zum Beispiel BWL statt Marketingmanagement. Nehmen wir einmal an, dass Du Dich für Wirtschaft und Marketing interessierst. Während Du mit BWL auch in der Marketing-Abteilung eines Unternehmens arbeiten kannst, versperrst Du Dir mit einem Studiengang Marketingmanagement beispielsweise die Türen zur Finanz-abteilung. Mit einem breiter gefassten BWL-Studium könntest Du später in beiden Abteilungen ohne Probleme unterkommen. Du bist mit einem breiter gefassten Studienfach flexibler. Wenn Du Dir also weniger sicher bist, was Du später einmal machen willst, dann sollte Deine Spezialisierung im Unternehmen und nicht im Bachelor-Studium an der Hochschule geschehen.

ACHTUNG

Der Trend zu Dualen Nischenstudiengängen

Aktuell ist ein Trend zu immer stärker spezialisierten Studiengängen an Berufsakademien und Dualen Hochschulen festzustellen. Studiengänge wie »Industrieversicherung« oder »Fassadentechnik« sind nur zwei von vielen Beispielen. Eine derart starke Spezialisierung ist nichts für jedermann. Zwar klingt so ein Angebot zuerst einmal gut durchdacht und damit verführerisch. Es ist auch eine sehr gute Möglichkeit, in einem Spezialbereich schnell zu einem gefragten Experten zu werden – falls Du weißt, dass Du in diesem Bereich auch Spaß an der Arbeit haben wirst. Doch die starke Spezialisierung im Studium kann auch Nachteile mit sich bringen. Mit einem zu eng gefassten Studienfach bist Du auf dem Arbeitsmarkt später einmal weniger flexibel und eventuell stark an eine Branche gebunden. Willst Du in einem weiter fortgeschrittenen Stadium Deiner Karriere einmal den Job oder das Unternehmen wechseln, musst Du ein Unternehmen finden, dass ebenfalls einen Mitarbeiter mit diesem Profil sucht. Deinen eigenen Karrierepfad mit einem spezialisierten Studiengang anzupassen, wird schwer. Entscheidest Du Dich für einen solchen Dualen Studiengang, empfehlen wir Dir nach dem Studium einen Master zu machen, der etwas breiter aufgestellt ist und Dich nicht noch stärker spezialisiert. Hast Du zum Beispiel Fassadentechnik studiert, kannst Du nach ein paar Jahren mit einem MBA zusätzlich wirtschaftliche Kenntnisse aufbauen. So machst Du Dich auch für Führungspositionen und eventuell andere Arbeitgeber interessant.

TIPP

Größere Firmen eignen sich besser für Unentschiedene

Willst Du Dich bei der Ausbildung im Unternehmen möglichst wenig festlegen, gibt es einen einfachen Trick. Bewirb Dich bei größeren Firmen, die in verschiedenen Märkten aktiv sind, und meide kleine Nischenunternehmen. So erhöhst Du die Chancen, innerhalb des Unternehmens flexibler zu sein und Einblicke in verschiedene Bereiche zu bekommen. Du kannst im Laufe Deiner Praxiseinsätze einfach ausprobieren, welcher Bereich Dir am besten gefällt. Nehmen wir einmal an, Du interessierst Dich für ein Duales Studium im Bereich Maschinenbau. Du könntest ein Duales Studium bei einem Autozulieferer beginnen, der ausschließlich Autositze herstellt. In diesem Fall solltest Du Dir vorher sicher sein, dass Dir die Entwicklung von Autositzen Spaß machen könnte. Stellt das Unternehmen aber zusätzlich Motoren und Bremsen her, kannst Du während des Dualen Studiums mehr ausprobieren. So musst Du Dich noch nicht zu früh festlegen. Von Deinem Karriereweg kannst Du somit auch einmal abschweifen und leichter einen neuen Pfad erkunden. Schau Dir die Produkte des Unternehmens auf dessen Website an. So kannst Du schnell feststellen, ob Dir das Unternehmen die Möglichkeiten zum Ausprobieren bietet, die Du benötigst.

Zu wem passt ein Duales Studium aus psychologischer Sicht?

Ein Gastbeitrag von Martin Faltl. Er begann mit den Autoren dieses Buches ein Duales Studium. Nach wenigen Monaten brach er es jedoch zugunsten eines Bachelorstudiums der Psychologie an der LMU München ab. Nach einem Masterstudium der Organisations- und Sozialpsychologie an der London School of Economics promoviert er derzeit an der Universität St. Gallen.

Wie wirkst Du auf Deine Mitschüler?
Welche Flirt-Strategie passt zu Dir?

In welchem Land findest Du Deinen Traumjob? Bist Du zu nett?

Diese und viele andere Fragen über uns selbst interessieren uns brennend. Das ist auch gut so, denn über sich selbst zu reflektieren und sich selbst zu kennen, ist zweifelsfrei wünschenswert. Anders als manche Zeitschriften allerdings nahelegen, lassen sich diese Fragen jedoch nicht mit ein paar schnell gemachten Häkchen in sogenannten »Psychotests« beantworten.

Genauso verhält es sich auch mit der Frage »Was soll ich nach dem Abitur tun?«, mit der Du Dich vermutlich momentan beschäftigst. Jede Situation ist individuell und hängt mit vielen Faktoren zusammen. Das macht es auch aus psychologischer Sicht unmöglich, Dir ein Patentrezept für diese Entscheidung anzubieten. Ich selbst habe sowohl mit Dualem Studieren als auch mit einem klassischen Hochschulstudium Erfahrung gemacht. Auf Basis dessen möchte ich Dir einige Perspektiven anbieten, aus denen Du das Thema vielleicht bisher noch nicht betrachtet hast.

Motivation – Was verleiht mir den Antrieb, ein Studium zu meistern?

Ganz gleich, ob Du Dich letztendlich für ein Duales Studium oder eine klassisches Hochschulstudium entscheidest, Du stehst vor einer ernstzunehmenden Herausforderung. Die Stoffmenge ebenso wie die Tiefe, mit der Inhalte behandelt werden, nehmen deutlich zu im Vergleich zu dem, was Du aus der Schule gewohnt bist. Keine Sorge, Du wirst das schaffen!

Allerdings brauchst Du dafür ein gewisses Maß an Motivation und das über ein mehrjähriges Studium aufrechtzuerhalten, ist gar nicht so einfach. Die Frage, woher Motivation, also der Antrieb, bestimmte Dinge zu tun, kommt, beschäftigt Psychologen schon lange. Eine beliebte Art und Weise, über dieses Thema nachzudenken, ist, dabei zwischen sogenannter intrinsischer und extrinsischer Motivation zu unterscheiden.

Extrinsisch bedeutet hier, dass die Motivation aus einer Belohnung entsteht, die mit einer Handlung verbunden ist. Denke beispielsweise an das Ausdauertraining im Fußballverein oder an das Vokabelpauken beim Erlernen einer neuen Sprache. Beides macht vermutlich den meisten Leuten keinen Spaß, aber die Aussicht später beim eigentlichen Fußballspielen oder fließenden Sprechen der Sprache mehr Spaß zu haben, könnte Dich dazu bewegen, es dennoch zu tun.

Intrinsische Motivation dagegen entsteht aus der Tätigkeit selbst. Wenn Du mit Deinen Freunden am See Volleyball spielst oder gerne Romane liest, dann tust Du das wahrscheinlich einfach, weil Dir das Spaß macht und ohne, dass Dir jemand dafür eine Belohnung anbieten muss.

Du fragst Dich wahrscheinlich, was das mit Deiner Entscheidung zwischen einem Dualen und einem klassischen Hochschulstudium zu tun hat? Duale Studiengänge sind im Idealfall besser darin, Dich zusätzlich zur intrinsischen Motivation für das Studienfach extrinsisch zu motivieren, da die Inhalte mit der Praxis verbunden sind. Wenn Du Dir bestimmtes Wissen oder Fähigkeiten aneignest, tust Du das nicht nur für die nächste Prüfung, sondern auch mit der Aussicht, das Gelernte während einer Deiner nächsten Praxisphasen anzuwenden. Das macht Spaß, bringt Dir Anerkennung ein und motiviert Dich somit für die nächste Lernphase.

Klassische Hochschulen können die unterrichteten Inhalte nicht derart präzise auf bestimmte Anwendungsfelder zuschneiden, da es hierfür zu viele Zielgruppen gibt. Wenn Du beispielsweise Psychologie studierst, sitzt Du gemeinsam mit Leuten in Lehrveranstaltungen, die Laufbahnen als Psychotherapeuten, Wissenschaftler, Unternehmensberater, Designer oder in Personalabteilungen von Konzernen anstreben. Für all diese verschiedenen Ansprüche muss eine Hochschule ein gemeinsames Curriculum (also einen Lehrplan) bilden. Das führt zwangsläufig dazu, dass man Dinge lernen muss, bei denen man von vornherein weiß, dass man sie höchstwahrscheinlich niemals in der Praxis anwenden wird. Wenn man also in bestimmten Teilgebieten seines Studienfachs keine intrinsische Motivation an der Sache selbst findet, kann es durchaus schwer sein, den nötigen Elan für diese Inhalte aufzubringen. Während in diesen Situationen in Dualen Studiengängen durch den Anwendungsaspekt ein gewisser Ansporn erzeugt werden kann, genießt man in einem klassischen Studium trotz Einführung von Regel- und Höchststudienzeit ein deutlich höheres Maß an Unabhängigkeit. Man kann Prüfungen Semester für Semester in die Zukunft verschieben, ohne dafür jemandem offiziell Rechenschaft ablegen zu müssen. Insbesondere zu Beginn des Studiums können nicht alle Abiturienten mit dieser Freiheit umgehen und gefährden somit den erfolgreichen Abschluss ihres Hochschulstudiums. Stell Dir also bei Deinen Überlegungen auch folgende Fragen: Interessierst Du Dich vor allem deshalb für ein Studium, um Deine beruflichen Aussichten zu verbessern? Fällt es Dir leichter, Dich für Dinge zu motivieren, mit denen Du ein klares Ziel verfolgst? Gelingt es Dir leichter, etwas unangenehme Aufgaben sofort zu erledigen, wenn Dich dabei jemand zusätzlich motiviert? Wenn Du diese Fragen mit »Ja« beantwortest, könnte das ein Hinweis dafür sein, dass Dir ein Duales Studium leichter fallen könnte als ein klassisches Hochschulstudium.

Persönlichkeit: Wie offen bist Du für Neues?

Neben Intelligenz stellt Persönlichkeit das in der Öffentlichkeit am weitesten verbreitete psychologische Konzept dar. Ein wichtiges Merkmal, in dem sich Personen dabei voneinander unterscheiden, ist das, was Wissenschaftler als »Offenheit für Neues« beschreiben. Menschen, bei denen dies stark ausgeprägt ist, zeigen große intellektuelle und kulturelle Neugier sowie Interesse an neuen Ideen und fachübergreifenden oder außerfachlichen Themen.

Diese Bedürfnisse können aus einer Reihe von Gründen in einem klassischen Hochschulstudium leichter befriedigt werden. In der Regel wird Dir dabei ein gewisser zeitlicher Freiraum zur Verfügung bleiben, den manche verwenden, um parallel als Werkstudenten Erfahrung in Unternehmen zu sammeln, sich gesellschaftlich zu engagieren, ein eigenes Unternehmen zu gründen oder einfach Veranstaltungen anderer Fakultäten zu besuchen, die einem an großen Universitäten für gewöhnlich offen stehen. Kurz gesagt, Du kannst Dich jedes Semester neu entscheiden, welche Art von Erfahrung Du parallel zu Deinem verpflichtenden Curriculum machen möchtest.

Bei Dualen Studiengängen ist diese Freiheit auch vorhanden, jedoch durch fest eingeplante Praxisphasen eingeschränkt. Du hast allerdings den Vorteil, dass die Einblicke in das Unternehmen aufgrund der Mehrzahl an Praxisphasen in derselben Organisation wesentlich tiefer sind. Durch Deine längerfristige Verbindung mit dem Unternehmen hat es außerdem großes Interesse daran, Dich individuell zu fördern. Das ist bei Praktikanten oder Werkstudenten im klassischen Studium häufig nicht der Fall.

Zusammenfassend kann man also sagen, dass das normale Hochschulstudium besser für Studenten geeignet ist, die Erfahrung in der Breite sammeln möchten, während das Duale Studium tiefe Einsichten in ein Unternehmen gewährt. Wichtig ist, dass Du versuchst ehrlich zu Dir selbst zu sein, wenn Du die Quellen Deiner Motivation oder Deiner Persönlichkeit einschätzt, und Dich nicht zu sehr davon beeinflussen lässt, was andere für richtig halten.

Abschließend noch ein Tipp: Verlass Dich bei dieser Entscheidung auch ein Stück weit auf Dein Bauchgefühl. Das ist, wie psychologische Forschung zeigt, oft gar keine schlechte Strategie.

Die wichtigsten Persönlichkeitseigenschaften, die Unternehmen suchen

Du musst Dir bewusst sein, dass die Unternehmen bestimmte Ansprüche an ihre Dualen Studenten haben. Nur wenn Du diese zu einem großen Teil erfüllst, ist ein Duales Studium ein guter Deal. Falls nicht, wirst Du mit einem Dualen Studium eher unglücklich oder gerätst in Konflikte mit Praxispartner und Hochschule.

Folgende Eigenschaften zeigen, dass Du ein guter Dualer Student sein wirst:

- Eigeninitiative und der Wille, im Studium und in der Arbeit erfolgreich zu sein
- Lernbereitschaft und Neugier
- Hohe Belastbarkeit
- Spaß an Herausforderungen und praktischer Arbeit
- Interesse am Studienfach
- Loyalität und Dankbarkeit
- Interesse an sozialen und gesellschaftlichen Problemen

Unternehmen suchen für Duale Studiengänge einen bestimmten Persönlichkeitstyp. Du solltest auf jeden Fall eine hohe Eigenmotivation, Ehrgeiz und Lernbereitschaft mitbringen. Die Tatsache, dass Du Dir unseren Ratgeber zur Vorbereitung durchliest, zeigt, dass Du diese Eigenschaften auf jeden Fall zu einem gewissen Grad besitzt.

Duale Studiengänge fordern Dich als Bewerber durch die Doppelbelastung aus Praxis und Studium sehr stark. Du solltest deshalb belastbar sein und wissen, dass Du in anstrengenden Zeiten auch mal die Zähne zusammenbeißen kannst. Ein Merkmal, das oft vergessen wird, ist der Spaß an der Arbeit und am Studium. Ein weiterer wichtiger Faktor ist Loyalität. Da die Unternehmen viel Geld in Dich investierten, wollen Sie dafür Mitarbeiter, die für das von ihnen Gebotene dankbar sind. Gefragt sind Bewerber, die schon in der Schulzeit bereit waren, einen Schritt mehr zu tun, als von ihnen verlangt wird. Besonders gern ist deshalb gesellschaftliches und soziales Engagement gesehen.

In Kapitel 9 eröffnen wir Dir, wie Du in Deiner Bewerbung bereits diese Eigenschaften vermitteln kannst.

Praxisintegriert und ausbildungsintegriert: Was ist besser?

Ausbildungsintegriert oder praxisintegriert studieren? Dieser Frage gehen wir in diesem Abschnitt auf den Grund. Wie bei der Frage, ob der Kaffee mit Milch und Zucker besser schmeckt als ohne, gibt es hier auch keine eindeutige Antwort. Wir helfen Dir bei der Entscheidung, indem wir zu jedem Modell die wichtigsten Vorteile vorstellen. Letztendlich ist die Frage, ob eine Berufsausbildung für Dich einen Vorteil bringt auch Typsache und hängt von der Branche ab. Es kommt hier stark auf Deine persönlichen Vorlieben, die Branche und Deinen Studiengang an.

Ausbildungsintegriert studieren

- Das fleißige Bienchen: Als ausbildungsintegrierter Student lernst Du die gleichen Fertigkeiten in Deinem Ausbildungsberuf, wie sie der Großteil der Mitarbeiter der meisten deutschen Unternehmen gelernt hat. Du kennst die Arbeitsweise, Schwierigkeiten und Probleme an der Front des Unternehmens. Gerade in technischen Berufen ist es sehr wertvoll, die Arbeit an der Basis zu kennen. Wenn Du als Luftfahrtingenieur neue Flugzeugkomponenten designst, ist es von sehr großem Wert, wenn Du die Probleme bei der Wartung von Flugzeugen als Mechaniker direkt miterlebt hast. So kannst Du mit diesem Wissen im Hinterkopf bessere Komponenten designen. Ähnliche Vorteile bringt die Berufsausbildung in Gesundheitsberufen oder zum Beispiel in der Baubranche mit sich.
- Hohe Akzeptanz im Unternehmen: Hast Du zusätzlich zu Deinem Studium auch eine anerkannte Ausbildung in der Tasche, wirst Du von den Mitarbeitern im Unternehmen mit Berufsabschluss besser akzeptiert. Du hast mehr, was Dich mit ihnen verbindet. Die Facharbeiter wissen, dass Du schon am eigenen Leib erfahren hast, was sie machen. So kannst Du sowohl mit Akademikern als auch mit Facharbeitern auf einer Ebene kommunizieren. Das macht den ausbildungsintegrierten Studenten perfekt für die Besetzung von Schnittstellenpositionen oder später für das mittlere Management. Musst Du einmal ein Team von Facharbeitern führen, so bist Du einer von ihnen und kannst Deine Mitarbeiter viel besser verstehen.
- Mehr Karrierewahlmöglichkeiten: Mit einem anerkannten Berufsabschluss erhältst Du Dir mehr Freiheiten bei der Karrierewahl. Stellst Du in Deinem Dualen Maschinenbau-Studium während der integrierten Mechatroniker-Ausbildung fest, dass Du lieber in der Werkstatt stehst, als hinter dem Schreibtisch zu sitzen? Dann hast Du mit einer integrierten Ausbildung bessere Chancen, Dich mit Deinem Berufsab-

schluss später einmal selbstständig zu machen. Das Gleiche gilt auch für kaufmännische Berufe, wie den Kaufmann für Versicherungen und Finanzen.

- Noch ein Abschluss: Mit Deiner Ausbildung hast Du nach Deinem Dualen Studium noch einen weiteren Abschluss in der Tasche. So kannst Du bei Deinen Bewerbungen auch noch Deinen Gesellenbrief oder Deine Ausbildungsurkunde beilegen. Mit Deinem abgeschlossen Studium hast Du allerdings einen höher angesehenen Abschluss in der Tasche. Der Nutzen ist deshalb begrenzt. Falls Du das Studium nicht schaffst, hast Du die Möglichkeit, dann noch die Berufsausbildung erfolgreich zu Ende zu bringen und damit einen erfolgreichen Abschluss zu erwerben.

Praxisintegriert studieren

- Das andere fleißige Bienchen: Auch in einem guten praxisintegrierten Studium musst Du mit anpacken und nimmst den Schraubenschlüssel selber in die Hand. Auch hier fängst Du mit einfachen Arbeiten an. Nur weil Du keine Ausbildung machst, heißt das nicht, dass Du nie in den Genuss kommst, Dir die Hände schmutzig zu machen – bei den meisten praxisintegrierten Studiengängen hast Du ähnliche Ausbildungsmöglichkeiten im Unternehmen wie ausbildungsintegrierte Studenten.

- Mehr Freiheiten in der Ausbildung: Im Gegensatz zu ausbildungsintegrierten Studenten hast Du weniger Zwang bei den Praxiseinsätzen. Du kannst Dir Deine Ausbildungsstationen unabhängig vom Lehrplan der Berufsausbildung auswählen. Dein Weg beim Praxispartner während des Studiums wird nicht von starren Ausbildungsplänen von der IHK oder Handwerkskammer bestimmt. Passe jedoch auf, dass Du nicht zu einseitig für nur wenige Aufgaben eingesetzt wirst und in jeder Praxisphase das Gleiche machst.

- Keine Unterforderung in der Berufsschule: Als Dualer Student kommst Du durch die Abwechslung zwischen Studium und Beruf mit einer hohen Belastung klar und lernst auch, schnell zu lernen. Leider ist das theoretische Ausbildungsniveau an Berufsschulen oder ähnlichen Einrichtungen deutlich niedriger. Viele Duale Studenten haben uns berichtet, wie sie sich vor Langeweile in den Berufsschulen mit Stadt-Land-Fluss abgelenkt haben, um die Zeit zu überstehen. Viele ausbildungsintegrierte Studiengänge verzichten mittlerweile auf die Berufsschule. Die Inhalte werden den Dualen Studenten in Kompaktkursen im gewohnten Tempo vermittelt. Dennoch: Im praxisintegrierten Studium musst Du mit 100-prozentiger Sicherheit nie eine Berufsschule besuchen.

- Schneller, weiter, höher: Das Konzept, immer mehr Abschlüsse in immer kleineren Zeitabständen zu schaffen, hat nicht nur Vorteile. Entweder kommst Du als Dualer Student mehr unter Druck oder Du musst stärker priorisieren, zulasten der Ausbildungsqualität. Als praxisintegrierter Student jonglierst Du mit einem Ball weniger, und kannst Dich dann besser auf Dein Studium konzentrieren.

- Ein Abschluss weniger: Sobald Du Dein Studium in der Tasche hast, verliert Dein Berufsabschluss bei Bewerbungen stark an Bedeutung. Er ist nur noch ein kleines Plus, für bestimmte Berufe. Stattdessen sparst Du Dir als praxisorientierter Student viel Lernaufwand und Stress für die zusätzlichen Prüfungen in einer Ausbildung. Du kannst Dich voll auf Dein Studium konzentrieren und kannst Dich ihm mit mehr Leidenschaft widmen.

- Die Triebfedern, warum sich Abiturienten für ein Duales Studium entscheiden sind: die Verbindung zwischen Theorie und Praxis, der sichere und schnelle Berufseinstieg und die finanzielle Vergütung während des Studiums.
- Das Besondere an einem Dualen Studium ist nicht nur, dass Du einen Teil der Theorie in der Praxis wiederfindest und vertiefst. Du lernst auch eine Reihe von Fertigkeiten für Dein späteres Berufsleben, die Du in den Praxisphasen des Dualen Studiums erwirbst.
- Mit einem Dualen Studium sicherst Du Dir schon früh einen Platz für eine Karriere im Partnerunternehmen. Ungefähr 90 % der Dualen Studenten werden nach dem Studium von ihrem Partnerunternehmen übernommen.
- Als Dualer Student bekommst Du während Deines Studiums eine finanzielle Vergütung als Ausgleich für die Arbeit im Partnerunternehmen und dafür, dass Du studentische Freiheiten aufgibst.
- Im Dualen Studium spezialisierst Du Dich sehr früh in einer Branche und Fachrichtung. Es ist der schnellste Weg, sich in einem Bereich Expertenwissen aufzubauen. Im Gegenzug ist es schwierig, als Dualer Student während und nach dem Studium noch größere Richtungswechsel an Deinem Karriereweg vorzunehmen.
- Für die Wahl eines Dualen Studiums ist die Art Deiner Motivation und die Ausgestaltung Deiner Persönlichkeit entscheidend.
- Eigeninitiative, hohe Belastbarkeit, Spaß an praktischer Arbeit, Loyalität gegenüber dem Arbeitgeber und die Bereitschaft, schnell zu lernen, sind wichtige Eigenschaften, die Du als zukünftiger Dualer Student mitbringen solltest.
- Ein ausbildungsintegriertes Studium hat im Vergleich zu einem praxisintegriertem Studium Vor- und Nachteile. Was für die jeweiligen Studienarten spricht:
  - Ausbildungsintegriert: Du lässt Dir Dein praktisches Wissen mit dem Berufsabschluss noch einmal offiziell anerkennen und kannst besser mit den Kollegen aus den Fachabteilungen auf Augenhöhe zusammenarbeiten.
  - Praxisintegriert: Du hast weniger Stress, da Du weniger Prüfungen schreibst, und trotzdem die Chance, genauso viel praktisches Wissen in einem freieren Lernumfeld zu erwerben.

Kapitel 3
Darum gibt es das Duale Studium – Wo ist der Haken?

Wie Du gesehen hast, bietet Dir ein Duales Studium als Student viele Vorteile. Doch warum gibt es so etwas überhaupt? Wieso bieten Unternehmen Duale Studiengänge an? Dual studieren bedeutet zwar in der Regel Studieren und Geld verdienen gleichzeitig. Und wenn man seinen Freunden erzählt, wie viel man als Dualer Student gezahlt bekommt, weht einem schnell der pure Neid entgegen. Allerdings nicht immer zu Recht.

Unternehmen führen solche Programme nicht ein, um ein paar ausgewählten Köpfen das Studentenleben ohne Gegenleistung zu versüßen. Sie könnten ihren Nachwuchs viel bequemer über Berufsausbildungen oder über Einstiegsprogramme als Trainees von den Hochschulen anheuern. Finanzielle Unterstützung, Auslandsaufenthalte, Gehalt, Ausbildungsmaßnahmen und Studiengebühren für Duale Studienprogramme kosten die Unternehmen viel Geld. Für ein dreijähriges Duales Bachelorstudium muss ein Arbeitgeber oft über 40 000 € pro Student aufbringen.

Also noch einmal: Wenn ein Duales Studium für Unternehmen derart teuer ist, warum bieten sie dann überhaupt Duale Studiengänge an? Oder anders gefragt: Wo ist der Haken? Wir haben uns die Frage nach dem Motiv gestellt und intensiv nachgeforscht.

In diesem Kapitel erfährst Du, warum Unternehmen Duale Studiengänge anbieten:
- Der »**War for Talents**« ist ein Grund. Wir erläutern, was das für Dich und den Arbeitgeber bedeutet.
- Als Dualer Student bist Du für Unternehmen ein flexibler Alleskönner: die **Eier legende Wollmilchsau**.
- **Leistung mit Leidenschaft** ist ein Hauptmerkmal Dualer Studenten.
- Nach dem **Studium lassen sich Duale Studenten schnell ins Arbeitsleben integrieren.**
- Arbeitgeber können mit Dualen Studenten **Kosten sparen**.
- Duale Studenten bringen frischen Wind **in das Unternehmen** mit und verjüngen die Problemlösungskultur.

Der »War for Talents«

Der »War for Talents« bezeichnet den Krieg zwischen verschiedenen Arbeitgebern um qualifizierte Mitarbeiter. Das drastische Wort Krieg ist ein Weckruf für Unternehmen, sich darauf vorzubereiten, dass sie in Zukunft immer stärker um die klügsten Köpfe kämpfen müssen. Die Unternehmensberatung McKinsey prognostiziert in diesem Zukunftsszenario, dass es immer schwieriger wird, zukünftig gute Mitarbeiter zu finden. Die Gründe sind vielfältig. Aus unserer Sicht sind die wichtigsten:

- Die Anzahl der Schüler verringert sich von Jahr zu Jahr. Die Folgen des sogenannten demographischen Wandels auf die Anzahl der qualifizierten Arbeitskräfte werden die Unternehmen immer stärker spüren.
- Es gibt zu wenige Studenten in den gefragten MINT-Fächern (Mathematik, Informatik, Naturwissenschaften und Technik). In diesen Fächern sind außerdem die Abbrecherquoten sehr hoch.
- Unternehmen konkurrieren um gute Mitarbeiter international. Unter jungen Leuten wird es immer mehr als Ziel angesehen, eine Zeit lang im Ausland zu arbeiten. Das war vor einigen Jahren noch nicht der Fall.

Diese Entwicklung spielt Dir als junger Abiturient in die Hände. Der Wettbewerb zwischen den Arbeitgebern in Deutschland um geeignete Mitarbeiter wird sich in Zukunft verschärfen. Mit diesen Rahmenbedingungen ist das Duale Studium ein nützliches Instrument, mit dem sich Unternehmen Nachwuchskräfte sichern, die sie sonst nicht bekommen könnten. Unternehmen sind deshalb bereit, Geld in die Schaffung von Dualen Studiengängen zu investieren. Sie wollen sich langfristig qualifiziertes Personal sichern.

Es gibt mehrere Gründe, warum sich Duale Studiengänge dafür gut eignen:

- Vielleicht hast Du es auch schon gehört: Mittlerweile bleibt ein großer Teil der Berufsausbildungsplätze leer. Gerade Abiturienten entscheiden sich immer öfter für ein Studium anstatt für eine Ausbildung. Gleichzeitig macht ein immer größerer Teil der Schüler Abitur. Bis 2025 wird die Zahl der Schulabgänger ohne Abitur um fast 20 % zurückgehen.[3] Schon jetzt übersteigt das Angebot an Ausbildungsplätzen die Nachfrage. Unternehmen fehlen dann Arbeitskräfte, die sie schon von jung auf anlernen können. Die deutsche Wirtschaft ist allerdings auch auf diese Art von praktischem Wissen angewiesen. Doch gerade in technischen

---

[3] BuMi für Bildung und Forschung, S. 26.

Ausbildungsberufen, wie der Lehre zum Mechatroniker, bewerben sich immer weniger geeignete Interessenten. Die Unternehmen haben mit den Dualen Studiengängen also eine Lösung gefunden, wie sie wieder mehr qualifizierte junge Mitarbeiter schon früh in die Betriebe locken können und praxisnah ausbilden können. Unternehmen reagieren mit den Dualen Studiengängen so auf einen Mangel von qualifizierten Bewerbern für Berufsausbildungen.

– Manche Berufsbilder kann man einfach nicht an Universitäten erlernen. Trotzdem werden neue Mitarbeiter für diese spezialisierten Bereiche gesucht. Berufsfelder wie Immobilienmakler oder Rückversicherung kann man nicht an einer Uni lernen. Man muss in der Praxis Erfahrung sammeln und abseits der Hochschulen ausgebildet werden. Um die richtigen Leute in die Unternehmen zu locken und nach dem eigenen Bedarf auszubilden, bietet man dies in Kombination mit einem Studium an. Dabei kann man den Studenten während der Praxisphasen schrittweise das benötigte spezifische Wissen anlernen. Zusätzlich bringen Studenten breit gefächertes Theoriewissen von der Hochschule mit. Ist das Studium vorbei, so sind Duale Studenten bereits Spezialisten in diesen Spezialbereichen und können ohne großen weiteren Schulungsbedarf im Unternehmen anfangen zu arbeiten.

– Gerade für kleinere und mittelständische Unternehmen kann es schwer sein, sich am Hochschulabsolventenmarkt als Arbeitgeber gegen die großen Konzerne wie Siemens, Porsche oder Lufthansa – die übrigens auch Duale Studiengänge anbieten – zu positionieren. Besonders Hochschulabsolventen werden von den bekanntesten Unternehmen stark umworben. Unbekanntere Unternehmen müssen sich sehr bemühen, in dieser Phase Top-Leute von einer Karriere bei sich zu überzeugen. Das erschwert kleineren Arbeitgebern das Einstellen von hochqualifiziertem Personal. Zwar kommen große Unternehmen auch leichter an Bewerbungen für Duale Studienangebote, aber wegen der großen Beliebtheit von Dualen Studiengängen können sich weniger bekannte Unternehmen besser platzieren und so an mehr hochwertige Bewerbungen von (späteren) Akademikern kommen. Mit einem Dualen Studium können auch unbekanntere Unternehmen ein Programm anbieten, das attraktiv genug ist, dem Unternehmen Top-Nachwuchs zu sichern.

– Unternehmen schaffen durch die langfristige Unterstützung ihrer Dualen Studenten eine starke Bindung zwischen Mitarbeiter und Unternehmen. Deshalb setzen die meisten Absolventen Dualer Studiengänge ihre Karriere bei den Partnerunternehmen fort. Dieser Effekt funktioniert umso besser, je mehr die Partnerunternehmen als Förderer und Türöffner für die berufliche Entwicklung der Studenten fungieren. Je mehr das Unternehmen besondere Erlebnisse und qualitativ hochwertige Weiterbildungen ermöglicht, desto stärker wird die Bindung. Darüber hinaus verpflichtet man sich bei manchen Unternehmen, nach Abschluss des Programmes noch eine gewisse Zeit für das Unternehmen zu arbeiten, meistens ein bis zwei Jahre. Das ist allerdings normal und gibt den Unternehmen Sicherheit, dass sich ihre Investition in Dich auch gelohnt hat.

Die Eier legende Wollmilchsau

Der »War for Talents« ist jedoch bei weitem nicht der einzige Grund, warum Unternehmen Duale Studiengänge anbieten. Als eine Personalmanagerin dem Manager einer Außenstelle in Lateinamerika das Duale Studium erklärt hat, sagte sie: »Für uns ist der Duale Student die Eier legende Wollmilchsau«. Damit ist gemeint, dass ein Dualer Student für die Unternehmen so verlässlich und flexibel einsetzbar ist, wie ein Schweizer Taschenmesser. Viele Unternehmen setzen auf Duale Studenten, da sie die theoretisch-akademische Ausbildung mit Praxiserfahrung im Unternehmen vereinen.

So ziehen sich Unternehmen ideale Nachwuchsführungskräfte heran. Dies gilt vor allem auch für Betriebe, bei denen Akademiker und gelernte Fachkräfte mit Berufsausbildung in einem Unternehmen zusammenarbeiten. Stell Dir vor, Du hast die Chance, ein Duales Maschinenbaustudium in einem produzierenden Betrieb zu absolvieren, der Autoteile herstellt. Dann lernst Du dort zwar auch die Theorie und Mathematik, die Du als Ingenieur brauchst. Oft genug hast Du mit dem Schraubenschlüssel selbst angepackt. Der Duale Student mausert sich so zum Alleskönner. Er kennt die Probleme der alltäglichen Arbeit im Betrieb und die Denkweise, die in akademisch geprägten Bereichen und Managementetagen herrscht. Dieses Argument wirkt noch einmal stärker, falls im Dualen Studium eine anerkannte Berufsausbildung integriert ist. Oft akzeptieren Facharbeiter später auch Führungskräfte mehr, die mit ihnen auch mal gemeinsam angepackt haben.

Leistung mit Leidenschaft

Stell Dir mal einen faulen Studenten vor, der nach einem harten Neun-Stunden-Arbeitstag in die Bibliothek fährt, um dort noch zwei Stunden lang einen Praxisreport für seine Hochschule zu schreiben. Den gibt es natürlich nicht. Durch die Doppelbelastung im Dualen Studium ziehen sich Unternehmen automatisch hochleistungsfähige Mitarbeiter heran. Das beginnt schon bei der Auswahl von Bewerbern: Zukünftige Duale Studenten wissen, dass sie sich auf ein zeitintensives und straffes Programm mit wenig Freizeit bewerben. Duale Studiengänge ziehen deshalb auch besonders leistungsmotivierte und zielstrebige Abiturienten an. Das Angebot einer Berufsausbildung alleine wirkt in der Regel nicht attraktiv genug, um diese Leistungsträger schon früh ins Unternehmen zu holen. Aber auch Studenten, die als Schüler eher minimalistisch veranlagt waren und trotzdem im Dualen Studium gelandet sind, gewöhnen sich an den hohen Druck. Multitasking ist die hohe Kunst in einem derartigen Programm. Während des Programms lernen Dual Studierende mit der Doppelbelastung aus Arbeit und Studium gleichzeitig zurechtzukommen und eignen sich schnell eine hohe Disziplin und eine große Ausdauer an.

Schnelle Integration nach dem Studium

Unternehmen profitieren zusätzlich davon, dass Absolventen eines Dualen Studiums ohne größere Eingewöhnungszeit gleich im Unternehmen loslegen können. Studenten, die frisch von der Hochschule angeworben werden, müssen oft erst einmal in sogenannten Trainee-Programmen an Unternehmen, Arbeitsalltag und Unternehmenskultur gewöhnt werden. Sie können nicht gleich nach der Uni als vollwertiger Mitarbeiter eingesetzt werden. Duale Studenten dagegen lernen schon während der Praxisphase in ihrem Studium die Eigenheiten des Partnerunternehmens kennen und finden sich so sehr schnell zurecht. Die Unternehmenskultur, die gelebte Hierarchie oder auch einfache Arbeitsprozesse sind für sie nicht neu. Bis der Duale Student fertig ist, haben Unternehmen den passenden Mitarbeiter schon für die später auf ihn wartenden Arbeitsbedingungen ausgebildet. Der Studiengang ist dabei die Grobsteuerung, in welche Richtung qualifiziert werden soll. Die Feinsteuerung erfolgt in den Praxisphasen. Hier wird gemeinsam mit dem Dualen Studenten entschieden, in welchen Bereichen er spezialisiert werden soll, damit er nach dem Studium schnell und ohne großen Aufwand einsetzbar ist.

ACHTUNG

»Lückenfüller«

Wirst Du die Eins-zu-eins-Nachbesetzung oder ist schon eine Zielabteilung vorgesehen? Man sollte Dich darüber informieren, wenn nur eine konkrete Lücke gefüllt werden muss. Zum Beispiel, weil ein bestimmter Mitarbeiter in drei Jahren in Rente geht. Das könnte bedeuten, dass Dir nicht alle Einstiegsmöglichkeiten offen stehen. Dein Praxispartner sollte Dir gegenüber mit offenen Karten spielen und Dich nicht kurz vor der Übernahme mit dieser Nachricht überraschen.

Kosten sparen mit Dualen Studenten

Das klingt auf der ersten Blick absurd. Bevor wir mit dem Dualen Studium angefangen haben, haben wir gedacht: »Die Unternehmen bezahlen einen dafür, dass man studiert. Das ist das Tolle am Dualen Studium. Dass man von Anfang an Geld verdient, und das ganz ohne Nebenjob!« Ganz so einfach ist es aber nicht. Ein Freund von uns durfte in seinem Partnerunternehmen einer Präsentation lauschen, in dem ein Duales Studium als Kosteneinsparungsmaßnahme präsentiert wurde.

- Als Dualer Student musst Du für Dein Gehalt im Unternehmen auch Leistung bringen. Während des Studiums bist Du im Unternehmen ein fleißiger und günstiger Mitarbeiter. Auch wenn Duale Studenten nur etwa die Hälfte der Zeit im Unternehmen arbeiten, bringen sie in dieser Zeit meist große Leistung zu einem Ausbildungsgehalt. Ein Personalmanager hat uns gegenüber bemerkt, dass die Vergütung für Duale Studenten deshalb mehr als gerecht ist.
- Die Anwerbung von Abiturienten ist wie oben beschrieben oft einfacher und damit auch viel billiger als die von Universitäts- und Fachhochschulabsolventen.
- Ehemalige Duale Studenten werden in manchen Unternehmen nach ihrem Studium schlechter bezahlt als normale Hochschulabsolventen. Da sich die meisten Dualen Studenten an ihr Partnerunternehmen für mehrere Jahre vertraglich binden, müssen Unternehmen auch nicht eine sofortige Flucht der teuer ausgebildeten Studenten befürchten. Das ist durchaus nicht unüblich. Die gute Nachricht ist, dass immer mehr Unternehmen den Wert ihrer Dualen Studenten auch gehaltsmäßig honorieren. Folgst Du unseren Tipps, dann wirst

Du auf jeden Fall wissen, was Dich erwartet. Der Großteil der Unternehmen bemüht sich, für die Dualen Studenten auch nach Studienabschluss eine faire Vergütung zu zahlen. Das heißt, ihnen wird am Ende des Studiums ein ähnliches Gehalt angeboten wie für externe Absolventen mit ähnlichem Abschluss. Und keine Sorge: Meistens kann man mit einem Dualen Studium auch genauso viel verdienen wie ein normaler Student. Aber man sollte vorher sicher gehen, dass man sich als unerfahrener Abiturient nicht unter Wert verkauft. Das Duale Studium ist ein harter Weg mit viel Arbeit. Wenn man hinterher unterbezahlt wird, tut das weh.

Frischer Wind und eine jugendliche Perspektive im Unternehmen

Die Namen Snapchat, Uber oder Wunderlist kennen die meisten älteren Führungskräfte traditioneller Unternehmen nur aus der Zeitung. Dagegen benutzen Schüler und Studenten neue Apps und Trend-Produkte lange bevor diese im Wirtschaftsteil der Tageszeitung auftauchen. Technischer Fortschritt und Trends können von Unternehmen nur noch schwer vorausgesehen werden. Neue Produkte und Verhaltensänderungen gehen meist von der Jugend aus. Manchmal kennen sich Mitarbeiter mit knapp über 30 schon nicht mehr mit Jugendtrends aus. Doch auch die deutschen Unternehmen wollen mit den Veränderungen des Verhaltens ihrer zukünftigen Kunden Schritt halten. Duale Studenten beginnen ihre Arbeit im Unternehmen in einer Phase, in der sie den Zeitgeist nicht nur kennen, sondern sogar mitbestimmen. Über den Dialog mit diesen jungen engagierten Mitarbeitern, können Unternehmen innovative und zukunftsfähige Produkte und Geschäftsmodelle entwickeln.

Duale Studenten können frischen Wind in die deutsche Wirtschaftslandschaft bringen und unternehmerische Innovationen befördern. Oder um es ähnlich wie der ermordete amerikanische Politiker Robert Kennedy zu sagen: »Jugend ist nicht nur die Bezeichnung für einen Lebensabschnitt, sondern für ein starkes Temperament, einen Reichtum an Vorstellungskraft, den Triumph von Mut über Ängstlichkeit und der Lust auf Abenteuer über die Bequemlichkeit.« Unternehmen sind sich dessen immer mehr bewusst. Sie wollen und müssen das Potenzial der jungen Mitarbeiter immer stärker nutzen.

INFO
Darum lohnt sich ein Duales Studium zur Nachwuchsgewinnung

Eine gute Zusammenfassung, warum es sich für Unternehmen lohnt, kommt von Johannes Amen, dem Leiter Competence Area Rhein-Main der Siemens AG. Mit einer Broschüre versucht das Land Hessen Unternehmen für Duale Studiengänge zu gewinnen. Herr Amen von Siemens verrät hier die wichtigsten Gründe:

»Gemessen an einem »Newcomer« – egal ob FH oder Uni –, der je nach Funktion in sechs- bis zwölfmonatigen Trainee-Programmen bei voller Bezahlung und vollen Spesen aufgebaut werden muss, rechnet sich ein Duales Studium sehr schnell. Übrigens muss ich einen »Newcomer« an einem meist eintägigen Bewerbertermin kennen lernen. Das Individualpotenzial der Studierenden kann ich in den Praxisphasen über drei Jahre hinweg erleben und sie nachhaltig als neue Mitarbeiterinnen und Mitarbeiter für unser Unternehmen prägen und gewinnen.«[4]

---

[4]   Duales Studium Hessen 2009, Sichern Sie Ihre Fachkräfte von morgen!, S. 14.

EXPRESS-WISSEN

- Ein Duales Studium kostet Deinen Praxispartner schnell über 40 000 Euro pro Student – das ist viel Geld. Als zukünftiger Dualer Student solltest Du wissen, wie die Unternehmen von Dir profitieren und warum sie Duale Studiengänge anbieten.
- Unternehmen können im Dualen Studium junge, leistungsmotivierte Mitarbeiter von früh auf nach eigenen Wünschen ausbilden. Da sich viele Abiturienten nicht mehr mit einer klassischen Berufsausbildung zufrieden geben, haben Praxispartner mit dem Dualen Studium eine echte Alternative gefunden, an diese jungen und leistungsbereiten Mitarbeiter zu kommen.
- Duale Studenten vereinen eine praxisnahe Ausbildung mit einem theoretischen Studium und bieten sich nach dem Studium für eine Vielzahl von Einsatzmöglichkeiten im Unternehmen an. Als Dualer Student kannst Du nach dem Studium meist ein größeres Feld an Arbeitsaufgaben abdecken als ein Hochschulabsolvent.
- Duale Studiengänge ziehen sehr leistungsstarke und belastbare Studenten an. Die Partnerunternehmen können sich auf die Qualität der Absolventen also verlassen.
- Duale Studenten kennen nach dem Studium ihr Partnerunternehmen bereits sehr gut. Sie arbeiten sich in den neuen Job außerordentlich schnell ein.
- Unternehmen sparen mit Dualen Studenten Kosten im Vergleich zu externen Hochschulabsolventen. Duale Studenten arbeiten bereits während des Studiums gegen geringe Bezahlung und kosten wenig in der Einarbeitung und Anwerbung. In manchen Unternehmen verdienen ehemalige Duale Studenten nach dem Studium weniger als Hochschulabsolventen.
- Duale Studenten bieten Unternehmen die Möglichkeit, am Puls der Zeit zu bleiben, indem leistungsstarke junge Leute in Entwicklungs- und Entscheidungsprozesse eingebunden werden.

Kapitel 4
Der Vergleich mit einem klassischen Studium

Du stehst nun vor der Entscheidung zwischen einem normalen Studium und einem Dualen Studium. Dieses Kapitel unterstützt Dich dabei, abzuschätzen, was für oder gegen ein Duales Studium spricht. Wir haben für Dich die wirklich wichtigen Unterschiede gesammelt, um Dir hier die ideale Entscheidungshilfe an die Hand zu geben. Mit »wirklich wichtig« meinen wir Aspekte, die sich bei uns im Laufe des Dualen Studiums bemerkbar gemacht haben; sowohl Vorteile als auch Nachteile. Wir verzichten trotzdem bewusst auf eine starke Wertung. Denn zum einen empfindet jeder anders. Zum anderen kannst Du das »Erlebnis Studienzeit« sowohl Dual als auch »normal« – jeweils als Vollzeitpräsenzstudium – nicht gleichzeitig am eigenen Leib erfahren. Auf zwei Hochzeiten tanzen funktioniert nicht. Denn bedenke: Die Studienzeit, als einer der schönsten Abschnitte des Lebens, wie man sagt, beschränkt sich nicht nur auf rein fachliche Studieninhalte.

Wo die Unterschiede sind, erfährst Du in diesem Kapitel:

- Wie viel **Freizeit** hast Du im Dualen Studium? Wie sind Deine Arbeitszeiten und wie viel Urlaub hast Du?
- Wie läuft **Dein Studienalltag** ab und wie sieht der Kontakt mit Deinen Mitstudenten aus? Dieser ist bei Dualen Studenten von Haus aus stark durchorganisiert. Ein normales Studium lässt mehr Freiräume zu.
- Wie sehen Dein **Lernpensum** und die **Organisation** des Dualen Studiums im Vergleich zum klassischen Studium aus? Wann hast Du Zeit zu arbeiten und wann zum Studieren?
- Wie unterscheiden sich die **Praxisphasen im Partnerunternehmen von Praktika eines normalen Studenten?** Welche Rolle spielt ein dauerhafter Praxispartner an Deiner Seite?
- **Wie sieht Deine finanzielle Situation als Dualer Student aus**? Was für Einnahmen hast Du als Dualer Student im Vergleich zum normalen Studenten? Wie unterscheiden sich die Ausgaben?

Deine Freizeit

Freizeit ist für einen Dualen Studenten wie Wasser in der Wüste: Ein knappes und sehr kostbares Gut. Du musst wissen, wie Du an genügend Freizeit kommst und wie Du sie Dir einteilst. Das mag etwas überspitzt klingen, doch die Erfahrung wird Dir zeigen, dass wir mit dieser Aussage nicht übertreiben. Ein Duales Studium ist wesentlich stärker durchorganisiert als ein normales Studium. Im Klartext heißt das: Der straffe Stundenplan eines Dualen Studenten lässt weitaus weniger Lücken für Freizeit. Das lässt sich leicht erklären. Während der normale Student ein ganzes Semester Zeit hat, um sich mit dem Stoff zu beschäftigen, muss der Duale Student die gleiche Stoffmenge in viel kürzerer Zeit bewältigen. Als normaler Student brauchst Du Dich niemandem gegenüber zu rechtfertigen, wenn Du mal eine Woche die Vorlesungen sausen lässt und stattdessen am Badesee liegst.

In den MINT-Fächern wird meistens erst ab dem dritten Semester richtig gefeiert. Da unterscheidet sich ein Duales Studium nicht von einem normalen. Es ist kein Gerücht, dass davor hart ausgesiebt wird und wenig Raum zum Atmen bleibt. Bei dieser Belastung kommt es auf zwei wesentliche Dinge an:

1. **Selbstorganisationstalent** und gutes **Zeitmanagement** sind gefragt. Es gilt, frühzeitig mit Lernen zu beginnen, damit die Klausuren auch ein Erfolg werden. Ein paar Tage vom wohlverdienten Erholungsurlaub werden somit schnell notgedrungen zum »Lernurlaub«. Zurück im Betrieb steht für viele Duale Studenten eine mehrseitige Projektarbeit auf dem Plan. So etwas kann Dir schnell über den Kopf wachsen. Damit das nicht passiert, musst Du Dich gut organisieren und Deine Vorhaben priorisieren. Projekt- oder Praxisarbeiten sind ein zeitintensives Unterfangen, das an der DHBW zweimal, an Berufsakademien sogar mit jedem neuen Praxiseinsatz wieder auf Dich wartet.

2. **Urlaub für Deinen Kopf.** Suche Dir auch während der anstrengenden Phasen Ausgleichsmöglichkeiten von all dem Stress. Wenn Du im Dualen Studium richtig angekommen bist, schau spätestens nach dem zweiten Semester ruhig regelmäßiger auf den Partys in Deiner Stadt vorbei. Andere machen Sport, gehen ins Kino oder entspannen in der Sauna. Beim Ausgehen mit Freunden und bei der Familie kriegst Du den Kopf auch wieder frei.

Ich kann mich ja immer noch in den Semesterferien erholen, wirst Du Dir jetzt denken. Fehlanzeige! Wir kennen keine Studienprogramme, die ihren Dualen Studenten Semesterferien gönnen. Es bleibt somit nur bei den vertraglich vereinbarten

Urlaubstagen, die je nach Unternehmen bei zwischen 20 und 30 Tagen im Jahr liegen. Aber keine Sorge. Wir hatten uns recht schnell an das straffe, abwechslungsreiche Programm gewöhnt. Dabei blieb uns noch ausreichend Zeit für Freunde, Familie und Freizeit. Wenn Du ein Typ bist, der sich gerne gewissenhaft an die Arbeit macht, aber auch die Freizeit intensiv zu nutzen weiß, dann kommst Du mit der Zeiteinteilung im Dualen Studium gut zurecht.

Dein Studienalltag und Deine Mitstudenten

Als Dualer Student bist Du immer Teil einer kleinen Gruppe. An den meisten Kooperationshochschulen sowieso, aber auch als Dualer Student an einer großen Universität wirst Du immer Teil der kleinen Gruppe Dual Studierender sein, auch wenn Du mit 300 Kommilitonen in einer Vorlesung sitzt.

- **Engerer Kontakt zu Professoren und Kommilitonen:** Bei dieser kleinen Gruppengröße hast Du intensiveren Kontakt zu Professoren und Mitstudenten. Du bist nicht Teil einer anonymen Masse, vor allem an Dualen Hochschulen oder Berufsakademien. Klausurergebnisse, Referatsnoten und Deine Beiträge in Gruppenarbeiten werden in einer kleinen Gruppe leichter öffentlich als an einer großen Universität. Wenn die Gruppe so klein ist, dass die Professoren die Namen der Studenten schon auswendig wissen, haben sie wohl auch die ungefähre Note der letzten Klausur oder Projektarbeit im Kopf. Der Vorteil ist: In diesem kleineren Kreis fällt es Dir leichter, noch einmal nachzufragen als in einem riesigen Hörsaal mit 400 anderen Anwesenden. Letztlich bedeutet diese intensivere Betreuung, dass Du zu Hause weniger selbstständig nacharbeiten musst. Du hast die Chance, schneller zu lernen, und in der Gruppe mit Deinen Dualen Mitstudenten werdet ihr euch gegenseitig motivieren.
- **Transparenz in der Studentengruppe ist größer.** Das liegt auf der anderen Seite der Medaille. Obwohl die Noten durch die Matrikelnummern anonymisiert veröffentlicht oder sogar nur im persönlichen Bereich des Onlineportals der Hochschule für Dich einsehbar sind, lässt sich dieser Aspekt nur begrenzt einschränken. Die meisten Partnerunternehmen verlangen, dass Du Deine Noten regelmäßig meldest. Läuft es gut, ist das natürlich kein Problem und es wird auch mal ein Lob von einem Unternehmensvertreter geben, was Dir als normaler Student nicht passiert. Wenn die Leistungen allerdings mal schlecht sind, erwartet Dein Betreuer im Unternehmen eine Erklärung. Manch einer mag diesen Wettbewerb, der nicht in jeder Gruppe gleich stark zu spüren sein wird, andere weniger.

Die Gruppen sind allerdings je nach Hochschule unterschiedlich zusammengesetzt. Dort, wo rein Dual studiert wird, also an Dualen Hochschulen oder Berufsakademien, studierst Du eher in kleinen Gruppen, ähnlich einer Schulklasse. An Fachhochschulen oder Universitäten sitzt Du zwischen lauter normalen Vollzeitstudenten.

Aus eigener Erfahrung können wir Dir versichern, dass das Studieren in Kleingruppen enorme Vorteile bietet. In einer überschaubaren Gruppe merkst Du schneller, mit welchen Mitstudenten Du eher auf einer Wellenlänge bist und mit wem Du Dich gut gemeinsam auf die Klausuren vorbereiten kannst. Die zusammengewürfelte Gruppe kann in puncto Zusammenhalt auch schnell zur festen Clique werden. Denn egal, ob Ihr nun auf das Ende der Klausurenphase anstoßt oder viele kniffelige Aufgaben und Gruppenarbeiten gemeinsam löst: Ihr verbringt eine Menge Zeit miteinander, in der ihr Euch richtig gut kennenlernt. So entstehen nicht nur Freundschaften, sondern Du baust Dir ganz nebenbei eine solide Basis für Dein späteres berufliches Netzwerk. Den besten Beweis hierfür liefern Dir die Autoren dieses Buches. Ohne das gemeinsame Absolvieren des Studiums hätten wir diesen Ratgeber wohl nie geschrieben.

INFO

Präsenz- oder Selbststudium?

Dual Studieren heißt *meistens* für Dich: dauerhafte Präsenz an der Hochschule. Wenn Du fehlst, muss es einen triftigen Grund geben. Man erwartet von Dir, dass Du in jeder Vorlesung und Veranstaltung anwesend bist. Vor allem an Dualen Hochschulen und Berufsakademien wird das mit Unterschriftenlisten kontrolliert. Da kann die Vorlesung noch so langweilig sein.

Für normal Studierende wird Anwesenheit nur in manchen Fächern vorgeschrieben und kontrolliert. Es ist ärgerlich für den Dozenten, wenn er für einen Kurs von 30 Leuten das Computerkabinett gebucht hat, aber nur 15 Leute erscheinen. Es steht den Studenten für die meisten Veranstaltungen frei, ob sie die dazugehörigen Vorlesungen und Übungen besuchen.

An manchen Hochschulen sind so gut wie alle Materialien online abrufbar. Sogar Livestreams der Vorlesungen oder Videoaufnahmen zum späteren Ansehen werden geboten. An welcher Hochschule Du als Dualer Student am meisten Freiheit genießt, zeigen wir Dir im Kapitel 6.

Lernpensum und Organisation

Bei einem Hochschulstudium dreht sich alles um die Ansprüche der Hochschule. Sowohl in einem normalen als auch im Dualen Studium weißt Du manchmal nicht, auf welches Detailwissen Du Dich für die Klausuren vorbereiten musst. Häufig wirst Du Dir die Frage stellen: Ist das klausurrelevant?

Wie viel Du im Dualen Studium selbst organisieren musst

In Kapitel 2 haben wir beschrieben, dass Du als Dualer Student mehr Möglichkeiten hast: Du lernst Theorie und Praxis gleichermaßen und kannst einige Inhalte aus der Hochschule direkt beim Praxispartner einbringen. Du musst also generell mit einem höheren Lernpensum rechnen, da Du bis zum Abschluss zusätzlich einen riesigen Teil an praktischem Wissen verinnerlicht haben musst. Alle unsere Interviewpartner, die sowohl ein klassisches als auch ein Duales Studium absolviert haben, bestätigten uns, dass die Lerngeschwindigkeit und -intensität in einem Dualen Studium deutlich höher ist. Erinnern wir Autoren uns an das hohe Lernpensum zurück, haben wir daraus etwas gelernt und dadurch erfahren, was uns niemand mehr nehmen kann: Die Zeit war zwar manchmal hart – gerade in den letzten Wochen vor den Klausuren – aber im Nachhinein haben wir gemerkt, zu welchen Leistungen wir fähig sind.

Als Dualer Student bist Du oft unter Zeitdruck und hast keine Chance, lange herumzutrödeln. Das ist in einem normalen Studium immer noch leichter möglich. In einem normalen Studium müssen praktische Kenntnisse in selbst organisierten Praktika erworben werden. Allerdings verbringt ein normaler Student damit nicht so viel Zeit in Unternehmen wie ein Dualer Student in seinem Partnerunternehmen.

Wie oben beschrieben, ist ein Duales Studium deutlich stärker durchgeplant als ein normales Studium. Das heißt, dass Unternehmen und Hochschule für Dich einen Großteil der Planung übernehmen:

- Du musst Dich nicht darum kümmern, welche Kurse Du belegst und welche nicht.
- Oft übernimmt das Partnerunternehmen die Immatrikulation und meldet Dich an der Hochschule an.
- Es ist genau vorgegeben, an welchen Tagen Du an der Hochschule sein musst und wann Du im Unternehmen Deine Praxisphasen absolvierst. Dafür gibt es verschiedene Zeitmodelle, die wir Dir im Folgenden vorstellen.
- Du hast selten eine Wahl, an welchen Tagen Du in der Hochschule bist.

- Je nach Unternehmen sind auch die Praxisphasen sehr stark vorgegeben. Bei anderen Unternehmen hast Du die Möglichkeit, Dir selber die Aufenthalte zu organisieren, die Dir Spaß machen (siehe Kapitel 12).

Du musst Dich also nicht mehr mit der lästigen Detailplanung rumschlagen. Andererseits kannst Du dann oft Kurse an der Hochschule, die Dir gut gefallen würden, nicht belegen, da sie nicht in den Zeitplan für Dual Studierende passen. Manchmal bestehen Unternehmen auch darauf, dass Du gewisse Kurse besuchst. Studierst Du etwa BWL mit Schwerpunkt Banken und es wird ein Wahlfach zu Risikomanagement in Banken angeboten, kann es sein, dass Dein Unternehmen Dich dazu verpflichtet, diesen Kurs zu besuchen. Auch wenn Du die Veranstaltung sonst nicht gerne hören würdest. Du hast weniger Auswahl und Wahlmöglichkeiten als normale Studierende.

INFO

Selbstständigkeit im Dualen Studium entwickeln

Eine häufige Kritik am Dualen Studium ist, dass man hier weniger stark seine Selbstständigkeit entwickeln kann. Ein Großteil des Weges ist strikt vorgegeben und der Student selbst hat weniger Wahlmöglichkeiten. Man sagt, dass Du in einem Studium deutlich mehr Selbstständigkeit entwickelst als in einem Dualen Studium. Das stimmt aber nur teilweise. Denn Du wirst in Deinem Praxiseinsatz schon sehr früh eigenständige berufliche Entscheidungen treffen müssen und triffst regelmäßig auf Herausforderungen. Bei vielen Unternehmen kannst Du Dir auch selbstständig Praxis- oder Auslandsaufenthalte organisieren, gerade bei Dualen Studiengängen an FHs und Unis. Ein Duales Studium fördert also auch Deine Selbstständigkeit, wenn Du bereit bist, selbst etwas dafür zu tun.

Zeitlicher Ablauf eines normalen Studiums

Ein normales Studium ist in sechs Monate lange Semester unterteilt, wovon die Vorlesungszeit jeweils vier Monate dauert.

- Im Wintersemester startet die Vorlesungszeit Ende September / Anfang Oktober und endet im Februar.

- Im Sommersemester startet die Vorlesungszeit Ende März / Anfang April und endet im Juli.

Dazwischen liegt die vorlesungsfreie Zeit, auch Semesterferien genannt. Für die meisten Studiengänge heißt das: Ferien! Manchmal müssen normale Studenten auch in dieser Zeit verpflichtende Praktika machen oder Prüfungen schreiben. Zudem können sie diese Zeit nutzen, um mit einem Ferienjob ihre Finanzen aufzubessern oder ein freiwilliges Praktikum zu machen. Die Semesterferien sind also nicht immer richtige Ferien, aber trotzdem bieten sie viel Freizeit und die Möglichkeit, sich die Lernzeit frei einzuteilen.

Zeitlicher Ablauf im Dualen Studium

Ganz anders sieht es bei einem Dualen Studium aus. Das Wort Semesterferien ist für Duale Studenten ein Fremdwort. Es gibt keine derartigen Pausen und zum Ausspannen bist Du auf die vertraglichen Urlaubstage angewiesen.

Für die Verbindung von Theorie und Praxis werden Duale Studiengänge mit zwei verschiedenen Zeit-Modellen angeboten:

- Am bekanntesten ist das **Blockmodell**, bei dem sich ein Studien-Block und ein Praxiseinsatz-Block in einem vorgegebenen Zyklus (meist 12 Wochen) abwechseln.
- Im sogenannten **Wochenmodell** oder Tagesstudium verteilen sich Studium und Praxiseinsatz auf einzelne Tage innerhalb der Woche.

INFO

Unsere Meinung über die Modelle

In unserem Dualen Studium war das Bachelorstudium hauptsächlich im Wochenmodell organisiert. Das Masterstudium haben wir komplett an der Uni verbracht, während wir den Block der »Semesterferien« im Unternehmen gearbeitet haben. Wir beide finden, dass man sich an beide Modelle schnell gewöhnen kann. Keines ist besser als das andere. Wichtig ist, dass Du Dir von Anfang an der Vor- und Nachteile der Modelle bewusst bist und Du Dich darauf einstellen kannst.

Blockmodell

Das Blockmodell gliedert Deine Theorie- und Praxisphasen in längere zusammen-hängende Blöcke. Du verbringst mehrere Wochen am Stück im Unternehmen und an der Hochschule oder Berufsakademie. Die am häufigsten genutzte Variante teilt das Jahr in vier Blöcke zu je drei Monaten auf. Ein Semester besteht dann aus 12 Wochen Theorie und 12 Wochen Praxis. An der DHBW und den staatlichen Berufsakademien triffst Du auf diese Variante. Die Blöcke können natürlich auch kürzer oder länger sein.

Vorteile:

- Durch den »langsameren« Wechsel zwischen betrieblicher Ausbildung und Studium kannst Du Dich voll auf den aktuellen Abschnitt konzentrieren. Die Phasen laufen nacheinander, statt parallel. Entweder ist Studium angesagt oder ein Praxiseinsatz.
- Für Deinen Praxispartner und Deine Kollegen ist das Blockmodell leichter zu verstehen als ständige Wechsel in kurzen Abständen.
- Abwechslung sorgt dafür, dass Dein Programm nicht langweilig wird. Nachdem Du die Prüfungen am Ende des Theorieblocks geschrieben hast, kannst Du Dich wieder auf neue Aufgaben und die Kollegen im Betrieb freuen.
- Während einer Fünf-Tage-Theoriewoche bleibt erfahrungsgemäß mehr freie Zeit zum Lernen und Reflektieren als in einer geteilten Woche aus Theorie und Praxis.

Nachteile:

- Lange Blöcke sind wenig geeignet für langfristige »Jahresaufgaben«. Hast Du Dich zum Beispiel als Abwesenheitsvertretung für einen Kollegen gerade richtig eingearbeitet, musst Du auch schon wieder zum Studium. Natürlich folgt auf eine lange Anwesenheit eine lange Abwesenheit. Viele wichtige Entscheidungen und interessante Entwicklungen bekommst Du erst spät mit. Kehrst Du nach der langen Theoriephase wieder zurück in die Firma, musst Du jedes Mal wieder nachfragen, was es Neues gibt.
- Die Vorlesungs- und Seminarinhalte kannst Du nicht sofort im Betrieb auf Praktikabilität prüfen und anwenden, sondern erst ein paar Wochen oder sogar Monate später.

3 Monate Praxis				3 Monate Praxis			
		3 Monate Studium					3 Monate Studium

Wochenmodell

Beim Wochenmodell wechseln sich Praxis und Theorie innerhalb jeder Woche ab. Das Studium und die Praxisphasen laufen parallel. Einzelne Tage verbringst Du mit dem Studium und die übrigen Wochentage im Betrieb. Zum Beispiel bist Du von Montag bis Mittwoch an der Hochschule und arbeitest Donnerstag und Freitag im Betrieb. Teilweise musst Du auch nach der Arbeit, Donnerstag- und Freitagabend oder sogar am Samstag noch die Schulbank drücken.

 INFO

Geteilte Woche an der IBA und HWK Berlin

Die private Internationale Berufsakademie und die Hochschule für Wirtschaft, Technik und Kultur (HWK) in Berlin haben für ihre Dualen Studiengänge die sogenannte geteilte Woche eingeführt. Das heißt je Woche: 20 Stunden Berufsakademie und 20 Stunden Arbeit. Pro Woche verbringen die Studenten drei Tage im Betrieb und zwei Tage in der Vorlesung. Keine Angst, nicht jeweils zehn Stunden Vorlesung. In den 20 Stunden Theorie stecken auch Vor- und Nachbereitungszeiten für die Veranstaltungen.

Vorteile:

- Du bleibst sowohl in der Hochschule als im Unternehmen up-to-date. Entscheidungen und Veränderungen bekommst Du ganz aktuell mit. Werden an der Hochschule neue interessante Kurse angeboten oder es ergibt sich in der Arbeit die Chance, an einem spannenden Projekt mitzuarbeiten? Im Wochenmodell entgeht Dir nichts.

- Wenn man in den Abteilungen weiß, dass Du ohne lange Unterbrechungen einsetzbar bist, kann man Dich auch für langfristige Aufgaben im Partnerunternehmen einsetzen.
- Aktuelle Themen aus den Vorlesungen kannst Du im Betrieb diskutieren und umgekehrt.

Nachteile:

- Du musst Dich auf zwei Lehrsysteme gleichzeitig konzentrieren und die Prioritäten selbst setzen. Du musst dann zum Beispiel entscheiden: Ist heute die Vorbereitung der morgigen Vorlesung wichtiger als das Abtippen und Verschicken des Protokolls vom heutigen Meeting? Du musst flexibel sein und Dich permanent auf die unterschiedlichen Lernorte und Anforderungen einstellen.
- In der Regel hast Du an Arbeitstagen weniger freie Zeit übrig als an Hochschultagen. In den Praxisphasen von zwei oder drei Tagen bleibt also nicht viel Raum zur Vor- und Nachbereitung der anstehenden und besuchten Vorlesungen sowie zum Lernen.
- An den Tagen, an denen Du studierst, verpasst Du womöglich interessante Veranstaltungen in der Arbeit. Zwar kannst Du Dir genehmigen lassen, schon einmal einen besonderen Termin in der Arbeit während der Theoriezeit wahrzunehmen. Doch verpasst Du eventuell regelmäßige Termine, die für Dich spannend sind, falls sie immer an einem Hochschultag liegen.

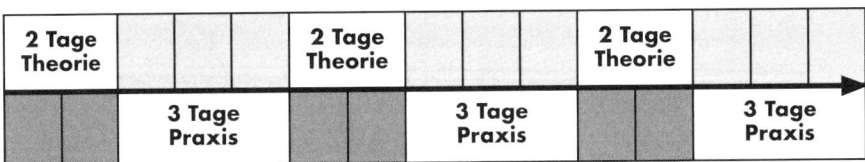

Ob klassisches Blockmodell, geteilte Woche, Duales Studium im Abend- und Wochenendstudium oder zunehmend auch mit Hilfe von E-Learning-Modulen – für den zeitlichen Wechsel zwischen Theorie und Praxis gibt es mehrere Möglichkeiten. Welches Modell Dein Arbeitgeber anbietet, hängt auch von der Partnerhochschule beziehungsweise Berufsakademie ab.

Praxiseinsatz vs. Praktikum

Eine Besonderheit am Dualen Studium ist, dass Du schon früh Berufserfahrung sammelst. Diesen Satz unterschreibt Dir jeder Personalmanager oder Duale Student. Doch wo liegt eigentlich der Unterschied zwischen der Berufserfahrung während eines Dualen Studiums und von Studenten-Praktika während eines normalen Studiums?

Merkmale des Praktikums eines normalen Studenten

- Du sammelst Erfahrung bei unterschiedlichen Unternehmen und kannst besser ausprobieren, welcher Betrieb und welche Branche zu Dir passen. Allerdings wirst Du wohl erst nach dem Studium als Direkteinsteiger oder Trainee die Produkte und Dienstleistungen, Prozesse und die Unternehmenskultur wirklich kennenlernen.
- Du kannst Kontakte in verschiedenen Unternehmen knüpfen. Dir bleibt aber nicht so viel Zeit, Kontakte zu knüpfen und zu pflegen wie einem Dualen Studenten.
- Du hast die Chance, auch Unternehmen kennenzulernen, die kein Duales Studium anbieten, zum Beispiel ein Start-up-Unternehmen.
- Ein externer Student kommt schwer an sein Wunschpraktikum. Man muss oft nehmen, was man bekommt, und sich bei vielen verschiedenen Unternehmen auf mehrere Praktikantenstellen bewerben.
- Vorher ist es schwierig zu erkennen, ob Dir ein Praktikum gefallen wird.
- Die Brücke zwischen Theorie und Praxis ist in einem normalen Studium schwieriger zu schlagen. Das Theoriewissen ist oft schon vergessen, wenn man im Praxissemester das Wissen benötigt.

Merkmale des Praxiseinsatzes im Partnerunternehmen eines Dualen Studenten

- Du bist über mehrere Jahre im Unternehmen und kannst deshalb auch längerfristige Projekte übernehmen. So bekommst Du einen guten Einblick in das Geschäftsmodell Deines Partnerunternehmens und wirst zum Branchenkenner. Durch die jahrelange Verbindung zu Deinem Praxispartner kennst Du Arbeitsabläufe und erarbeitest Dir vieles im Team mit Kollegen. Im Gespräch mit ihnen profitierst Du von ihren Erfahrungen und baust Dir Dein Praxiswissen abteilungsübergreifend auf.

- Als Mitarbeiter des Unternehmens bist Du voll und ganz »Kollege«. Im Unternehmen bist Du besser akzeptiert.
- Du kannst Wissen, das Du vor kurzer Zeit erst an der Hochschule erworben hast, in der Praxis einsetzen. Aber dieser Effekt ist, wie oben beschrieben, begrenzt. Am ehesten findest Du die Verzahnung von Theorie und Praxis an Berufsakademien und Dualen Hochschulen wieder.
- Über mehrere Jahre hinweg kannst Du Dir ein gutes Kontaktnetzwerk im Unternehmen aufbauen. Stöbere in den 9 Alltags-Hacks in Kapitel 12, um zu erfahren, wie Du das am besten hinbekommst.
- Deine gesammelte Berufserfahrung geht eher in die Tiefe als in die Breite über mehrere Branchen hinweg.
- Da Du schon fest im Unternehmen bist, kannst Du Dir einen Aufenthalt in Deiner Wunschabteilung organisieren. Dein Besuch in einer Abteilung bedeutet für diese meist Verstärkung ohne zusätzlichen Aufwand.
- Für Deine Praxiseinsätze kannst Du an andere Unternehmensstandorte entsandt werden.
- Da Du schon einen Fuß im Unternehmen hast, kannst Du schnell in Erfahrung bringen, ob Dir ein Aufenthalt in einer bestimmten Abteilung gefallen wird. Du kannst vorher mit den Kollegen und dem Chef dort sprechen. Diesen Vorteil hat kaum ein Außenseiter.

Du siehst also, mit einem Dualen Studium kannst Du Dir eine ganz andere Art von Berufserfahrung aneignen als etwa mit mehreren Praktika während eines normalen Studiums. Als Dualer Student machst Du Dir während Deiner Praxisphasen einen umfassenden Eindruck von verschiedenen Abteilungen des Partnerunternehmens, treibst eigene Aufgaben voran und baust Dein Kontaktnetzwerk auf.

TIPP

Unterschiedliche Bereiche eines Konzerns sehen

Wenn Du willst, kannst Du Dich auch in einem Dualen Studium in die Breite entwickeln und einen guten Überblick über verschiedene Unternehmen und Branchen sammeln. Dafür musst Du Dich allerdings in einem großen Konzern bewerben. Oft ermöglichen diese Dir auch, in Schwester- oder Tochtergesellschaften reinzuschnuppern, zum Beispiel über einen Auslandsaufenthalt.

Ein Freund von uns arbeitete zum Beispiel bei einem Start-up-Incubator eines Großunternehmens. Das sind Teile von großen Unternehmen, die kleine neu gegründete Start-ups mit Geld und Know-how unterstützen. So hatte er die Chance, sowohl die Perspektive eines Großunternehmens als auch eines Start-ups kennenzulernen.

TIPP

Folge beim Dualen Studium Deinen Interessen

Wenn Du jetzt schon ungefähr weißt, in welchem Bereich Du Dich später gerne sehen würdest, dann ist der tiefe Einblick gut. Falls Du Dir dagegen noch gar nicht sicher bist, wo und wie Du konkret gerne arbeiten würdest, können mehrere Praktika in verschiedenen Unternehmen und Branchen hilfreich sein. In diesem Fall solltest Du darüber nachdenken, ob ein normales Studium nicht besser zu Dir passt, da es diese Flexibilität mitbringt.

Der Einfluss des Partnerunternehmens

Dir als Dualem Studenten ist Dein Partnerunternehmen Dein Freund und Helfer. Du hast mit ihm jemanden an Deiner Seite, der Dich unterstützt und berät, aber auch kontrolliert. Die Beziehung zu Deinem Partnerunternehmen hat deshalb zwei Seiten.

Der Begriff Partner kommt nicht von ungefähr. Die meisten Partnerunternehmen leisten viel, um ihren Dualen Studenten eine gute Ausbildung zu ermöglichen. Allerdings ist das Engagement der Partnerunternehmen ein zweischneidiges Schwert: Unternehmen motivieren und unterstützen, bauen aber gleichzeitig auch Druck auf ihre Studenten auf.

- **Angebote zur Zusatzausbildung**
  Unternehmen bieten Dir Soft-Skill-Seminare, die Dein berufliches Profil schon während des Studiums abrunden. Wir haben in unserem Dualen Studium Präsentationskurse, Knigge-Kurse, Lernkurse, ein Sicherheitstraining für Auslandsreisen, Sprachkurse, Team-Building-Kurse und Persönlichkeitsentwicklungskurse belegt. Du kannst von den Bildungsmaßnahmen im Unternehmen schon viel früher profitieren als ein normaler Student, der erst frühestens nach seinem Studium ähnliche Seminare durchläuft. Sie sind nicht nur im beruflichen Leben nützlich. Zum Beispiel hilft einem unserer Autoren das Wissen aus dem Sicherheitstraining für Auslandsreisen, bei seinen Backpack-Abenteuern sicher zu reisen. Unser Präsentations- und Verhandlungstraining hat uns geholfen, einen passenden Buchvertrag zu verhandeln.

- **Unternehmen unterstützen und motivieren Dich für das Studium**
  Hast Du einmal Probleme in der Hochschule, dann steht Dir Dein Ansprechpartner vom Unternehmen beratend zur Seite. Ein befreundeter Dualer Student hat sogar ein Lernseminar vom Unternehmen organisiert bekommen, als er konstant schlechte Noten bekommen hat. Fühlst Du Dich zum Beispiel bei einer Klausur ungerecht bewertet, dann ist die Wirkung natürlich größer, wenn das Partnerunternehmen sich an der Hochschule beschwert und nicht Du. Hinzu kommt, dass manche Unternehmen ihren Dualen Studenten klare Entwicklungsperspektiven geben. Hast Du als Dualer Student dann ein klares Ziel vor Augen, so lernt es sich deutlich leichter. Das ist auch ein Grund, warum es weniger Studienabbrecher in Dualen Studiengängen gibt. Ohne ein Partnerunternehmen fehlt dem normalen Studenten eine eindeutige berufliche Perspektive. So verlieren normale Studenten in Zeiten des Zweifelns – die es natürlich auch im Dualen Studium gibt – schneller den Fokus auf den Studienabschluss. Zusätzlich spornen manche Praxispartner ihre Studenten mit einem Bonus für eine gute Abschlussnote

an. Für eine 1,X auf dem Abschlusszeugnis gibt es dann eine nette Sonderzahlung. Allein die Tatsache, dass Dein Partnerunternehmen sich für Deine Noten interessiert und Du von dem Partnerunternehmen bezahlt wirst, erzeugt Druck auf Dich. Am Ende der Prüfungsphasen müssen Duale Studenten meist ihre Ergebnisse an die Unternehmen melden. Ein Lob für hervorragende Leistungen klingt wie Musik in den Ohren und motiviert. Hast Du einmal weniger Glück mit Deinen Noten, musst Du Dich rechtfertigen. Du fühlst Dich als Dualer Student dem Unternehmen verpflichtet. Die Unternehmen erwarten von Dir, dass Du Dich reinkniest.

Als Dualer Student musst Du also taff genug sein, mit dieser Situation über Jahre hinweg umzugehen. Der normale Student hat es in dieser Hinsicht wesentlich entspannter. Egal ob er gute oder schlechte Noten hat, er muss sich nicht gegenüber einem Geldgeber rechtfertigen. Er ist deshalb nur sich selbst gegenüber verpflichtet und der Druck von außen geht maximal von der eigenen Familie aus. Dadurch fehlt aber auch die regelmäßige Rückmeldung über den Stand der eigenen Leistung. Am Ende des Studiums ist ein normaler Student allerdings noch mehr auf gute Noten angewiesen, um seinen Wunschjob zu finden. Während der Duale Student nicht nur einen Fuß in der Tür hat, sondern schon Mitarbeiter ist, muss der normale Student erst einmal die Unternehmen überzeugen.

- **Beratung Karrierewege**

  Meist hast Du in Deinem Partnerunternehmen einen erfahrenen Mentor oder einen gut vernetzten Betreuer an Deiner Seite. Während Du als normaler Student sehr auf Dich allein gestellt bist, spiegelt im Dualen Studium Dein Praxispartner Deine Entwicklung wider und gibt Dir Feedback. Bei Fragen und Zweifeln wendest Du Dich an Deine Vertrauensperson im Unternehmen. Du hast die Chance, Dich von Deinem Unternehmen bei Deiner Karriereplanung unterstützen zu lassen. Der Nachteil ist, dass Du als Dualer Student stark auf Personen in Deinem Partnerunternehmen konzentriert bist. Es ist für Duale Studenten schwieriger, über den Tellerrand hinauszuschauen, als für normale Studenten.

ACHTUNG
Übernahme trotz schlechter Noten

Solange Du die Prüfungen bestehst, wirst Du Dein Studium auf jeden Fall auch zu Ende bringen können. Die Unternehmen haben aber hohe Ansprüche an die Leistungen ihrer Dualen Studenten. So sinkt bei schlechten Noten die Chance auf Deine Übernahme beträchtlich. Viele Unternehmen übernehmen ihre Dualen Studenten nur, wenn sie eine geforderte Abschlussnote erreichen. Die Messlatte hängt hier allerdings meist nicht sehr hoch. Wenn es mit Deinen Noten kritisch werden könnte, sprich frühzeitig Deinen Praxispartner darauf an, damit Du weißt, ob Du übernommen wirst oder nicht.

Einnahmen und Ausgaben im Studium

Das große Klischee besagt: Duale Studenten sind reich! Leider stimmt das nicht wirklich. Aber sie schlagen sich finanziell zumindest leichter durch das Studentenleben als normale Studenten. Wir erklären Dir in diesem Kapitel, wie sich der Geldbeutel eines Dualen Studenten im Vergleich zu dem eines normalen Studenten füllt.

Mit dem Schritt von der Schule in Richtung Studium oder Ausbildung beginnst Du einen neuen Lebensabschnitt. Manch einer kann es kaum erwarten, endlich aus Hotel Mama auszuchecken und in die große weite Welt zu ziehen. Eine neue Stadt, entspannte WG-Abende oder wilde Studentenpartys warten auf Dich. Doch das Studium kostet wie viele schöne Sachen im Leben leider Geld. Bevor Du durchstartest, zeigen wir Dir nochmal den Unterschied zwischen den Einnahmen und Ausgaben eines normalen und eines Dualen Studenten.

Ausgaben eines normalen Studenten

Die Ausgabenliste passt auf einen Studenten, der zum Erststudium an einer staatlichen Hochschule studiert und nicht mehr bei seinen Eltern wohnt.

Die nachfolgenden Zahlen orientieren sich an der 20. Sozialerhebung des Deutschen Studentenwerks (DSW) aus dem Jahre 2012. Weitere Informationen und Erklärungen zu den einzelnen Posten findet Ihr zum Beispiel auf http://www.studis-online.de/StudInfo/Studienfinanzierung/kosten.php.

Wohnungskosten (Miete und Nebenkosten für Heizung und Strom)	211–359 €
Ernährung	152–167 €
Fahrtkosten (wenn nur Öffentlicher Nah- und Fernverkehr)	41 €
Fahrtkosten (wenn nur Auto)	120 €
Kleidung	48–55 €
Kommunikation (Telefon, Internet, GEZ, Post)	33 €
Lernmittel	18–65 €
Krankenversicherung, Arztkosten und Medikamente	0–128 €
Freizeit, Kultur und Sport	57–77 €
Semesterweise auftretende Kosten (auf Monat umgelegt, zum Beispiel Semestergebühren und Verwaltungskostenbeiträge)	10–170 €
Mindestkosten insgesamt (günstigster vs. ungünstigster Durchschnitts-Fall; im Einzelfall kann es also auch noch teurer oder – sehr selten – günstiger gehen)	**570 – ca. 1 215 €**

Unregelmäßige Kosten werden hier nicht berücksichtigt: Eine Rucksackreise durch Asien, ein Laptop für das Studium oder Dein neues Smartphone sind hier nicht mit-eingerechnet.

Ausgaben als Dualer Student

Als Dualer Student hast Du natürlich sehr ähnliche Ausgaben wie ein Student. Bevor Du überhaupt richtig als Dualer Student durchstarten kannst, musst Du oft im Vorfeld schon einmal in die Tasche greifen. Du musst viele Bewerbungen schreiben, Dir ein Business-Outfit kaufen. Das kann sogar so weit gehen, dass Du als Dualer Student weniger Geld zur Verfügung hast, als ein normaler Student.

Stell Dir zum Beispiel Folgendes vor: Dein Partnerunternehmen hat seinen Sitz in München, Dein Studienort ist Stuttgart und Deine Eltern wohnen in Buxtehude. Spätestens mit Beginn des Studiums wird Dir auffallen, dass Du zwei neue Unterkünfte benötigst. Künftig muss ein Haushalt in Stuttgart am Studienort und einer in München in der Nähe des Partnerunternehmens geschmissen und finanziert werden. Viele Partnerunternehmen zahlen ihren Studenten deshalb einen Zuschuss.

Dazu kommt: Hast Du im Betrieb einen strikten Dress-Code, geht das zusätzlich ins Geld. So schmilzt die vermeintlich attraktive Vergütung eines Dualen Studenten um ein gutes Stück. Unser Rat an Dich lautet deshalb: Überschlage vor Deiner Entscheidung für ein Duales Studienprogramm die zusätzlichen Kosten, die Dir im Vergleich zu einem normalen Studium entstehen.

Als Dualer Student werden Deine Ausgaben eher ein klein wenig höher liegen als die eines normalen Studenten. Mit einem höheren Gehalt gibst Du auch mehr Geld aus. Unserer Meinung nach solltest Du als normal lebender Dualer Student aber definitiv nicht über die 1 200 € hinauskommen.

INFO

Beispielausgaben des Autors

Florian ist für das Duale Studium von Thüringen nach München – eine der teuersten deutschen Städte – gezogen und musste deshalb genau auf seine Ausgaben schauen. Die folgende Tabelle vermittelt einen Eindruck, wie hoch die Ausgaben für (Duale) Studenten sein können. Die Ausgabenliste umfasst:

Wohnungsmiete *(warm)*	470 €
Strom	26 €
Rundfunkbeitrag	18 €
Monatsticket für den öffentlichen Nahverkehr	45 €
Versicherungen	40 €
Telefon, Handy und Internetkosten	30 €
pro Wochenendbesuch in der Heimat über Mitfahrgelegenheiten *(meistens 5 bis 6 € je 100 km Mitfahrt)*	35 €

Das sind **734 € pro Monat** – ohne die Kosten für Essen, Kleidung, Umzugskosten und anderes zu berücksichtigen.

Einnahmen eines normalen Studenten

Der normale Student finanziert sein Studium über andere Quellen als ein Dualer Student. Trotzdem hast Du auch als Dualer Student die Chance, den einen oder anderen Geldtopf zu nutzen, der einem normalen Studenten zur Verfügung steht.

Die gängigsten Finanzierungsmöglichkeiten sind:

- **»sponsored by Mommy or Daddy«,**
  Ganz egal, für welchen Weg Du Dich entscheidest: Deine Eltern können Dir finanziell zur Seite stehen. Möglich ist zum Beispiel, dass sie Dir das Kindergeld monatlich überweisen oder ihr gleich eine sogenannte »Abzweigung« bei der Familienkasse unterschreibt. Monatlich bekommst Du so direkt von der Familienkasse die 190 € überwiesen.

- **BAföG**
  Die Förderung nach dem Bundesausbildungsförderungsgesetz (BAföG) soll Dir das Studieren ermöglichen, auch wenn sich Deine Eltern das eigentlich nicht leisten können. Als regulärer Student kannst Du BAföG beantragen.

- **Stipendien**
  Einige Studenten mit überdurchschnittlichen Noten finanzieren ihr Studium über ein Stipendium. Die meisten Stipendienprogramme verlangen gesellschaftliches und politisches Engagement von ihren Bewerbern. Häufig zielt der Förderer aber auch darauf ab, bedürftige Studenten zu unterstützen.

- **Nebenjob**
  Fast jeder normale Student hat einen Nebenjob und verdient sich seine Brötchen neben dem Studium. Manche mixen abends Drinks in Bars, backen frühmorgens Brötchen auf oder helfen bei der Gemüseernte. Wieder andere arbeiten studiennäher als Werkstudent in einem großen Unternehmen. Doch im Gegensatz zur Praxis in einem Dualen Studium haben diese Nebenjobs vor allem eines gemeinsam: Sie zählen nicht als Berufserfahrung für die Bewerbung nach dem Studium.

- **Studienkredit**
  »Es gibt kein besseres Investment als das in Dich selbst«. Das sagt niemand geringeres als der Milliardär und Starinvestor Warren Buffet. Wenn für das Investment in die eigene Bildung die anderen Einkommensmöglichkeiten nicht ausreichen, dann greifen viele Studenten zum Studienkredit. Es gibt vielleicht keinen besseren Grund, einen eigenen Kredit aufzunehmen, als ihn in die eigene Ausbildung zu stecken. Allerdings stehen diese Studenten dann gleich zu Beginn ihres Berufslebens vor einem Schuldenberg und somit früh unter Druck.

Alle diese Finanzierungsmöglichkeiten stehen auch Dualen Studenten offen. Allerdings sind wegen des festen Gehalts die Förderungsbeiträge bei Dualen Studenten häufig niedriger. Wie Du vielleicht doch zu BAföG & Co kommst, erfährst Du im Online-Kapitel 13 »Wie Du Dein eigener Finanzminister wirst« (siehe S. 283).

Einnahmen als Dualer Student

Alle Dualen Studenten in seriösen Dualen Studiengängen werden vom Partnerunternehmen finanziell unterstützt. Das ist der Ausgleich dafür, dass man sich früh an das Unternehmen bindet und dort regelmäßig seine Praxisphasen verbringt. Dabei bekommst Du oft nicht nur ein regelmäßiges Gehalt gezahlt, sondern Dein Partnerunternehmen übernimmt meist auch Deine Studiengebühren, schenkt Dir vielleicht sogar einen neuen Laptop und unterstützt Dich bei Auslandsaufenthalten. Vereinzelt bezahlen Unternehmen lediglich die Studiengebühren und Dir einen kleinen Zuschuss.

ACHTUNG

Dauerstudenten nicht erwünscht!

Auch wenn es Dir von Deinem Partnerbetrieb niemand direkt sagt: Ein Duales Studium ist nüchtern betrachtet eine durchkalkulierte Investition. Investitionen haben einen klar fixierten Anfang und ein Ende. Verlängerung ist nicht vorgesehen, denn sie ist nicht eingeplant. In Dein Duales Studium stecken die Unternehmen viel Geld. Sie erwarten, später mit Deiner Arbeitskraft die Kosten wieder reinzuholen. Versäumst Du den festgelegten Zeitpunkt für Deinen Berufseintritt und musst noch ein oder zwei Semester dranhängen, veränderst Du damit die finanzielle Planung Deines Partners. Beliebt machst Du Dich also nicht, wenn Du verlängern musst oder willst.

Falls Du trotz Dualem Studium noch am Geldhahn Deiner Eltern hängst, kommt ihnen ein Duales Studium im Vergleich zu einem normalen eher entgegen. Die Regelstudienzeit muss in den seltensten Fällen ausgeweitet werden. Somit brauchen sich Deine Eltern nicht vor einer Never-Ending-Story zu fürchten.

Nicht vergessen darfst Du eine ganze Reihe an Privilegien, in deren Genuss Du als Dualer Student kommen kannst. Manche von ihnen lassen Deine Ausgaben sinken, wie zum Beispiel ein Semesterticket für die Bahn. Andere wiederrum erhöhen Deine Einnahmen wie beispielsweise ein Mietkostenzuschuss. Viele dieser Privilegien können einen normalen Studenten schon neidisch machen. Bestimmt bietet auch Dein Praxispartner Dir einige Anreize. Wir haben Dir mal eine Auswahl zusammengestellt, die zeigt, was theoretisch alles möglich ist:

Mit mehr als 12 Gehältern rechnen – Finanzielle Leistungen, die Dein Gehalt aufbessern:

- **Weihnachtsgeld** (bis zu 1 Gehalt): Die Weihnachtsgeschenke Deiner Lieben zahlst Du einfach mit Deiner Weihnachtsgratifikation.
- **Urlaubsgeld** (bis zu 1 Gehalt) für eine prallere Urlaubskasse.
- Bis zu 40 € **Vermögenswirksame Leistungen** pro Monat. Nach ein paar Jahren hast Du Dir ein stolzes Sümmchen zusammengespart.
- **Treuegeld**, steigt in jedem weiteren Jahr der Betriebszugehörigkeit: Belohnt die Mitarbeiter, die dem Unternehmen die Treue halten.
- (Gestaffelte) **Abschlussprämie** für hervorragende Berufs- und Studienabschlüsse: Ein zusätzlicher Anreiz ist immer gut.

Zuschüsse:

- **Bücherkostenzuschuss:** Die Bibliotheken vor Ort haben meist nicht für alle Studenten genügend Leihbücher. Mit dem Zuschuss kaufst Du Dir einfach eigene Bücher.
- **Mietkostenzuschuss** (bis 400 € monatlich) ist ein Segen, wenn Du jeweils einen Wohnsitz am Praxis- und einen am Lernort brauchst.
- **Versicherungsleistungen** wie betriebliche Altersvorsorge
- Kosten für **Heimfahrt**(en) / Heimflüge in der Theoriephase, falls der Lernort weit vom Praxisort entfernt liegt.
- ÖPNV-Job- / Semester-**Ticket**
- Übernahme der **Übernachtungskosten** während Theoriephasen, falls der Lernort weit vom Praxisort entfernt liegt.
- **Mittagessenszuschuss:** Falls keine eigene Kantine oder Kaffeeküche vorhanden ist, gehst Du mit Essensgutscheinen günstig essen.

Es muss nicht immer Geld sein – Naturalleistungen:

- (Bezuschusste / kostenfreie) **Betriebskantine**, erspart Dir die tägliche Frage: Pizza, Döner oder Chinesisch?
- Günstige **Werkswohnungen** sind gerade in den überhitzten Wohnungsmärkten wie in München, Frankfurt, Hamburg oder Köln ein Segen.
- **Sportgruppen:** Skifahren, Fußball oder Klettern halten Dich fit und Du lernst viele Kollegen aus verschiedensten Abteilungen in lockerer Freizeitatmosphäre kennen.
- **Lehrgänge und Weiterbildungsangebote**
- **Sprachkurse**
- **Gesundheitsvorsorge**, wie Impfungen
- **Laptop**, der auch privat nutzbar ist.
- Firmenhandy und **Smartphone**
- **Bahncard:** Du kannst sie nicht nur für berufliche Fahrten nutzen, auch privat werden Deine Bahnfahrten günstiger.
- **Lernmaterialien** und Studienliteratur
- **Praxiseinsatz im europäischen oder weltweiten Ausland** mit voller Kostenübernahme für Logis plus einem anständigen Taschengeld
- **Betriebskindergarten**, für diejenigen, die den Kinderwunsch hegen.

ACHTUNG

Wie wichtig sind das Gehalt und die finanziellen Vorteile?

Du solltest ein Duales Studium nicht nur wegen des Einkommens während des Studiums machen. Das Gehalt ist natürlich ein großer Vorteil. Allerdings sollte Geld bei der Wahl Deines Karriereweges nur eine Nebenrolle spielen. Es klingt zwar etwas abgedroschen, aber: »Geld alleine macht nicht glücklich«. Es ist vor allem eine Anerkennung, die Dir Dein Praxispartner für Deine Leistung im Unternehmen und Studium zukommen lässt. Ob diese nun 100 € höher oder niedriger ausfällt, sollte nicht entscheidend sein. Hast Du mehrere Angebote, dann entscheide nicht nur danach, wo Du während des Studiums am meisten verdienst. Wichtiger ist, was Dir in den jeweiligen Programmen geboten wird. Woran Du den richtigen Praxispartner erkennst, erfährst Du in Kapitel 7.

INFO

Die beliebtesten Ausbildungsberufe nach dem Bundesinstitut für Berufsbildung (BIBB)

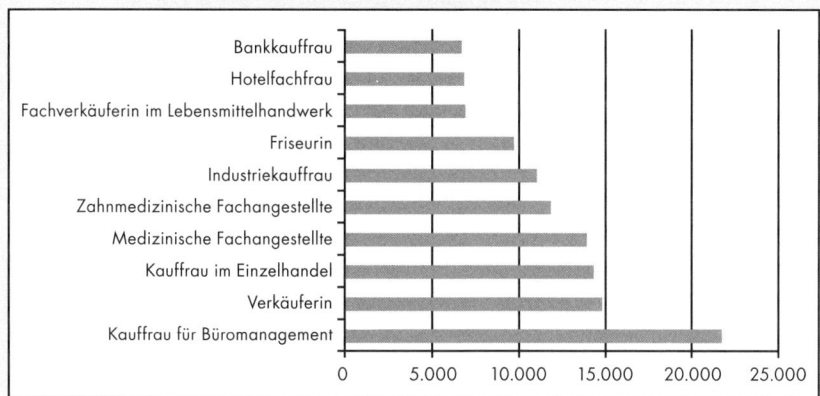

Quelle: BIBB: www.bibb.de/de/24591.php

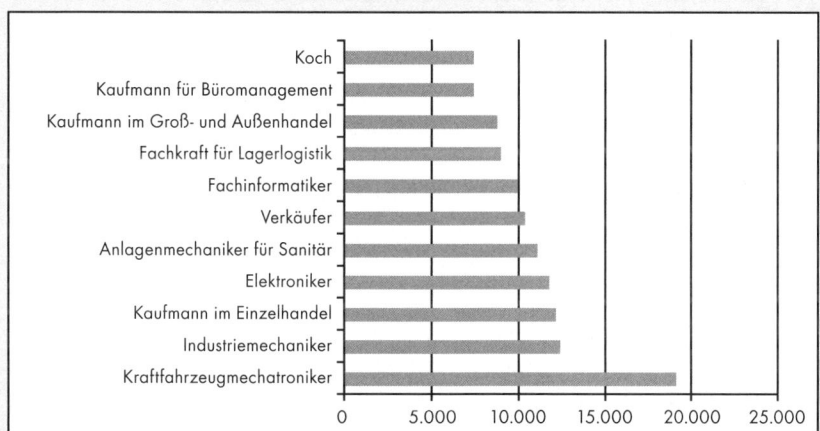

Quelle: BIBB: www.bibb.de/de 24586.php

EXPRESS-WISSEN

Für Deinen weiteren Bildungsweg stehst Du vor der Entscheidung: Soll ich Dual oder normal studieren? Die Unterschiede in 5 Kategorien:

- **Freizeit**
  - Du hast deutlicher weniger Freizeit wegen eines vollen Stundenplans. Gleicher Theoriestoff muss in kürzerem Zeitraum erlernt werden.
  - Längere Pausen sind nur im Rahmen des vertraglichen Urlaubs möglich. Diesen kannst Du oft nur während Deiner Praxisphasen nehmen.
- **Studienalltag und Mitstudenten**
  - Der Kontakt zu den Dozenten ist enger und Du studierst meistens in Kleingruppen. Wenn Du an einer Dualen Hochschule oder Berufsakademie studierst, wird Dich das eher an eine Schulklasse erinnern.
- **Lernpensum und Organisation**
  - Als Dualer Student hast Du für das Lernen und die Klausurvorbereitung bei der gleichen Stoffmenge weniger Zeit.
  - Für die zeitliche Organisation von Theorie- und Praxisphasen haben sich zwei Zeitmodelle etabliert – das Wochenmodell und das Blockmodell. Beim Wochenmodell wechseln sich Theorie und Praxis unter der Woche ab, beim Blockmodell in größeren Blöcken von meist drei Monaten.
- **Praxiseinsatz im Vergleich zum Studentenpraktikum**
  - Als Dualer Student bekommst Du nach und nach schwierigere Aufgaben und eigene Projekte. Du wirst auf Teilgebieten schon während des Studiums zum vollwertigen Mitarbeiter. Du trägst im Vergleich zu Praktikanten aus einem klassischen Studium deutlich mehr Verantwortung.
  - Durch die Praxiseinblicke kennst Du die Produkte, Arbeitsabläufe und die Kollegen in Deinem Betrieb. Bei der Übernahme musst Du Dich nicht nur auf Deine Noten und Dein Bewerbungsschreiben stützen. Ein normaler Student hat diesen »Fuß in der Tür« nicht.
- **Finanzen**
  - Als Dualer Student kannst Du Dich durch die geregelte Vergütung voll und ganz auf Studium und Beruf konzentrieren.
  - Häufigere Ortswechsel sorgen dafür, dass Duale Studenten in der Regel höhere Ausgaben haben als normale Studenten.
  - Auch Duale Studenten können sich für BAföG, Stipendien oder Studienkredite bewerben. Durch das höhere Einkommen sind die Förderbeträge manchmal geringer.

Schritt 2

Dual Studieren – Alles, was Du über Hochschulen und Studieren wissen musst

Studieren in Europa hat sich in den letzten Jahren massiv verändert. Diese Änderungen bringen schon das klassische Studium ein wenig durcheinander. Im Dualen Studium hast Du allerdings noch einmal mehr Hochschularten zur Auswahl und solltest dazu die aktuellen Spielregeln im Studium genau kennen. So kannst Du besser entscheiden, welche Hochschule und welcher Studiengang der richtige für Dich ist.

- In **Kapitel 5** geben wir Dir einen Überblick über die Bologna-Reform und all das, was Du über die neuen Abschlüsse Bachelor und Master als Dualer Student wissen solltest.

- In **Kapitel 6** bekommst Du eine Vorstellung der einzelnen Hochschultypen, die mittlerweile Duale Studienplätze anbieten. Je nachdem an welcher Art von Hochschule beziehungsweise Berufsakademie Du studierst oder für welche Du Dich noch entscheidest, findest Du alle wichtigen Vor- und Nachteile.

Kapitel 5
Bachelor, Master und viele Fragezeichen –
Die Bologna-Reform für Duale Studenten

»Früher war alles besser«. Oder anders gesagt und mindestens genauso oft gehört: »Diplom war viel besser als Bachelor«. Eltern, Lehrer oder Professoren werfen diese Aussagen oft in den Raum. Selbst wenn da etwas Wahres dran ist, helfen Dir diese Sprüche natürlich wenig weiter. Meist wird damit vor allem gemeint: »Dieses Bachelor-Master-System versteht doch eh keiner«. Denn mehr Verwirrung als über Duale Studiengänge gibt es wohl nur über die Umstellung der Studienabschlüsse von Diplom auf Bachelor und Master. Das hierfür verantwortliche Abkommen wurde als Bologna-Reform bekannt. Die Idee der teilnehmenden Länder war es, die Studienabschlüsse aneinander anzupassen, damit ein transparenter und einheitlicher europäischer Hochschulraum entsteht. Das System gilt nun von Island bis in die Türkei und von Russland bis Portugal. Wir stellen Dir die einzelnen Maßnahmen gleich vor. Die meisten Dualen Studiengänge folgen den Vorgaben der Bologna-Beschlüsse.

Für Dich als Dualer Student sind vor allem diese Maßnahmen wichtig:

- Es gibt fast keine Studiengänge mehr in Deutschland, die zum Abschluss Diplom führen. Bis auf wenige Ausnahmen schließt man alle Dualen Studiengänge mit dem **Bachelor oder Master** ab. Abschlüsse an FHs und Universitäten wurden quasi gleichgestellt.
- Die Art und Weise, wie studiert wird, hat sich deutlich verändert. Mit einer Reihe **neuer Begriffe soll europaweit eine einheitliche Linie in die Hochschullandschaft** gebracht werden.
- **Die Methoden, mit denen Deine Leistung an der Hochschule gemessen wird, haben sich im Vergleich zu Diplomstudenten deutlich verändert.** Du musst Dich auf stärker durchgetaktete Studienpläne einstellen und mehr Prüfungen als vor Bologna schreiben. Die Studenten müssen mit einem höheren Leistungsdruck im Studium zurechtkommen.

Bachelor, Master und Diplom – Was es mit den neuen Abschlüssen auf sich hat

Früher hat man zwischen dreieinhalb und fünf Jahre bis zum Diplom studiert. Beendete man sein Studium erfolgreich mit einer Diplomarbeit und der Abschlussprüfung, so wurde man frisch gebackener Absolvent. Heutzutage ist das Ganze für den Studenten komplizierter und anstrengender, denn das einstufige System wurde um eine Stufe erweitert. Du musst zuerst einen Bachelorabschluss haben, um dann für einen Master zugelassen zu werden. Für die Master-Programme musst Du Dich auch noch einmal bewerben. Dafür hast Du die Freiheit, relativ einfach Deine Hochschule nach dem Bachelor zu wechseln. Wenn Dich die Reiselust packt, kannst Du Deinen Master komplett im Ausland absolvieren.

Bachelor

Der Bachelor dauert in der Regel sechs bis acht Semester (drei bis vier Jahre) und entspricht dem Grundstudium. Die Hochschule vermittelt Dir während Deines Bachelorstudiums Lehrstoff aus verschiedenen Teilbereichen Deines Studienfaches, wissenschaftliche Grundlagen und Methodenkompetenz. Nach Abschluss des Bachelors solltest Du ausreichend berufsfeldbezogene Qualifikationen und eine breite wissenschaftliche Qualifizierung besitzen. Auch im Bachelor können sich Studenten schon ein wenig in eine gewisse Richtung spezialisieren, etwa durch Wahlpflichtfächer. Der Bachelor ist in der Regel allerdings breit gehalten.

Mit einem Bachelorabschluss kannst Du dann schon direkt ins Berufsleben einsteigen und in Ausnahmefällen sogar gleich eine Promotion beginnen. Absolventen, die nur mit einem Bachelor die Hochschule verlassen, erfüllen die Erwartungen von Wissenschaft und Wirtschaft jedoch sehr oft nicht. Ein Bachelorabschluss ist meist praxisfern und geht wissenschaftlich gesehen noch nicht genug in die Tiefe, um den Studenten auf eine wissenschaftliche Karriere vorzubereiten. Die Einarbeitungszeit ist lang. Viele Studenten versuchen deshalb nach dem Bachelorabschluss, sich mit einem Master weiter zu qualifizieren.

Im Vergleich zu normalen Bachelorstudenten hast Du als Dualer Bachelorstudent also einen riesigen Vorteil. Du hast so nicht nur das theoretische Wissen eines Bachelors anzubieten, sondern weißt auch, wie in (Deinem) Unternehmen gearbeitet wird. Der Duale Bachelorabsolvent kennt die Praxis bereits sehr gut und braucht deshalb keine lange Einarbeitung. Viele Duale Studenten gehen nach ihrem Bachelorabschluss direkt in die Praxis und fangen früh an zu arbeiten.

Master

Der Master ist Dein Aufbaustudium. Ein Masterstudium baut auf Deinen Kenntnissen aus dem Bachelor und Deiner Berufserfahrung auf. Dabei muss der Master nicht an der gleichen Hochschule absolviert werden, wie der Bachelor. Es ist auch ohne Probleme möglich nach einem Bachelor in Deutschland, einen Master im europäischen Ausland zu machen. Ein Masterstudium dauert zwischen zwei und vier Semester (ein bis zwei Jahre).

In Deutschland gibt es zwei verschiedene Typen von Masterstudiengängen:
- **Konsekutive Masterstudiengänge** sind vertiefende oder verbreiternde Studiengänge, für die Du bereits einen Bachelor in einem bestimmten Fach brauchst. Du erfährst in einem Master fachliche und wissenschaftliche Spezialisierung in dem von Dir gewählten Teilbereich. Hast Du vorher einen Bachelor in BWL vorzuweisen, kannst Du Dich entscheiden, in welcher Richtung Du vertiefen willst, zum Beispiel Marketing, Controlling oder Management. Als fertiger Bauingenieur mit Bachelor kannst Du dann im Master »Energieeffizientes und nachhaltiges Bauen« tiefer eintauchen. Ein konsekutiver Master erleichtert Dir auch die wissenschaftliche Karriere und ermöglicht Dir eine Promotion nach dem Studium, falls Du einen Doktor draufsetzen möchtest.

- **Weiterbildende Masterstudiengänge** setzen keinen speziellen Bachelorabschluss voraus. Berufserfahrung ist hier das entscheidende Kriterium. Viele weiterbildende Masterstudiengänge werden von privaten Hochschulen angeboten. Für manche Programme kann man sich sogar ganz ohne Bachelor- oder Diplomzeugnis bewerben. Das berühmteste Beispiel ist der Master of Business Administration (MBA). Mit diesem Programm bilden sich Fach- und Führungskräfte mit einer Berufserfahrung von durchschnittlich sechs Jahren weiter.

ACHTUNG
Dualer Bachelor vs. Dualer Master

Die meisten Dualen Studiengänge für Abiturienten führen nur zu dem akademischen Abschluss Bachelor. Das ist aber kein Nachteil. Wenn Dir danach ist, kannst Du nach erfolgreichem Bachelor weiter bis zum Master studieren. Zwischen Bachelor und Master kannst Du einfach ein paar Jahre Berufserfahrung sammeln. Alternativ sprintest Du durch die akademische Ausbildung und setzt gleich einen Master drauf.

INFO
Duales Studium mit Diplom-Abschluss

Trotz Bologna-Reform werden noch Duale Studiengänge mit Diplom-Abschluss verliehen. Meist bildet dann der Staat seine Beschäftigten im öffentlichen Dienst aus, beispielsweise:
- Duales Studium zum Diplom-Finanzwirt (FH)
- Duales Studium zum Diplom-Verwaltungswirt (FH)

Ein paar wenige Hochschulen bieten noch Diplom-Studiengänge in Kooperation mit der Wirtschaft an. Prominent ist vor allem das Studium im Praxisverbund (StiP) an der Westsächsischen Hochschule Zwickau. Wer also Ingenieur werden will und keine Lust auf die neuen Studienabschlüsse hat, kann so das Bachelor-Master-System einfach umgehen. Solche Dualen Studiengänge sind mittlerweile allerdings eine echte Rarität.

Fächergruppen	Abschlussbezeichnungen
Wirtschaftswissenschaften	Bachelor of Science (B.Sc.) – Master of Science (M.Sc.) Weniger quantitative Studiengänge (meist DH, BA und FH): Bachelor of Arts (B.A.) – Master of Arts (M.A.)
Ingenieurwissenschaften	Bachelor of Science (B.Sc.) – Master of Science (M.Sc.) oder Bachelor of Engineering (B.Eng.) – Master of Engineering (M.Eng.)
Mathematik, Naturwissenschaften, Agrar-, Forst- und Ernährungswissenschaften	Bachelor of Science (B.Sc.) – Master of Science (M.Sc.)
Sprach- und Kulturwissenschaften, Sport, Sportwissenschaft, Sozialwissenschaft, Kunstwissenschaft	Bachelor of Arts (B.A.) – Master of Arts (M.A.)
Rechtswissenschaften	Bachelor of Laws (LL.B.) – Master of Laws (LL.M.)

Tabelle: Übersicht über Abschlussbezeichnungen in Deutschland

Alle Abschlussbezeichnungen für Bachelor- und Master-Studiengänge sind generell gleich viel wert. Die Bezeichnung verdeutlicht lediglich die Schwerpunktsetzung des Studiums: Abschlüsse zum Beispiel B. A. versus B. Sc. geben Aufschluss über die Art des Studiums. Bei BWL und anderen wirtschaftswissenschaftlichen Studiengängen werden die Studiengänge als »of Science« (B. Sc.) bezeichnet, wenn sie mathematiklastiger sind. Statistik und viele VWL-Kurse gehören dann meist zur Ausbildung. Diese Ausrichtung findest Du eher an Universitäten. Wenn Du mit Mathe auf Kriegsfuß stehst und BWL studieren willst, solltest Du Dich an den FHs umsehen. Hier wird häufig der »of Arts« (B. A.) verliehen.

INFO

Was ist besser: Bachelor, Master oder Diplom?

Vor der Bologna-Reform verliehen fast alle deutschen Hochschulen und Berufsakademien für die meisten Studiengänge den akademischen Grad Diplom. Für den Studiengang BWL gab es den Abschluss Diplom-Kaufmann und für Ingenieurswissenschaften den Diplom-Ingenieur. FH- und BA-Absolventen mussten das jeweilige Kürzel zu ihrem Diplom immer mit angeben, zum Beispiel Diplom-Kaufmann (FH) oder Diplom-Kaufmann (BA). Ein Diplomabschluss besitzt im deutschsprachigen Raum und auch international einen hohen Stellenwert. Mittlerweile haben sich Wirtschaft und Wissenschaft in Deutschland schon an die neuen Bologna-Absolventen gewöhnt und trauern den alten Diplom-Absolventen immer weniger nach.

In der Wirtschaft ist es meist so, dass ein Master-Abschluss wie ein Diplom-Abschluss gewertet wird und ein Bachelor-Abschluss etwas niedriger. Trittst Du also gleich nach dem Bachelor-Studium Deinen Job bei einem Unternehmen an, verdienst Du normalerweise weniger als ein Master- oder Diplomabsolvent. Zwischen Master und Diplom gibt es meist keinen Unterschied. Es ist immer weniger entscheidend, ob Du Deinen Abschluss an einer BA / DH, FH oder Uni gemacht hast.

Die Bologna-Vorteile

Wahrscheinlich fragst Du Dich jetzt, warum überhaupt diese Hochschulreform durchgeführt wurde, wenn sie alles nur komplizierter macht. Deshalb fassen wir für Dich hier nochmal in Stichpunkten die größten Vorteile des Bologna-Systems zusammen:

- Studieren im Ausland wird erleichtert, da das Studiensystem in Europa angeglichen wurde.
- Du kannst den Master an einer anderen Hochschule studieren als den Bachelor und hast hier wiederum eine größere Auswahl als etwa bei einem Diplom.

- Mit einem Bachelor kannst Du nach drei Jahren schon ins Arbeitsleben einsteigen. Gerade Duale Studenten können mit einem Bachelorabschluss und ihrer Praxiserfahrung einen guten Start in das Berufsleben hinlegen.
- Es gibt eine viel größere Auswahl an Studiengängen in Deutschland.

ACHTUNG

Vom Dualen Bachelor in ein Masterprogramm

Für die Zulassung zu einem Masterprogramm an einer bekannten Hochschule ist meist ein gut bis sehr gut abgeschlossener Bachelor erforderlich. Dies gilt insbesondere dann, wenn Du Deinen Bachelor an einer FH, DH oder BA gemacht hast.

ECTS, Akkreditierung und andere Bücher mit sieben Siegeln

Die Bologna-Reform hat den Studenten nicht nur mehr Prüfungen und mehr Arbeit geschenkt. Sie hat zudem für die Präsenz einer Reihe von abstrakten Begriffen gesorgt, die Dich vor und auch während Deines Dualen Studiums immer wieder heimsuchen werden. In diesem Abschnitt erklären wir Dir, welche Begriffe Du verstehen musst und was sich jeweils hinter ihnen verbirgt.

Akkreditierung

Mit Bologna gibt es nun Qualitätschecks von Studiengängen und Hochschulen, die sogenannte Akkreditierung. Alle Studiengänge müssen nun über kurz oder lang akkreditiert werden. Nach einem Bericht der Bundesregierung waren im August 2014 circa 60 % der in bei der Hochschulrektorenkonferenz erfassten Studiengänge akkreditiert. Dass nicht alle Studiengänge akkreditiert sind, liegt daran, dass die Umstellungsphase seit den Beschlüssen noch läuft. Dabei werden Studiengänge vor allem von Professoren und Studenten anderer Hochschulen und von Mitarbeitern bestimmter Akkreditierungsagenturen auf Studierbarkeit und wissenschaftlichen Anspruch geprüft. Alternativ können auch Hochschulen akkreditiert werden, wenn sie bestimmte Standards einhalten. In der Regel werden alle Studiengänge, die analysiert werden, auch angenommen. In anderen Worten: Wird ein Studiengang nicht akkreditiert, muss hier schon richtig viel schieflaufen. Die Akkreditierung eines Studienganges ist deshalb leider kein Qualitätsmerkmal.

Module

Module sind die Bausteine, aus denen sich die Studiengänge seit der Bologna-Reform zusammensetzen. Wie Du mit einem Satz Bauklötze ein Spielzeughaus bauen kannst, brauchst Du für Deinen Studienabschluss die richtigen Bausteine. Die Module werden dann mit einer einzigen Note bewertet. Module müssen allerdings nicht zwingend bewertet werden. Für ein Pflichtpraktikum oder einen Rhetorikkurs werden meist keine Noten vergeben.

Außerdem kann ein Modul aus unterschiedlichen Kursen als Modulteilen bestehen. Also musst Du pro Modul eine oder auch mehrere Vorlesungen besuchen. Die Note eines Moduls ergibt sich aus den Noten der einzelnen Teile. Den einzelnen Modulen werden Leistungspunkte, sogenannte ECTS-Punkte (Erklärung zu ECTS findest Du weiter unten) zugewiesen. Wir haben in unserem Studiengang innerhalb des Moduls »Einführung in die Wirtschaftswissenschaften« sogar drei Vorlesungsreihen gehört. Hier wurden Kurse zu VWL, BWL und Wirtschaftsinformatik zu einem Modul mit einer Note zusammengefasst. Das Modul wurde insgesamt mit 9 ECTS Punkten (ECTS siehe unten) gewichtet, wobei jede Teilnote zu einem Drittel zur Gesamtnote beigetragen hat, also jeweils mit 3 ECTS-Punkten.

Die Module sollten ein bis maximal zwei Semester dauern. Die meisten Module eines Studiengangs sind Pflichtmodule, die belegt werden müssen. Zusätzlich wählst Du aus einer Reihe von Wahlpflicht-Modulen. Wahlpflicht heißt, Du bist verpflichtet eine bestimmte Anzahl dieser Art von Modulen auszuwählen. Der Vorteil ist, dass Du Dir diejenigen aussuchen kannst, die Dich am meisten interessieren oder von denen Du Dir die besten Noten versprichst.

ECTS

ECTS steht für *European Credit Transfer System* und ist das europäische System zur Übertragung und Akkumulierung von Studienleistungen. Für Dich bedeutet das: ECTS sind Punkte (auch Credit Points oder Leistungspunkte), die Du für das Belegen verschiedener Module Deines Studiengangs erhältst. Sie haben nichts damit zu tun, wie gut Du einen Kurs abschließt. Sie zeigen dafür an, wie viel Arbeitsaufwand (*workload*) für das Bestehen eines Moduls vorgesehen ist. Sie sind also keine Note. Je mehr Arbeitsaufwand, desto mehr ECTS werden vergeben.

INFO

Wie sich die ECTS-Punkte zusammensetzen

Als Arbeitsaufwand (workload) zählt zum Beispiel Folgendes:
- Vorlesungen und Übungen
- Vor- und Nachbereitung von Vorlesungen
- Seminare
- Hausarbeiten
- Lernzeit
- Prüfungen

Dabei gilt: ein ECTS-Punkt = 25 bis 30 Arbeitsstunden. Ein Jahr Vollzeitstudium sollte ungefähr 60 ECTS-Punkte ergeben. Die meisten Module haben 3 bis 5 ECTS-Punkte. Eine Bachelor-Arbeit kann dann durchaus mal 20 oder 30 ECTS-Punkte einbringen. Hast Du ein Modul bestanden, bekommst Du die ECTS-Punkte des Moduls gutge-schrieben. Fällst Du durch, musst Du das Modul wiederholen und bekommst auch keine ECTS-Punkte. Dabei spielt es keine Rolle, wie viel Arbeitsaufwand Du in dieses Modul schon gesteckt hast.

Hast Du alle Kurse belegt, die Du fürs Erreichen Deines Abschlusses brauchst, so hast Du die maximale ECTS-Anzahl geschafft und bekommst Dein Abschlusszeugnis. Meist bekommen Duale Studenten auch eine bestimmte Anzahl von ECTS-Punkten für ihre Ausbildung im Unternehmen gutgeschrieben. Für einen Bachelorabschluss brauchst Du mindestens 180 ECTS, danach noch 90 bis 120 Punkte für den Master.

ETCS-Punkte haben noch ein paar wichtige Zusatzfunktionen.
- Du brauchst sie für die Berechnung Deines Notendurchschnitts und Deiner Abschlussnote. Dafür werden die Noten der Module meist mit den jeweiligen ECTS gewichtet. In der Praxis heißt das: Hast Du in einem Modul mit 10 ECTS-Punkten eine gute Note geschrieben, so zählt diese doppelt so stark wie Deine Note für ein Modul mit 5 ECTS-Punkten. Die Formel für die Berechnung der Note findest Du im nächsten Absatz.
- In vielen Studiengängen wurden Fortschrittsschranken gesetzt. Du musst nach einer gewissen Zeit eine bestimmte Mindestanzahl an ECTS-Punkten vorweisen, um weiterstudieren zu können. Diese Schranken sind meist nicht sehr hoch.

- Falls Du Dein Duales Studium abbrichst oder ein Zweitstudium anfängst, kannst Du bereits abgeschlossene Kurse in einen anderen Studiengang mitnehmen. Außerdem kannst Du Dir Kurse anerkennen lassen, die Du im Auslandssemester besucht hast. Voraussetzung ist in der Regel, dass Deine bereits besuchten Kurse mindestens genauso viele ECTS-Punkte haben wie der Kurs, den Du Dir dadurch sparen willst.

Prüfungen, Leistungen und Noten im Bachelor- und Mastersystem

Vielleicht hast Du schon einmal davon gehört: Das lässige Uni-Leben, von dem Eltern und Großeltern oft erzählen, ist Geschichte. Exzessives Feiern und Erfolg im Studium lassen sich nicht mehr so einfach miteinander verbinden. Ein Grund dafür ist, dass mit der neuen Art zu prüfen in Bachelor- und Masterstudiengängen der Druck auf die Studenten massiv zugenommen hat. Es gibt für fast jedes Modul nun mindestens eine Prüfung. Kurse, die man einfach absitzt, gehören damit der Vergangenheit an. Jedes benotete Modul zählt dann auch direkt zu Deiner Abschlussnote dazu. Verbockst Du eine Prüfung mit vielen ECTS, zieht das gleich Deine gesamte Abschlussnote runter. Du darfst Dir also kaum einen Ausrutscher leisten, wenn Du einen Einser-Abschluss anstrebst.

Mündliche Prüfungen sind im Bachelor und Master selten. Meist musst Du stattdessen Tests unter hohem Zeitdruck schreiben. Studierst Du bis zum Master, kommst Du in den Genuss, zwei große Abschlussarbeiten zu schreiben: Bachelor- und Masterarbeit. Du merkst also, Studieren ist inzwischen sehr stressig geworden.

Andererseits musst Du bedenken, dass das Bologna-System Dir auch bei einem normalen Studium das Leben schwer machen würde. Als Dualer Student wirst Du außerdem bald schmunzeln, wenn Du hörst, wie sich normale Studenten über Bologna beschweren. Denn Du hast diese Belastung auch und schaffst es zusätzlich noch, währenddessen zu arbeiten. Und auch das ist zu schaffen.

Die Abschlussnote

Manche wollen ihn immer ganz genau wissen, andere blenden ihn lieber aus: den eigenen Notendurchschnitt. Die Durchschnitts- und Abschlussnote für Deinen Abschluss kannst Du folgendermaßen ausrechnen:

> **Durchschnittsnote (auch Abschlussnote) =**
> **Summe (Modul-Note*ECTS-Punkte des Moduls) /**
> **Summe ECTS-Punkte der belegten Module mit Noten**

Wie groß die Auswirkungen einzelner Noten sind, hängt stark von der Anzahl der ECTS-Punkte des Moduls ab. Einen Excel-Rechner für Deine Note kannst Du auf unserer Website **www.duales-studium.guru** downloaden.

Eine Handvoll Abschlusszeugnisse

Schließt Du ein Bachelor- oder Masterstudium ab, so überreicht man Dir eine ganze Reihe von Zeugnisdokumenten im Umschlag.
Die wichtigsten sind:

- Deine Bachelor- / Masterurkunde (für alle Hochschulen)
- Dein Bachelor- / Masterzeugnis in Deutsch und Englisch
- Dein Diploma Supplement
- Ein Dokument über Deine relative Note
- Transcript of Records

Mit Deiner *Urkunde* wird Dir der akademische Grad »Bachelor of …« oder »Master of …« verliehen. Sie ist das amtliche Dokument, das Dir Deinen akademischen Grad verleiht. Dafür sind im *Abschlusszeugnis* all Deine Leistungen, die Du eingebracht hast, ausführlich aufgelistet. Du findest Deine Note als Zahl und ausgeschrieben (zum Beispiel 2,0 »gut«).

Im *Diploma Supplement* werden der von Dir absolvierte Studiengang und Deine Hochschule ausführlich beschrieben. Dieses Dokument erleichtert Dir die Anerkennung Deines Abschlusses im Ausland. Deine *Relative Note* beschreibt, wie gut Du im Vergleich zu Deinen Mitstudenten abgeschnitten hast. Üblicherweise sind dies Deine Mitstudenten aus Deinem Absolventenjahrgang. Bei kleinen Studiengängen kann auch mit den letzten zwei bis fünf Jahrgängen verglichen werden. Gehörst Du zu den besten 10 %, bekommst Du ein A. Hast Du ein B, gehörst Du zu den besten 35 % und so weiter. Dieses Dokument soll Unternehmen und Hochschulen helfen, Deine Leistungsfähigkeit besser einschätzen zu können. Die relative Note gibt Aufschluss darüber, wie gut oder schlecht Du im Vergleich mit Deinen anderen Kommilitonen abgeschlossen hast. Da sich die Anforderungen in Studiengängen auf verschiedenen Hochschulen stark unterscheiden, wurde die relative Note eingeführt. Soll heißen:

Während Du mit einer Gesamtnote von 1,5 in einem schweren Studiengang zu den besten 10 % gehörst, findest Du Dich in einem leichteren Studiengang manchmal nur noch unter den besten 35 % wieder.

Im *Transcript of Records* sind Deine gesamten Leistungen aufgeführt. Hier ist exakt aufgelistet, welche Module Du belegt hast. Auch die ECTS-Punkte pro Modul und die Anzahl Deiner Fehlversuche werden hier aufgelistet. Falls wir Dich jetzt neugierig gemacht haben, kannst Du auf unsere Website **www.duales-studium.guru** schauen. Dort findest Du zu jedem Dokument ein paar Beispiele.

EXPRESS-WISSEN

- Mit der Bologna-Reform wurden europaweit vergleichbare Studienbedingungen geschaffen. Die Studiensituation hat sich dadurch auch für Duale Studenten massiv verändert.
- Die alten Abschlüsse Diplom und Magister wurden nun für fast alle Studiengänge auf Bachelor und Master umgestellt.
  - Der Bachelor ist das Grundstudium und dauert sechs bis acht Semester.
  - Der Master ist Dein Aufbaustudium. Ein Masterstudium baut auf Deinen Kenntnissen aus dem Bachelor und Deiner Berufserfahrung auf.
- Die meisten Dualen Studiengänge sind Duale Bachelor-Studiengänge. Es gibt vereinzelt noch Duale Studiengänge, die mit einem Diplom abschließen.
- Mit der Bologna-Reform wurde eine Reihe von neuen Begriffen in der Hochschullandschaft eingeführt, damit sich die Teilnehmerländer untereinander besser verstehen.
  - **ECTS** geben Leistungspunkte an, die Dir für den Besuch von Lehrveranstaltungen und das Ablegen von Prüfungen gutgeschrieben werden.
  - **Module** sind einzelne oder mehrere Kurse, die als Bausteine Deines Studiums dienen.
  - Ein Studiengang ist **akkreditiert**, wenn er von einer offiziellen Agentur nach entsprechenden Mindestkriterien abgenommen wurde.
- Deine Note ergibt sich im Bachelor als Durchschnittsnote Deiner Module, gewichtet nach den jeweiligen ECTS-Punkten der einzelnen Module.
- Mit der Bologna-Reform werden Dir neben einem Zeugnis und einem Reifezeugnis auch eine Leistungsübersicht (Transcript of Records), eine Übersicht über Deine Leistung im Vergleich zu Deinen Mitstudenten (Relative Note) und eine englische Erklärung Deines Hochschulabschlusses (Diploma Supplement) verliehen.

Kapitel 6
Durchblick im Hochschulchaos

Stell Dir vor, Du erkundest alleine eine neue Stadt und hast Dich verlaufen. Wenn Du gerade damit angefangen hast, Dich über Duale Studiengänge zu informieren, fühlst Du Dich mit Sicherheit ähnlich. Nur bist Du diesmal nicht im Großstadtdschungel verloren gegangen. Dafür hat Dir wahrscheinlich die nicht viel übersichtlichere Hochschullandschaft Dualer Studiengänge die Orientierung geraubt. Wie in der Großstadt gibt es zwei Möglichkeiten, Dich wieder zurechtzufinden. Du könntest Einheimische nach dem Weg fragen oder einen Blick auf Google Maps werfen, um Dich zu orientieren.

In diesem Kapitel erledigen wir beides für Dich. Wir stellen die unterschiedlichen Hochschultypen mit ihren Vor- und Nachteilen vor und zeichnen Dir so eine übersichtliche Karte der aktuellen Studienlandschaft. Dabei haben wir nicht vergessen, die Kenner zu fragen: Duale Studenten, Personalmanager und Hochschulvertreter.

In diesem Kapitel findest Du Informationen und Ratschläge zu folgenden Themen:

- **Welche Studienrichtungen Dir für ein Duales Studium offen stehen** und was Du nicht Dual studieren kannst.
- **Welche Hochschulen Duale Studiengänge anbieten:** Berufsakademien und Duale Hochschulen, Fachhochschulen und Universitäten.
- Alle Informationen zu **Berufsakademien und Dualen Hochschulen** sowie deren Vor- und Nachteilen und eine Vorstellung der Mutter aller Dualen Hochschulen, der DHBW in Baden-Württemberg. Der Präsident der DHBW sowie der Direktor der Studienakademie Thüringen – Berufsakademien Gera und Eisennach waren so freundlich, uns ein paar Statements zu geben.
- Alle Informationen zu **Fachhochschulen** (Hochschulen für angewandte Wissenschaften) sowie deren Vor- und Nachteilen und einen Ausschnitt aus unserem Interview mit der Geschäftsführung von »hochschule dual«, dem Dachverband für Duale Studiengänge an Fachhochschulen in Bayern.

- Alle Informationen zu **Universitäten**, an denen Du bereits Dual studieren kannst, sowie deren Vor- und Nachteilen.
- Eine abschließende **Übersicht** fasst Dir die wichtigsten Informationen auf einen Blick zusammen.

Duale Studienrichtungen – Welche Fächer Du Dual studieren kannst

Wie soll man sich für das beste Essen entscheiden, wenn man noch nicht die ganze Speisekarte gelesen hat?

Mittlerweile werden in Deutschland über 1 500 Duale Studiengänge für Abiturienten in den verschiedensten Bereichen angeboten. Du kannst Dir also nicht jeden einzelnen Studiengang anschauen, bevor Du Dich entscheidest. Aber zu verstehen, was generell auf der Karte steht, hilft Dir, Dich im Dschungel der Dualen Studienlandschaft zu orientieren.

Träumst Du davon, der nächste Indiana Jones zu werden und als Professor für Archäologie weltweit nach verlorenen Schätzen zu suchen, dann wirst Du wohl kaum ein brauchbares Duales Studium finden. Allgemein gilt, je exotischer Dein gewünschter Studiengang ist, desto schwieriger wird es, diesen Dual zu studieren. Denn Unternehmen bieten vor allem Studiengänge an, aus denen sie eine Menge Nachwuchs brauchen. Und welches deutsche Unternehmen braucht schon eine Menge Archäologen? Die Suche wird dann einfacher, falls Dein Wunschstudiengang nichts mit

- **Wirtschaftswissenschaften,**
- **Ingenieurwissenschaften,**
- **Sozialwissenschaften oder**
- **Informatik**

zu tun hat. Die beliebten Klassiker sind nach wie vor BWL, Maschinenbau, Elektrotechnik, (Wirtschafts-) Informatik und Abwandlungen davon. Aktuell kannst Du aber auch in den Bereichen Gesundheitswissenschaften, Sozialwesen und Nautik Dual studieren. Sogar für Architektur und Mathematik werden Duale Studienplätze angeboten. Hier siehst Du welche Fachgebiete für Duale Studiengänge eine größere und welche eine kleinere Rolle spielen:

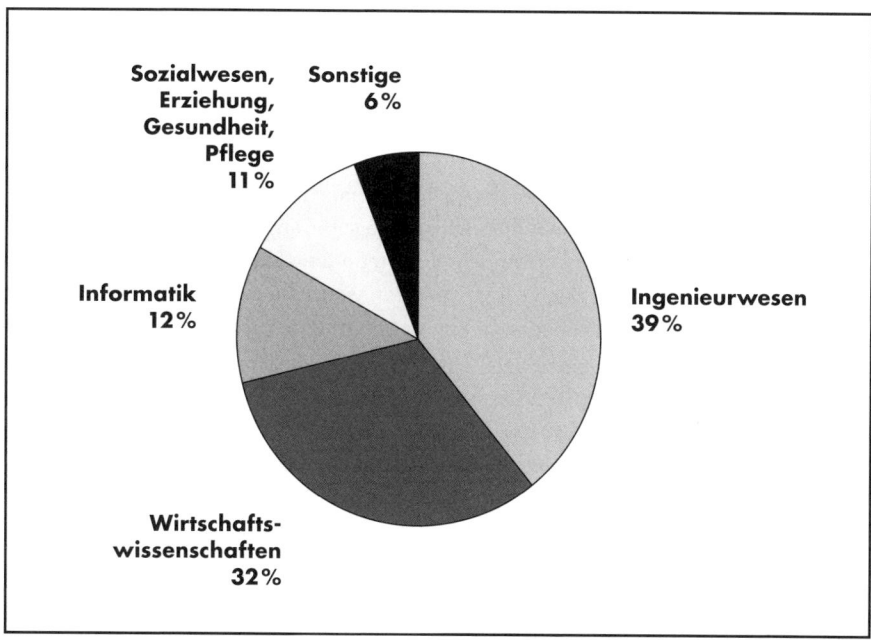

Sozialwesen, Erziehung, Gesundheit, Pflege 11%

Sonstige 6%

Informatik 12%

Ingenieurwesen 39%

Wirtschafts-wissenschaften 32%

Doch aufgepasst: Bei der immensen Vielfalt an Dualen Studiengängen ist es vor allem wichtig zu wissen, welche Berufe Du später mit einem Dualen Studium nicht einfach so antreten kannst. Ein Duales Studium ist nichts für Dich, wenn Du später einmal

- **Arzt, Zahnarzt oder Tierarzt,**
- **Apotheker,**
- **Lehrer,**
- **Anwalt, Staatsanwalt, Richter, Notar,**
- **Lebensmittelchemiker oder**
- **Priester**

werden willst. Ist einer von diesen Dein Traumberuf, wird Deine Suche nach einem tauglichen Dualen Studium leider (momentan) vergeblich bleiben. Für diese Berufe sind spezielle Prüfungen durch den Staat (oder die Kirche) vorgesehen, die Dir die Zulassung zu diesen Berufen erst ermöglichen. Für die Zulassung zu diesen Prüfungen ist für die angegebenen Berufsbilder ein »normales« Studium notwendig. Trotzdem kannst Du in einigen dieser Bereiche arbeiten, beispielsweise indem Du Dual Gesundheitswissenschaften studierst mit einer Krankenkasse als Partnerunternehmen.

INFO

Wie entsteht ein Studiengang an der Berufsakademie bzw. Dualen Hochschule?

Diese Frage haben wir Professor Dr. Burkhard Utecht gestellt, Direktor der Staatlichen Studienakademie Thüringen – Berufsakademien Gera und Eisenach. Geht man dem Ursprung der Studiengänge auf den Grund wird klar, wieso Du manche Studiengänge Dual studieren kannst und andere nicht.

»Ein Studiengang oder auch eine Studienrichtung innerhalb eines Studiengangs können zwei unterschiedliche Ursprünge haben. Zum einen kann er in unserer eigenen Wahrnehmung als Berufsakademie oder Dualer Hochschule selbst liegen. Dies ist zum Beispiel möglich, wenn Fachkräfte mit einer bestimmten Qualifikation sehr gefragt sind. Zum anderen werden wir in der Gremienarbeit darauf aufmerksam. In diesen Gremien überlegen wir gemeinsam mit Vertretern aus den Industrie- und Handelskammern sowie den Handwerkskammern, Branchenverbänden und Praxispartnern, ob eine Weiterentwicklung des Studienangebots sinnvoll ist. Wenn die Nachfrage nach entsprechend qualifizierten Dualen Studenten groß genug ist, entscheiden wir uns dafür. Anschließend prüfen wir, ob genügend Studenten zusammenkommen, damit für die Folgejahre ausreichende Kursgrößen gewährleistet sind. Danach stimmen wir in den Gremien die Studienordnung und die -inhalte ab. Zum Schluss werden die Studiengänge akkreditiert.«

Für manche Fächer fehlt von Unternehmensseite auch der Bedarf. Deshalb fehlen Duale Studiengänge im sprachwissenschaftlichen Bereich. Aktuell gibt es auch noch kein Angebot für die reinen Naturwissenschaften (Chemie, Biologie, Physik) an den Universitäten.

Für eine Karriere als Wissenschaftler bringt Dich nur ein normales Universitätsstudium weiter. Dafür bieten Unternehmen allerdings technisch angehauchte Abwandlungen in dieser Richtung an, wie zum Beispiel Chemie an der Fachhochschule, Chemie-Ingenieurwesen oder Biotechnologie. Diese Studiengänge eignen sich für Dich, wenn Dich Naturwissenschaften begeistern, Du später aber nicht in der Grundlagenforschung an den Hochschulen selber arbeiten willst.

Auch die Geisteswissenschaften Germanistik, Philosophie oder ähnliche findet man nicht als Duale Studiengänge. Die Nachfrage der Wirtschaft und des Staates nach Absolventen dieser Studienfächer lässt sich auch ohne Duales Studium ohne Probleme decken.

Nicht überall ist es möglich, Studien- und Praxiszeiten scharf zu trennen und in gleich große Blöcke aufzuteilen. An Fachhochschulen und Universitäten studierst Du als Dualer Student zusammen mit anderen Vollzeitstudenten, die der klassischen Aufteilung in Winter- und Sommersemester folgen. Aus diesem Grund müssen sich die Verantwortlichen überlegen, wie und wann da Zeit für die Praxiseinsätze bleibt. Eine einheitliche Lösung hat man allerdings nicht gefunden.

Dreiklang der Hochschulen – Das sind Deine Möglichkeiten

Wo kann ich jetzt überall Dual studieren und was ist am besten?
Du kannst die theoretische Ausbildung im Dualen Studium an prinzipiell drei verschiedenen »Hochschulkategorien« abschließen:

- **Berufsakademien (BAs) und Duale Hochschulen (DHs)** bilden ausschließlich Duale Studenten für Kooperationspartner aus.

- **Fachhochschulen (FHs)**, mittlerweile meist Hochschulen für angewandte Wissenschaften (HAW) oder ähnlich genannt, bieten einen hohen Praxisbezug, aber nicht ganz so viel Erfahrung im Umgang mit Dualen Studenten wie die BAs und DHs.

- **Universitäten (Unis)** ermöglichen Dir ein stark wissenschaftlich geprägtes Studium und haben teilweise auch Duale Studienplätze zu vergeben.

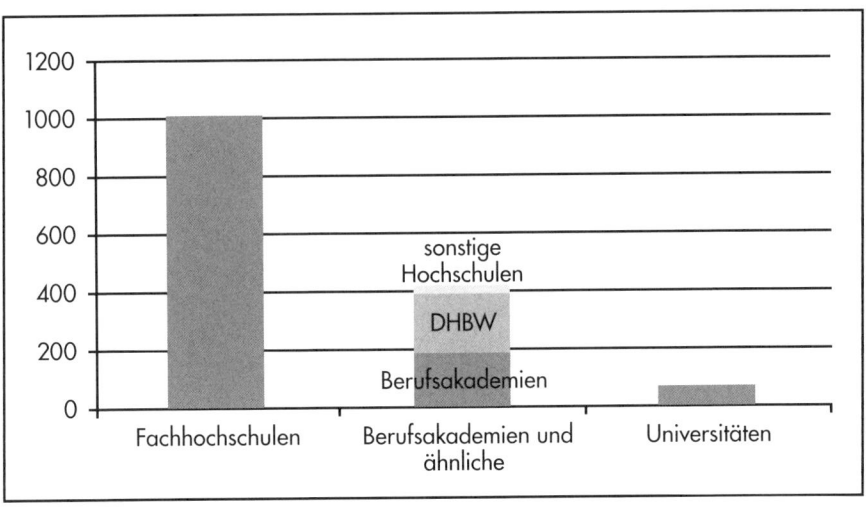

Wie Du in der Grafik siehst, werden die meisten Dualen Studiengänge an Fachhochschulen und Berufsakademien angeboten. Dabei gibt es kein besser oder schlechter. In allen drei Kategorien gehst Du auf Deinem Bildungsweg mit dem Studium einen großen Schritt nach vorne. Du musst hier die Ausbildungsmöglichkeit suchen, die am besten zu den eigenen Vorstellungen und Fähigkeiten passt. Da das nicht immer ganz einfach ist, beschreiben wir Dir die einzelnen Optionen deshalb nacheinander noch einmal genau mit ihren jeweiligen Vor- und Nachteilen.

Berufsakademien und Duale Hochschulen

An Berufsakademien (BA) und Duale Hochschulen (DH) studierst Du bei den Erfindern der Dualen Studiengänge. Mit dem Konzept der Berufsakademien hat das privatwirtschaftliche Duale Studium in Deutschland erst begonnen. Formal gibt es zwar Unterschiede zwischen BAs und DHs (siehe Infobox »Der Unterschied zwischen Berufsakademien und Dualen Hochschulen«), das Ausbildungskonzept ist bei beiden jedoch sehr ähnlich. Wir haben bei unseren Gesprächen mit Studenten festgestellt, dass Duale Studenten an BAs und DHs die gleichen Vorteile und Nachteile erfahren. Auch werden BAs und DHs von der Ausbildungsqualität in der Wirtschaft ähnlich bewertet. Deshalb haben wir sie in eine Kategorie zusammengefasst. Diese Ausbildungsart steht nicht in allen Bundesländern in gleichem Maße zur Verfügung. Um als Student angenommen zu werden, reicht meist die Fachhochschulreife. Teilweise bringt Dich ein Berufsabschluss schon weiter. An der Dualen Hochschule Baden-Württemberg musst Du mit Fachhochschulreife noch einen Eignungstest ablegen.

Hier werden ausschließlich Duale Studenten ausgebildet und das schon seit Jahren. Sie haben deshalb am meisten Erfahrung im Umgang mit Dualen Studenten in Deutschland. Der Lehrstoff wird stark anwendungsorientiert vermittelt. Der wissenschaftliche Charakter der Ausbildung gerät hier eher in den Hintergrund. Das Studium und die Praxisphasen sind zeitlich und organisatorisch am besten aufeinander abgestimmt. Du befindest Dich unter lauter Gleichgesinnten, die alle ein ähnliches Schicksal teilen wie Du. Anonymes Studieren ist hier unmöglich, da die Gruppen sehr klein sind. Ein Studium an der BA/DH ähnelt deshalb stark einem Berufsschulbesuch mit höherem Anspruchslevel.

Besonderheiten des BA/DH-Studiums

- Dozenten müssen mindestens einen Bachelor und Berufserfahrung mitbringen. Sie kommen oftmals aus der Praxis und arbeiten an (anderen) Hochschulen oder in der Wirtschaft.
- BA/DH-Studiengänge ähneln am stärksten der deutschen Berufsausbildung.
- Es gibt gerade im Osten Deutschlands und in Baden-Württemberg eine große Auswahl an BA/DH-Studiengängen. Dort genießen BA/DH-Studenten auch die höchste Anerkennung.
- Kleine Lerngruppen: Die geltende Anwesenheitspflicht wird meist kontrolliert.
- Ein BA/DH-Studium ist stark anwendungsorientiert. Der wissenschaftliche Anspruch rückt etwas in den Hintergrund, weil bis zu einem Drittel der Lehrveranstaltungen von nebenberuflichen Dozenten gelehrt wird. Trotzdem muss natürlich die Wissenschaftlichkeit im Sinne eines Bachelorstudiengangs gewährleistet sein. Das verlangen die Akkreditierungsagenturen übrigens von allen Anbietern von Dualen Studiengängen.
- Im Gegensatz zu einem FH-Studium wird die Praxiserfahrung eines Dualen Studenten viel stärker in den Mittelpunkt gestellt. Während im FH-Studium ECTS-Punkte lediglich für ein Praxissemester anerkannt werden, werden an der BA/DH meist viel mehr ECTS-Punkte aus der Praxis anerkannt.
- Die meisten BAs/DHs bieten auch die Klassiker-Studiengänge wie BWL, Maschinenbau oder Informatik an, aber ein Großteil des Angebots ist stark spezialisiert: zum Beispiel BWL Handel statt BWL, oder Informationstechnik statt Informatik.

INFO

Der Unterschied zwischen Berufsakademien und Dualen Hochschulen

Bis auf die Berufsakademie sind alle vorgestellten Bildungsein-richtungen sogenannte Hochschulen. Für Hochschulen gelten in Deutschland spezielle Rechte und Pflichten. Nur Hochschu-len können einen akademischen Grad verleihen. Bei einem Abschluss von einer Berufsakademie handelt es sich lediglich um eine staatliche Abschlussbezeichnung und nicht um einen akademischen Grad. Die Folge ist, dass Du mit einem Bachelor-Abschluss von einer Berufsakademie nicht überall gleich ange-sehen wirst. Unternehmen und andere Hochschulen in manchen Bundesländern können den Abschluss oft schwer einordnen. Das kann vor allem dann zum Problem werden, wenn Du nach dem BA-Bachelor einen Master an einer Universität machen willst. Einige Bundesländer überlegen deshalb, ihre Berufsaka-demien nach dem Vorbild von Baden-Württemberg in Duale Hochschulen umzuwandeln. Die BAs in Thüringen werden ab 2016 in einer Dualen Hochschule nach dem Vorbild der DHBW zusammengefasst. Dabei ist es oft auch möglich, seinen Studi-enabschluss auch nachträglich noch in einen Hochschulgrad umzuwandeln.

Die Duale Hochschule Baden-Württemberg (DHBW)

Die Geschichte des Dualen Studiums hat mit den Berufsakademien in Baden-Würt-temberg vor über 40 Jahren angefangen. Im Land des Mittelstands haben sich meh-rere Unternehmen zusammengeschlossen, da sie eine praxisnahe Alternative zu den damals bestehenden Hochschulen schaffen wollten. Denn Bildungspolitik fällt in Deutschland unter die Hoheit der Bundesländer. Das Land Baden-Württemberg war nicht nur Vorreiter bei der Einführung von Dualen Studiengängen über die neuge-gründeten BAs. Man hat sich im Jahr 2009 hier auch dazu entschieden, alle Berufsaka-demien in Baden-Württemberg unter dem Dach einer großen Hochschule zur Dualen Hochschule Baden-Württemberg (DHBW) zu fusionieren. Damit sollte der Status der Dualen Studiengänge an BAs verbessert werden, da sie fortan als Duale Hochschulen wissenschaftliche Grade verleihen können. Mittlerweile ist die DHBW eine riesige

Hochschule mit neun Standorten, darunter Zweigstellen in Stuttgart, Mannheim, Karlsruhe und Heidenheim. Aktuell studiert ungefähr die Hälfte aller Dualen Studenten in Deutschland an der DHBW. Sie bietet auch Masterstudiengänge für ehemalige Bachelorstudenten der DHBW an und ist die bekannteste DH/ehemalige BA. So genießt sie unter diesen auch den besten Ruf. Andere Bundesländer ziehen ebenfalls in Erwägung, ihre BAs nach Vorbild der DHBW in Duale Hochschulen umzuwandeln. Wie andere Hochschulen haben wir auch die DHBW persönlich besucht. In die allgemeine Beschreibung der Hochschularten und der Vor- und Nachteile sind unsere Recherche-Ergebnisse eingeflossen – und zwar aus den Interviews mit Studenten, Dozenten und Verwaltung, Internetrecherche und Besuchen vor Ort sowie unseren eigenen Erfahrungen. Wegen der großen Bedeutung der DHBW wollen wir Dir gerne noch einmal unsere Eindrücke von dort mitgeben:

Vorlesungen

Die Studenten sitzen in Klassenzimmern und Dozenten kommen teilweise zu den Studenten. Die Kurse sind nicht immer über einen ganzen Theorieblock verteilt, wie es an Uni oder FH üblich ist. Stattdessen sind es teilweise ganze Tage, die ausschließlich einer einzigen Vorlesung gewidmet sind. Trotzdem haben wir die Lernatmosphäre als locker wahrgenommen. Durch die kleinen Gruppen wird mehr diskutiert als in Univorlesungen. Die Dozenten beziehen die Studenten stärker in den Kurs mit ein. Auch erzählen Studenten von ihren Erlebnissen aus der Praxis. Das kann zu sehr fruchtbarem Austausch führen. So kam es während unseres Besuches im Studiengang Maschinenbau zur Diskussion über die Unterschiede zwischen Gasturbinen und Flugantriebsturbinen. Wie an allen Lehreinrichtungen hängt das aber stark von Dozenten, dem Fachgebiet und dem Studiengang ab. Die Anwesenheit wird kontrolliert. Die DHBW hat auch einen Verhaltenskodex, der das Benutzen von Laptop, Tablet und Handy während der Kurse verbietet – außer der Dozent wünscht das ausdrücklich. Das Lehrkonzept erschwert es so, sich selbst zu entfalten und die zu einem selber passenden Lernwege zu finden. Als wir zu Besuch waren, wurde aber dieser Kodex weniger streng gelebt. Die Dozenten sind zu einem großen Teil aus der Praxis und eher auf einer Ebene mit den Studenten als an einer Universität.

Organisation

Die vielen Jahre Erfahrung der DHBW spiegeln sich in der professionellen Organisation der Hochschule wider. Die DHBW hat viele interessante Partnerhochschulen auf der ganzen Welt. Ungefähr die Hälfte der Studierenden geht einmal im Dualen Studium ins Ausland. Willst Du als Dualer Student ein Auslandssemester während

Deines Dualen Studiums machen, hast Du bei DHBW also gute Karten. Die DHBW bietet auch Beratung für Duale Studenten, die ihren Studiengang oder ihr Partnerunternehmen wechseln möchten. Das heißt, falls Du merkst, dass ein Studiengang doch nicht zu Dir passt oder Du mit Deinem Partnerunternehmen unzufrieden bist, hast Du hier gute Chancen, dass Dir geholfen wird. Derweil bekennt sich die DHBW zu festen Qualitätskriterien bei der Auswahl der Praxispartner. Der Studiengangsleiter hat einen guten Draht zu den einzelnen Unternehmen und kennt auch die Ansprechpartner der Praxispartner. Es kommt schon mal vor, dass Unternehmen, die ihre Studenten an die DHBW schicken wollen, von der DHBW abgelehnt werden – etwa wenn die Unternehmen nicht die geforderte Ausbildung in der Praxis leisten können. Bei schlechten Prüfungsleistungen bietet Dir die Hochschule auch Seminare gegen Prüfungsangst oder über Lerntechniken an. Ob Dir das im Notfall etwas bringt, können wir leider nicht sagen.

Forschung

Die DHBW hatte in ihrer Zeit als Berufsakademie früher keinen Forschungsauftrag. Mit der Umwandlung zur Hochschule kam der Auftrag zur anwendungsorientierten Forschung hinzu. Ähnlich wie an FHs soll die Forschung stark in Kooperation mit der Wirtschaft geschehen. Derzeit ist die DHBW noch mit dem Aufbau und der Erweiterung geeigneter Strukturen für die Forschung befasst.

INTERVIEW

Interview mit dem Präsidenten der DHBW, Professor Reinhold Geilsdörfer

Die Vorstellung der DHBW ergänzen wir gerne noch um einen Auszug aus einem Interview mit Prof. Reinhold Geilsdörfer, dem Präsidenten der DHBW. So kannst Du das Studium der DHBW noch einmal aus der Perspektive des Chefs kennenlernen.

- *An Universitäten werden Dozenten vor allem nach Forschungsgebieten und -erfolgen ausgewählt. Wie wählen Sie Ihre Dozentinnen und Dozenten aus?*

  Für uns gibt es zwei wichtige Kriterien bei der Auswahl: Einerseits die wissenschaftliche Qualifizierung und andererseits die Praxiserfahrung. Wir setzen eine gute Promotion voraus, keine Habilitation wie an Universitäten. Aber da wir eine Hochschule sind, die vorwiegend für die Wirtschaft ausbildet, haben wir auch hohe Ansprüche an die berufliche Erfahrung in der Industrie oder bei sozialen Einrichtungen. Ein Dozent muss mindestens drei, besser fünf Jahre außerhalb einer Hochschule gearbeitet haben, damit er von uns berufen werden kann. Das unterscheidet uns deutlich von anderen Hochschulen.

- *Wie sehen Sie das Qualitätsmanagement Ihrer Vorlesungen im Vergleich zu anderen Hochschulen?*

  Wir haben ein sehr tiefgreifendes und umfassendes Qualitätsmanagement. Neben den üblichen Maßnahmen wie der Evaluierung aller Lehrveranstaltungen gibt es bei uns eine oft vergessene Besonderheit: Da alle Studierende von Partnerunternehmen zu uns geschickt werden, erhalten wir sehr schnell direkt von Unternehmen Rückmeldung über unzureichende Vorlesungen. So garantieren auch unsere Partnerunternehmen, dass hohe Qualitätsstandards eingehalten werden. Denn ohne Partnerunternehmen gibt es kein Duales Studium an der DHBW.

- *Ist ein Duales Studium ein guter Weg, um eine Karriere als Wissenschaftler einzuschlagen?*

  Man muss sehr deutlich sagen, dass Studierende, die von Anfang an eine Wissenschaftskarriere anstreben, eher den universitären Weg einschlagen sollten. Denn die DHBW →

bildet vorrangig für eine Karriere in der Wirtschaft bzw. im sozialen Bereich aus. Aber das Duale Studium ist natürlich keine Sackgasse. Manche Duale Studenten merken erst während ihres Studiums an der DHBW, dass sie sich eher für eine wissenschaftliche Karriere interessieren. Diese können dann für einen Master an die Universität wechseln und dort dann eine wissenschaftliche Karriere einschlagen. Es gibt an der DHBW auch Professoren, die an der früheren Berufsakademie studiert haben und nach einer Zeit an der Universität dann wieder an die DHBW zurückgekehrt sind.

- *Was ist Ihre Meinung zur Anwesenheitspflicht an der DHBW?*
  Für die Anwesenheitspflicht für Vorlesungen an der DHBW gibt es einen einfachen Grund: Studierende beziehen von ihren Partnerunternehmen ein Gehalt für das Studium. Die Unternehmen wollen deshalb die Gewissheit haben, dass die Studenten auch am Studium teilnehmen. Man muss wissen, dass an einer Hochschule, an der alle Studenten von Partnerunternehmen oder kooperierenden sozialen Einrichtungen gefördert werden, einfach andere Rahmenbedingungen herrschen. Es ist aber zu erwarten, dass wir in diesem Punkt im Laufe der Zeit mit Hilfe der Digitalisierung der Lehre Fortschritte machen und ergänzend auch andere Wege finden. Ich sehe die Anwesenheitspflicht nicht zwingend als Kernbestandteil des Studiums an der DHBW.

- *Welchen Ratschlag hätten Sie für einen Abiturienten, der sich für ein Duales Studium interessiert? Wem würden Sie ein Duales Studium empfehlen?*
  Wenn ein junger Mensch zielorientiert ist und in kurzer Zeit viel erreichen will, dann ist ein Duales Studium der richtige Weg. Hier ist die Studiendauer festgelegt und man kommt schnell voran. Nach dem Dualen Studium stehen einem dann immer noch alle Wege offen. Wichtig ist, dass man sich nicht in eine Richtung drängen lässt, die einem keinen Spaß macht. Ganz entscheidend für die Berufswahl ist, dass man sich für einen Bereich entscheidet, der einem langfristig Freude bereitet. Man sollte sich nicht von kurzfristigen Trends am Arbeitsmarkt leiten lassen.

Vorteile

- In der Regel sind Duale Studiengänge an der BA / DH **am besten organisiert**. Hochschule und Unternehmen stehen in engem Kontakt. Zeitlich sind die Studiengänge gut miteinander verzahnt.
- Die Ausbildung an der BA / DH ist sehr praxisnah. Die **Überschneidung zwischen dem gelernten und dem im Unternehmen benötigten Wissen ist am größten.** Denn ein Großteil der Dozenten kommt direkt aus der Praxis und arbeitet selbst in einem Unternehmen oder einer Einrichtung. Ist zum Beispiel Wissen zum speziellen Feld des Handelsmarketings oder Allgemeinen Verwaltungsrechts gefragt, hält beispielsweise ein Geschäftsführer aus einem Handelsunternehmen beziehungsweise ein Verwaltungsleiter die Vorlesung. Oft können die Unternehmen direkt über den Lehrstoff im Studium mitentscheiden. Das vermittelte Wissen hat an BA und DH am ehesten den größten praktischen Nutzen und den neuesten Stand.
- Die Dozenten müssen praktische Berufserfahrung auf ihrem Fachgebiet mitbringen.
- Mit drei Jahren bieten die BAs / DHs den **schnellsten Dualen Weg zum Bachelor.** Da können nicht alle Angebote von FH und Uni mithalten.
- Hier studierst Du ausschließlich mit anderen Dualen Studenten zusammen. So ist man während des ganzen Studiums Teil einer kleinen **leistungsstarken Studentengruppe.** Das hält die Motivation hoch. Du kannst Dir außerdem früh auch außerhalb Deines Unternehmens ein gutes Netzwerk aufbauen.
- Bei einer **Gruppengröße von höchstens 30 Studenten** können die Dozenten gut auf die einzelnen Studenten eingehen.
- Es gibt bereits ein **großes Angebot an etablierten Dualen Studiengängen** in diesem Bereich.
- Durch das übliche Blockmodell verbringst Du Deine Studienzeit in einer Studentenstadt, meist weiter weg vom Unternehmen. Am ehesten findest Du also als BA / DH-Student noch ein **gutes Studentenleben.**

INFO

**Was kennzeichnet die Lehre an der Berufs-
akademie bzw. Dualen Hochschule?**

Diese Frage haben wir Professor Dr. Burkhard Utecht gestellt,
dem Direktor der Staatlichen Studienakademie Thüringen –
Berufsakademien Gera und Eisenach:

Die theoretische Lehre ist stark anwendungsbezogen. Wir
arbeiten eng mit unseren Praxispartnern zusammen, die bei
der Gestaltung der Studieninhalte Mitspracherechte haben.
Unsere Studenten absolvieren nicht nur ein Praktikum, sondern
die Praxisphasen werden inhaltlich und zeitlich auf die Theorieinhalte abgestimmt. Im Rahmen eines Praxisdurchlaufplanes
besprechen wir mit dem Praxispartner, wie diese Abstimmung
gelingen kann. In gewissem Umfang geben wir die Praxisinhal-
te vor. Außerdem bearbeiten die Studenten in ihren Bachelor-
und Projektarbeiten Problemstellungen aus ihrem Partnerunternehmen. Die jeweiligen Themen werden mit uns gemeinsam
entwickelt, sodass sie die Studenten dann unter Anwendung
von wissenschaftlichen Methoden bearbeiten können.

Nachteile

- Willst Du nach Deinem Bachelor einen konsekutiven Master an einer (anderen) Hochschule antreten, hast Du es mit einem BA/DH-Abschluss nicht immer
  leicht. Er verursacht immer noch oft genug **Schwierigkeiten bei der Zulassung
  zu Uni/FH-Masterstudiengängen**. Die FHs und Unis machen es ehemaligen
  BA/DH-Studenten extra schwer. Ausgewählte Module oder Kurse müsstest Du
  in manchen Fällen nachholen. Dafür bietet zum Beispiel die DHBW bereits eigene
  Master-Studiengänge an.
- Die BA/DH-Abschlüsse gibt es zwar schon länger. **Die Abschlüsse müssen sich
  aber immer noch in Gesamtdeutschland etablieren.** Sie sind noch nicht überall
  gleich angesehen wie ein FH- oder Universitätsstudium.
- **Ein BA-Abschluss ist kein akademischer Grad** sondern nur eine staatliche
  Abschlussbezeichnung (das gilt nicht für die DH!). Die Außenwirkung des Abschlusses leidet darunter deshalb.

- Ein BA / DH-Studium bildet Dich für einen Einsatz in einem Unternehmen oder im öffentlichen Dienst aus. **Strebst Du eine Karriere in der Wissenschaft (etwa als Professor) an, so sind andere Wege wahrscheinlich schneller und einfacher.**

- Das gesamte Programm ist genau durchgeplant. **Du genießt hier nur wenig studentische Freiheiten.** Straffe Stundenpläne, strikte Anwesenheitspflicht und das Schreiben von sogenannten Praxisreports bauen viel Druck auf die Dualen Studenten auf. Das kann schnell negative Konsequenzen für den Lernerfolg haben. Das Studium ist also eher wie eine Turboausbildung organisiert. Es ist deshalb fast unmöglich, mal eine Klausur zu verschieben und zu einem späteren Zeitpunkt nachzuschreiben, um den Prüfungsdruck dem individuellen Bedarf anzupassen. Zwar kannst Du eine verhauene Klausur nachschreiben, aber Dich meistens nicht ein Jahr später nochmal in die Vorlesung setzen. Dafür bleibt im Studienplan keine Zeit.

INFO

Wann ist die Anwesenheitspflicht durchsetzbar?

Für fast alle Dualen Studiengänge gilt auch beim Besuch der Hochschule / Akademie Anwesenheitspflicht. Wirklich durchsetzbar ist diese allerdings nur bei BAs und DHs. Bei den kleinen Gruppen fällt sofort auf, wenn ein Student ohne Entschuldigung fehlt.

Landkarte der Berufsakademien nach Bundesländern

Der Status der Berufsakademien in Deutschland unterscheidet sich je nach Bundesland stark. In vielen Bundesländern gibt es gar keine Berufsakademie oder nur eine kleine Zweigniederlassung privater Berufsakademien. In der folgenden Karte siehst Du, in welchem Bundesland die Berufsakademien welchen Status haben:

- **1. KATEGORIE:** Die Berufsakademien sind mittlerweile zu Dualen Hochschulen umgewandelt.
- **2. KATEGORIE:** Die Berufsakademien sind in staatlicher Hand.
- **3. KATEGORIE:** Die Berufsakademien sind in privater Hand, werden aber staatlich voll anerkannt.
- **4. KATEGORIE:** Im Bundesland gibt es keine staatliche Anerkennung der Berufsakademien.

Fachhochschulen (FHs) / Hochschulen für angewandte Wissenschaften (HAWs)

Fachhochulen (FHs) bieten Dir ein wissenschaftliches Studium, das stark anwendungsbezogen vermittelt wird. Egal ob Du Hochschule, Hochschule für angewandte Wissenschaften (HAW), Technische Hochschule (TH) oder die englische Bezeichnung University of Applied Sciences (UAS) liest: Alle diese Namen bezeichnen Fachhochschulen. Denn für FHs gibt es seit der Bologna-Reform eine ganze Auswahl an unterschiedlichen Namen. Um an einer Fachhochschule zu studieren, benötigst Du ein Fachabitur oder ein Zeugnis der Allgemeinen Hochschulreife. Die meisten Dualen Studiengänge werden mittlerweile an FHs angeboten.

Als Dualer Student an einer FH wählst Du den Weg der goldenen Mitte. Es ist eine Hochschulform, bei der der Einfluss der Unternehmen nicht überhandnimmt. Die Lehre erfolgt stark anwendungsorientiert. Das verspricht Dir, einen Teil des Gelernten auch im Unternehmen in der Praxis ausprobieren zu können. An der FH werden die Dualen unter die normalen Studenten in den regulären Hochschulbetrieb eingestreut. Duale Studenten sind hier keine Exoten und werden professionell betreut. FHs gibt es auch in ganz Deutschland verteilt. Hier kannst Du sowohl in großen Städten als auch in der Provinz Deinen idealen Studienort finden.

Besonderheiten des FH-Studiums

- Professoren an FHs müssen auch Praxiserfahrung von außerhalb der Hochschule mitbringen. In der Regel sind das mindestens drei Jahre. Die Professoren können hier deshalb gut vermitteln, worauf es außerhalb des Campus ankommt.
- FHs haben in Deutschland schon seit Jahrzehnten den Ruf, hervorragende Studenten für Wirtschaft und den öffentlichen Dienst auszubilden.
- Das Angebot an Dualen Studiengängen an FHs ist deutschlandweit am größten.
- Die Lerngruppen an einer FH sind relativ klein.
- Die Studiengänge sind teilweise stärker spezialisiert als an der Uni, jedoch weniger stark als an der BA / DH: Geoinformatik statt Informatik oder Unternehmensführung statt BWL. An den meisten FHs werden aber genauso die Klassiker angeboten.

Vorteile

- **FH-Abschlüsse sind in ganz Deutschland schon seit langer Zeit ein etabliertes Leistungszeugnis** und genießen bei fast allen Firmen ein durchaus hohes Ansehen. Du wirst später auch auf Kollegen treffen, die keine Ahnung haben, dass es ein Duales Studium gibt. Wenn Du von der FH kommst, kann Dich trotzdem jeder schnell einordnen. Mit der Bologna-Reform wurde das FH-Studium dem Universitätsstudium formal gleichgestellt.

- Die FH bietet Dir eine **gute Balance zwischen Anwendungsorientierung und Unabhängigkeit sowie Wissenschaftlichkeit der Lehre**. Die Lehre ist unabhängiger vom Einfluss der Unternehmen als bei BAs/DHs. Du musst allerdings auch nicht alle mathematischen Formeln bis ins letzte Detail beweisen wie an der Uni.

- Fachhochschulen haben meist schon **ein paar Jahre Erfahrung im Umgang mit Dualen Studenten**.

- **FH-Professoren** müssen im Gegensatz zu Uniprofessoren mehrere Jahre praktische Erfahrung aus der Arbeitswelt mitbringen. Die Dozenten wissen sehr gut, welcher Stoff für Deine berufliche Praxis relevant ist.

- Die Auswahl an Dualen Studiengängen an FHs ist sehr groß. Hier findest Du leicht Deinen Wunschstudiengang in Deiner Nähe.

- Machst Du Dein Duales Studium bis zum Bachelor, dann kannst Du mit einem FH-Bachelor **ohne Probleme einen guten Master an einer anderen FH** machen. Auch bei Unis kannst Du unterkommen, wenn Du im Bachelor sehr gut warst. Es ist aber immer noch schwieriger als mit einem Bachelor von der Uni.

INFO

Zwei Wohnorte bei BA/DH-Studium

Nicht in jedem Bundesland und in jeder Stadt gibt es eine angesehene BA/DH. Für Unternehmen und soziale Einrichtungen ist das Prinzip des Dualen Studiums an der BA/DH jedoch sehr interessant. Deshalb kooperieren Unternehmen zum Beispiel aus Bayern bei ihren Dualen Studienangeboten oft mit der DH (DHBW). Für die Studenten führt das zu einer weiteren Schwierigkeit: Du hast auf jeden Fall zwei Wohnorte. Einen in der Nähe der Hochschule/BA, einen zweiten in der Nähe des Unternehmens.

Nachteile

- Im Gegensatz zu BA / DH gibt es meist **keine enge Verzahnung zwischen dem Lehrprogramm an der Hochschule und dem Unternehmen**. Es besteht daher die Gefahr, dass Du im Unternehmen als Dauerpraktikant wahrgenommen wirst. Denn meist arbeitest Du nur während der Semesterferien und während eines Praxissemesters in der Firma.
- Ein Universitätsstudium gilt immer noch als die schwierigere Herausforderung. **Unistudenten schauen deshalb immer noch oft auf FH-Studenten herab.** Nach dem Motto »Wer es auf der Uni nicht schafft, geht auf die FH« wird das FH-Studium immer noch als Studium zweiter Klasse abgetan. Das ist natürlich Unsinn. Aber Du musst wissen, dass einige Unistudenten immer noch so denken.
- **Das Angebot hier ist sehr unübersichtlich.** Es gibt Unmengen an Studienplätzen, aber es ist sehr schwierig diese zu finden. Wenn Du schon weißt, welche FH infrage kommt, dann ist die Suche schon einfacher. Bediene Dich für Deine strukturierte Suche aus den Datenbanken, die wir in Kapitel 8 vorstellen.
- Mit einem FH-Studium ist es **schwer, eine wissenschaftliche Karriere einzuschlagen**. Es ist auch schwieriger, mit einem FH-Abschluss einen Promotionsplatz zu finden als mit einem Uniabschluss.
- **Viele Duale Studienmodelle an FHs dauern sehr lange.** So sind für das sogenannte Verbundstudium in Bayern inklusive Berufsausbildung 4,5 Jahre bis zum Bachelor einzuplanen. Ohne zusätzliche Berufsausbildung dauert das »Studium mit vertiefter Praxis« nur 3,5 Jahre.

INFO

Der Vorteil des Dualen Studiums an FHs aus Sicht der Hochschulen

hochschule dual ist eine Initiative von Hochschule Bayern e.V., die vom Bayerischen Staatsministerium für Bildung und Kultus, Wissenschaft und Kunst unterstützt wird. Die Initiative fungiert als Dachmarke für Duale Studienangebote an den staatlichen und kirchlichen Hochschulen für angewandte Wissenschaften in Bayern. Insgesamt werden innerhalb der Initiative rund 200 Studiengänge mit 1 200 Unternehmenspartnern angeboten (Stand September 2015). Wir zeigen Euch einen Ausschnitt aus unserem Interview mit Theresa Eitel, Geschäftsführung →

von hochschule dual, über die Vorteile eines Dualen Studiums an einer Hochschule für angewandte Wissenschaften. Die Argumente lassen sich auch auf Fachhochschulen in ganz Deutschland übertragen:

- *Was ist der größte Vorteil bei der Zusammenarbeit mit Hochschulen für angewandte Wissenschaften für Dual Studierende?*

  Es gibt zwei wichtige Argumente, warum ein Duales Studium an einer Hochschule für angewandte Wissenschaften eine gute Idee ist: Einerseits sind diese Hochschulen per se praxisorientiert aufgestellt. Auch »normale« Studierende müssen ein verpflichtendes Praxissemester durchlaufen. Im Dualen Studium haben die Studierenden die Chance, noch weitere zusätzliche Praxisphasen oder eine Berufsausbildung zu absolvieren und dennoch ein vollwertiges akademisches Studium zu absolvieren. Andererseits sind die Hochschulen in Bayern, die die Studiengänge anbieten, regional breit verteilt und nicht nur in größeren Städten zu finden. »Dualis« sitzen in den Vorlesungen zusammen mit anderen Studierenden. Das fördert den Austausch von unterschiedlichen Perspektiven. Für Unternehmen fallen außerdem keine zusätzlichen Kosten an, da die Studierenden die bestehende Hochschulinfrastruktur nutzen.

- *Welchen Ratschlag hätten Sie für einen Abiturienten, der sich für ein Duales Studium interessiert? Wem würden Sie ein Duales Studium empfehlen?*

  Ein Duales Studium ist ein guter Weg für Menschen, die schon früh relativ genau wissen, was sie wollen, überdurchschnittlich leistungsbereit und motiviert sind und strukturiert arbeiten wollen. Es ist ein Programm für junge Menschen, die nicht nur lernen, sondern auch gleich mit anpacken wollen. Zukünftige »Dualis« sollten bereits vorher wissen, dass sie sich für das jeweilige Studienfach begeistern können. Denn ein nachträglicher Wechsel ist nicht leicht. Idealerweise wissen sie auch schon in etwa, was sie im angestrebten Berufsbild erwartet: Über ein Schülerpraktikum kann man zum Beispiel bereits im Vorfeld in diese Welt hineinschnuppern.

Universitäten

Mit einem Dualen Uni-Studium kann Dir der ultimative Spagat zwischen theoretischer und praktischer Ausbildung gelingen. Ein Universitätsstudium wird in Deutschland immer noch als die hochwertigste Studienform angesehen. Was aber nicht heißt, dass ein Universitätsstudium automatisch hochwertiger sein muss als eines an einer BA/DH oder FH. Du baust nebenbei massig praktische Berufserfahrung auf, die normale Universitätsabsolventen nicht zu bieten haben. Vor zehn Jahren gab es noch kaum Duale Studienangebote an Universitäten. Inzwischen wächst ein kleines Angebot von ihnen heran. Allein 2014 wurden schon über 70 Duale Studiengänge zur Erstausbildung von Unis angeboten. Für ein Unistudium brauchst Du ein Zeugnis der allgemeinen Hochschulreife. Mit dem Fachabitur kannst Du Dich leider nicht für ein Duales Studium an der Uni bewerben.

Auch wir, die Autoren dieses Ratgebers, haben unser Duales Studium an einer Universität absolviert. Duale Studenten sind an den meisten deutschen Universitäten insgesamt immer noch eher seltene Besucher. Während an einer Berufsakademie oder Dualen Hochschule der gesamte Hochschulbetrieb ausschließlich auf Duale Studenten abgestimmt wird und die meisten FHs an Duale Studenten gewöhnt sind, wirst Du an einer Uni immer eher der Exot sein. Die Studiengruppen an Universitäten sind deutlich größer, wodurch Du zumindest im Bachelor meist zu einem anonymen Teil der Studentenmasse wirst. Es fällt deshalb nicht sofort auf, wenn Du, statt morgens in der Vorlesung zu sitzen, lieber noch Deinen Kater von der nächtlichen Semesterparty ausschläfst. Deine Sitznachbarn im Vorlesungssaal studieren fast alle »normal« und haben gefühlt unendlich mehr Freizeit als Du. Dafür hast Du bereits ein geregeltes Einkommen.

Auch wenn mittlerweile einige Duale Studiengänge an Unis verfügbar sind, gibt es für diese nur eine Handvoll Studienplätze. Der Grund ist, dass hier oft noch ein Mangel an Unternehmen besteht, die eine Kooperation mit einer Universität eingehen. Viele Unternehmen kennen diese Möglichkeit noch nicht oder bevorzugen die Praxisnähe der BA/DH- oder FH-Lehre. Auf unserer Website **www.duales-studium.guru** findest Du eine aktuelle Liste Dualer Universitätsstudiengänge.

Besonderheiten eines Universitätsstudiums

- An Universitäten wird forschungsorientiert und nicht anwendungsorientiert gelehrt.
- Der Stoff muss stärker selbst erarbeitet werden. Es gibt weniger vorgekaute Zusammenfassungen. Man muss öfter ein Buch zur Hand nehmen oder Artikel aus wissenschaftlichen Journalen lesen. Die Stoffmenge für Klausuren ist meist größer als an anderen Bildungseinrichtungen.
- Fast alle Universitätsdozenten sind gleichzeitig in der Forschung aktiv. Das gilt sowohl für Professoren als auch für deren Assistenten.
- Hier gibt es bei den Bachelor-Studiengängen den geringsten Spezialisierungsgrad. Wissen wird mehr in die Breite vermittelt als bei FH, BA und DH. Man schnuppert in alle Teilbereiche einer Wissenschaft hinein.

INFO
Wissenschaftlich und anwendungsorientiert

Wie beschrieben, ist ein Universitätsstudium deutlich stärker wissenschaftsorientiert als ein FH- oder BA / DH-Studium. Doch wie soll man sich das vorstellen: eine wissenschaftsorientierte Lehre?

Egal ob an Uni, FH oder BA / DH: Das vermittelte Wissen basiert auf denselben wissenschaftlichen Erkenntnissen. Trotzdem treffen wir diese Unterscheidung. Denn vereinfacht gesagt, werden in einer theoretischen Ausbildung vor allem zwei Fragen beantwortet:

1. Wie funktioniert etwas?

2. Warum funktioniert es auf diese Weise?

Die Wie-Frage steht am Anfang der beiden Schwerpunktrichtungen. Je wissenschaftsorientierter ein Studium ist, desto mehr wird der Warum-Frage bis in kleinste Details nachgegangen und dabei auch mal genau nachgerechnet. In einem stärker anwendungsorientierten Studium werden nach Beantwortung der Wie-Frage eher Anwendungsmöglichkeiten aufgezeigt und gerechnet.   →

Studienrichtung: Thema	Anwendungs- orientiert	Wissenschafts- orientiert
BWL: Aktien- bewertung	Welche Methoden gibt es für die Bestimmung des Werts von Aktien und wie kann ich diese anwenden? Anschließend werden verschie- dene Beispiele aus der Praxis nachgerechnet.	Welche Methoden gibt es für die Bestimmung des Werts von Aktien? Welcher Ansatz ist konzeptionell überlegen? Es wer- den die einzelnen Formeln auseinan- dergenommen, um herauszufinden, welche Methoden konzeptionell besser sind.
Ingenieurwesen: Verbrennungsmotor	Wie funktioniert ein Verbrennungsmotor im Auto? Welche Arten gibt es? Die dahintersteckende Physik wird erklärt. Es werden Beispiele aus der Praxis angeschaut und mit dem herkömmlichen Modell verglichen.	Wie funktioniert ein Viertaktmotor? Die dahintersteckende Physik wird erklärt und noch einmal im Detail analysiert und das Zustan- dekommen von Formeln nachvoll- zogen.

Vorteile

- Ein **Universitätsabschluss** genießt nach wie vor die **höchste Anerkennung**. Du wirst kaum das Problem haben, dass Dein Duales Studium nur als eine etwas bessere Ausbildung eingeordnet wird. Jeder weiß den Wert eines Universitätsab- schlusses einzuordnen. Das macht weniger Erklärungsarbeit bei den Kollegen und bei zukünftigen Bewerbungen notwendig.

- Im Vergleich zu anderen Dualen Studienmöglichkeiten bleiben Dir hier deutlich **mehr Freiheiten im Studium**. Auch wenn meist für die Vorlesungen vom Unter- nehmen aus eine Anwesenheitspflicht gilt, kann deren Einhaltung in der Praxis nie- mand kontrollieren. Du hängst also an der langen Leine des Unternehmens.

- Im Schnitt bekommen Universitätsabsolventen **höhere Einstiegsgehälter** als Absolventen von FHs, DHs und Berufsakademien. Der Unterschied zwischen Uni und FH liegt bei Einstieg immer noch im Durchschnitt zwischen 3 und 7 % (nach Kienbaum Absolventenreport 2014).

- Geht Dein Duales Studium nur bis zum Bachelor, ermöglicht Dir ein Bachelor von der Uni, **ohne Probleme einen konsekutiven Masterstudienplatz** im In- oder Ausland zu finden. Mit einem Uni-Bachelor einen Masterplatz an der FH zu bekommen ist immer noch deutlich einfacher als umgekehrt.

- Nach einem Dualen Universitätsstudium ist es wesentlich **einfacher, eine Promotion** (Doktorgrad) zu beginnen als bei anderen Dualen Studiengängen. Du erhältst Dir die Möglichkeit, nach dem Studium eine wissenschaftliche Karriere einzuschlagen.

Nachteile

- Die Verzahnung des Inhalts der Lehre an der Uni und der Praxisphasen im Unternehmen ist hier am geringsten. Die Unternehmen haben auf die Lehre an den Universitäten kaum Einfluss. Es gibt weniger Überschneidungen zwischen **Theorie und Praxis**. Der Lehrstoff ist praxisferner.

- Die **Lerngruppen sind an den Universitäten größer** als an FH und BA / DH. Das kann sich im Verlauf des Studiums relativieren: Meist erst im Masterstudium sind die Gruppen ähnlich klein und persönlich wie schon im Bachelorstudium an der FH oder BA/DH.

- Die Anonymität in den größeren Lerngruppen birgt einige Nachteile. So hast Du nicht den kurzen Draht zu den Dozenten. Um aufzufallen, musst Du aktiver auf Dozenten zugehen. Gerade wenn Du einmal eine »dumme« **Frage stellen willst**, dann fällt das in einer Gruppe von 10 Leuten leichter als in einem Hörsaal mit über 100 Leuten.

- Universitäten haben **weniger Erfahrung** und weniger Zeit, um sich um eine perfekte Organisation des Dualen Studiums zu kümmern. Die Folge sind häufigere Terminkonflikte und größere Probleme bei der Klärung von bestimmten Einzelfragen. An unserer Uni hatte einmal der Ansprechpartner für Duale Studenten gekündigt. Bis wir wieder einen festen Betreuer hatten, der sich unserer Probleme angenommen hat, sind fast eineinhalb Jahre vergangen.

- Die Studiengruppen sind größer und der Studienverlauf weniger durchgetaktet als bei FH oder BA/DH. Die **Umstellung von der Schule auf die Uni fällt deshalb schwerer**.
- Das **Angebot an Dualen Studiengängen an Unis ist sehr klein** und noch nicht besonders vielfältig.

TIPP

Wie unterscheide ich eine Universität von einer FH?

Als wir während der Schule angefangen haben, Duale Studiengänge auszusuchen, die für uns infrage kämen, fiel uns eine Sache richtig schwer: Wie erkenne ich, ob eine Hochschule eine Uni oder eine FH ist? Die Antwort ist ganz einfach: Alle Universitäten tragen den Begriff »Universität« in ihrem deutschen Namen. Alle Hochschulen, die sich selbst nicht Universität nennen, sind entweder Duale Hochschulen oder Fachhochschulen.

Achtung: »University of Applied Science« bezeichnet FHs und keine Universitäten, wie oben beschrieben.

EXPRESS-WISSEN

- Nicht alle Studiengänge können Dual studiert werden, z. B. Jura und Medizin. Auch Geistes- und Naturwissenschaften sind noch sehr selten.
- Als Dualer Student stehen Dir drei Hochschultypen zur Auswahl:
  - **Berufsakademien und Duale Hochschulen:** Hier werden ausschließlich Duale Studenten ausgebildet. Berufsakademien verleihen staatliche Abschlüsse, aber keinen akademischen Grad. Duale Hochschulen verleihen dagegen einen akademischen Grad.
  - **Fachhochschulen**, heutzutage meist Hochschulen für angewandte Wissenschaften genannt, sind Hochschulen, die per se schon praxisorientiert lehren. Als Dualer Student studierst Du an Fachhochschulen meist mit normalen Studenten zusammen.
  - **Universitäten** bieten vereinzelt die Möglichkeit an, Dual zu studieren. Die Lehre hat einen starken theoretischen, wissenschaftlichen Schwerpunkt. Die Verzahnung von Theorie und Praxis ist hier am geringsten.

	BA / DA	Fachhoch-schule	Universität
Praxisbezug	Hoch	Mittel / Hoch	Niedrig
Akademischer Anspruch	Niedrig	Mittel	Hoch
Spezialisierung der Studiengänge	Hoch	Mittel	Niedrig
Lerngruppen	Klein	Mittel	Groß
Anerkennung des Abschlusses	In vielen Bundesländern angesehen	In ganz Deutschland angesehen	Am angesehensten
Anzahl Angebote	Hoch	Sehr hoch	Gering
Schwierigkeiten, den Master an der Uni zu machen	Hoch	Mittel	Niedrig
Erfahrung mit Dualen Studenten	Hoch	Mittel	Niedrig
Geforderte Praxiserfahrung der Dozenten	mehrjährig	mehrjährig	keine

Schritt 3

Dein Duales Studium – So findest Du Praxispartner und Studiengang

Nachdem Du Dich nun auch in der Hochschullandschaft auskennst, kannst Du Dich auf die Suche nach dem passenden Studiengang bei einem guten Arbeitgeber machen. Wir helfen Dir zu verstehen, wie sich die Unternehmen unterscheiden, und zeigen Dir eine Reihe von Werkzeugen, mit denen Du Dich auf die Suche machen kannst.

- In **Kapitel 7** erklären wir Dir, was Dir Praxispartner bieten können und worauf Du bei der Suche achten solltest. Dabei erklären wir Dir ein paar Hilfsmittel, die Dir bei der Suche helfen können.

- In **Kapitel 8** stellen wir Dir sämtliche Werkzeuge vor, mit denen Du Dich auf die Suche nach Deinem Traum-Studiengang machen kannst. Du lernst alle Möglichkeiten kennen, Dich über Deine Studienrichtung zu informieren und den passenden Studiengang zu finden.

Kapitel 7
Wie Du einen passenden Praxispartner findest und auf was Du dabei achten musst

Im vorigen Kapitel hast Du gelernt: Studium ist nicht gleich Studium. Aber Praxispartner ist leider auch nicht gleich Praxispartner. Die Wahl des Praxispartners hat den größten Einfluss darauf, ob Du mit Deinem Dualen Studium zufrieden bist oder nicht. Die wichtigste Entscheidung für Dich als zukünftigen Dualen Studenten wird also sein:
   Bei welchem Unternehmen soll ich mich bewerben?

Wir verraten Dir, worauf es bei der Unternehmenswahl ankommt. Vielleicht hast Du das Glück, dass sich Dein Partnerunternehmen später als Traumarbeitgeber schlechthin entpuppt. Wenn Du allerdings unsere Ratschläge in diesem Kapitel umsetzt, musst Du Dich nicht auf Dein Glück verlassen. Wir zeigen Dir deshalb in diesem Kapitel:
- Zu welchen Gelegenheiten Du den **Praxispartnern auf den Zahn fühlen** kannst.
- Ob **große Unternehmen als Praxispartner** besser sind als kleine.
- **Was Dir ein gutes Unternehmen im Dualen Studium bieten sollte:**
   - Erfahrung in der Betreuung Dualer Studenten
   - Einblicke und Mitarbeit
   - Auslandseinsatz – unbedingt notwendig?
   - Beruflichen Weitblick
   - Dein Stellenwert – gemessen an der Bezahlung

Woran Du einen guten Praxispartner erkennen kannst

Wo liegen die wesentlichen Unterschiede? Sie liegen nicht nur bei den »harten« Fakten wie der Bezahlung. Ob Du im Monat 200 € mehr verdienst oder drei Tage im Jahr länger Urlaub hast, sollte für Dich nicht das Entscheidende sein. Bedenke, dass das Studieren nur sehr wenige Jahre Deiner beruflichen Laufbahn ausmacht. Was kümmert Dich noch eine etwas geringere Ausbildungsvergütung, wenn Du ein paar Jahre später eine grandiose Karriere hinlegst?

Viel wichtiger ist für Dich, dass Du einen Praxispartner findest, bei dem Du eine solide Grundlage für Deine berufliche Entwicklung schaffen kannst. »Weiche« Faktoren wie die Qualität der Praxisphasen und wie man sich da um Dich kümmert, die Signale zwischen den Zeilen und Dein Bauchgefühl sollten eine wichtige Rolle spielen.

Welche Gelegenheiten bieten sich, Praxispartner kennenzulernen?

Selten sind die Stellenanzeigen oder die Unternehmenswebsite aussagekräftig genug, um zu verstehen, warum Du genau dort ein Duales Studium machen solltest. Oft werfen sie mindestens nochmals so viele Fragen auf, wie sie Antworten liefern. Was Dir geboten wird, klingt vielversprechend. Aber was genau, kann sich kaum ein Bewerber erschließen.

Je nachdem, ob Du Dich bei einer Fluggesellschaft, einer Bank oder einem Supermarkt bewirbst, verbergen sich ganz eigene »Definitionen«.

Auf Dich warten bessere Gelegenheiten, ein Unternehmen kennenzulernen, als über die Stellenanzeige alleine. Diese solltest Du für Deine Rückfragen unbedingt nutzen. Neugier zahlt sich aus. Die Antworten werden Dir auf jeden Fall weiterhelfen. Besonders wenn Du zwischen verschiedenen Unternehmen schwankst.

Wir haben für Dich noch einmal die Top-Gelegenheiten aufgeführt:

- **Schülerpraktikum**
  Hast Du nach dem Abi noch keine Idee, welche Branche Dich reizen könnte? Meistens hat man ja nur eine ungefähre Ahnung von den Berufen. Wie wäre es, einfach mal reinzuschnuppern? Viele Unternehmen werben auf ihrer Website um Schülerpraktikanten. Selbst wenn keine Praktikantenstelle ausgeschrieben ist, lohnt sich eine Bewerbung oft. Die Schüler werden häufig direkt von den Dualen Studenten und Azubis begleitet. Hier solltest Du die Chance ergreifen und die Fragen stellen,

die Dir wichtig sind. Zudem bietet sich Dir die Gelegenheit auszuprobieren, ob Du zur Firma und Dir die Atmosphäre passt.

Während meiner Schulzeit habe ich einfach in der Personalabteilung der Lufthansa Technik angerufen und gefragt, ob sie ein Schülerpraktikum im Hangar anbieten. Ein paar Monate später stand ich dann vor riesigen Jets. Die Techniker und Ingenieure haben mir ihre Arbeit gezeigt. Habe also keine Scheu nachzufragen, auch wenn ein Unternehmen auf seiner Website sowas nicht anbietet.

- **Studienmessen**

  Studienmessen sind die Universalwaffe bei der Studienwahl und Suche nach dem Praxispartner. Die Details, wie Du am meisten vom Messebesuch profitierst, liest Du am besten in Kapitel 8 nach. Top vorbereitet bist Du, wenn Du vorher die Webseiten der Praxispartner durchforstet hast. Bleiben noch Fragen offen oder fehlen Dir Informationen: Dann ist auf der Messe eine ideale Gelegenheit, um nachzuhaken.

- **Ruf an!**

  Du solltest Dir die Mühe machen und nachfragen, was genau auf Dich zukommt. Berührungsängste brauchst Du nicht zu haben. Suche auf der Website nach Namen und Telefonnummer des Ansprechpartners. Über Deine Fragen wird man sich freuen, schließlich ist das der Job des Ansprechpartners. Außerdem hast Du sehr wahrscheinlich Deine zukünftige Betreuungsperson am anderen Ende der Leitung. Eine Chance für ein erstes Kennenlernen: Fühlst Du Dich für die nächsten Jahre gut aufgehoben? Falls Du vor dem Telefonat nervös bist, hilft es, wenn Du während des Telefonats stehst oder auf und ab gehst. Am besten Du hast Dir schon auf der Website die Vorstellung des Unternehmens und des Dualen Studiums durchgelesen. Das macht außerdem noch einen guten Eindruck und man erinnert sich an Dich, wenn Deine Bewerbung eintrifft.

  So gehst Du bei Deinem Anruf vor:
  - Kurze Vorstellung: Name, Alter, was Du gerade machst (Schule, Ausbildung etc.)
  - Kurze Erklärung, warum Du Dich für das Duale Studium dort interessierst: Dich reizt die Tätigkeit in einem internationalen Unternehmen, die Arbeit im Krankenhaus oder Du hast Dich schon immer für Technik interessiert.
  - Stell Deine Fragen und lausche aufmerksam den Antworten.
  - Bedanke Dich für das Gespräch und wünsche noch einen schönen Tag.

- **Vorstellungsgespräch**

  Dazu laden Dich insbesondere große Unternehmen erst nach bestandenem Einstellungstest und Assessment-Center ein. Hast Du es bis dorthin geschafft, nutze die Gunst der Stunde und bereite Fragen vor. Kannst Du Dir nicht alle Punkte merken, ist auch ein Notizblock erlaubt. Mittlerweile wundert sich kein Personalverantwortlicher mehr über einen mitgebrachten Fragenkatalog. Im Gegenteil – das wirkt sogar positiv und zeugt von echtem Interesse an Deinem Gegenüber!

Auch hier gilt: Frage nur, was Dich wirklich interessiert und was nicht ganz oben auf der Unternehmenswebseite steht. Für genauere Infos zum Vorstellungsgespräch siehe unser Kapitel 10.

- **Probezeit**
  Fast immer wird eine Probezeit zum Vertragsbestandteil. In Deutschland existiert allerdings keine generelle gesetzliche Pflicht. Wie das Wort Probe schon sagt, dient diese Phase dazu, Deine Eignung und Leistungsfähigkeit zu erproben. Doch auch Du solltest diese Zeit nutzen, um die Arbeitsbedingungen zu prüfen und zu hinterfragen, ob Du Dich wirklich wohl im Betrieb fühlst. Du solltest herausfinden, ob Dein Praxispartner wirklich hält, was er Dir in den Gesprächen zuvor versprochen hat. In dieser Zeit ist es einfacher, den Arbeitsvertrag wieder zu kündigen.

- **Alumni und aktuelle Duale Studenten**
  Deine Vorreiter in Sachen Duales Studium sind Deine beste Informationsquelle. Du kannst auch schon vor der Vertragsunterschrift beim Ansprechpartner nach dem Kontakt zu einem aktiven Dualen Studenten fragen. Zu gemeinsamen Mittagessen oder zum Stammtisch solltest Du Dich hinzugesellen. Ob Absolvent oder noch mittendrin: Hier hast Du die Chance nachzuhaken, ob wirklich alles glänzt, was Dir als Gold verkauft wurde.

Die Frage nach der Größe: Mittelständler- oder Konzernkarriere?

»Deutsche Post DHL beschäftigt weltweit rund 475 000 Mitarbeiter«. Das sind so viele Menschen, als würden ganz Wolfsburg, Ingolstadt und Mainz zusammen für die Post arbeiten. »Volkswagen jetzt weltgrößter Autobauer vor Toyota«. In den Wirtschaftsnachrichten tickern Tag für Tag die Neuigkeiten von den größten Unternehmen über die Bildschirme. Auch wenn Weltkonzerne wie Siemens, BMW, E.ON, adidas und Deutsche Bank die Schlagzeilen der Presse beherrschen – der deutschsprachige Raum mit Deutschland, Österreich und der Schweiz ist traditionell mittelständisch geprägt. Dies untermauern aktuelle Zahlen des Statistischen Bundesamtes:

- 99,6 %, rund 3,7 Millionen, der Unternehmen in Deutschland sind kleine oder mittelgroße Betriebe.

- 21,9 Millionen sozialversicherungspflichtige Beschäftigte (inklusive Auszubildende) arbeiten für sie. Nur etwa einer von fünf ist bei einem Großunternehmen beschäftigt.

Ein gutes Unternehmen erkennst Du nicht an seiner Größe. Firmen mit 5 000 Mitarbeitern sind nicht zwingend erfolgreicher, kompetenter oder innovativer als ein kleiner spezialisierter Betrieb mit 50 Angestellten.

Die großen Arbeitgeber hast Du schnell identifiziert. Ihre Bekanntheit sorgt dafür, dass sich auf einen Studienplatz bis zu 1 000 Interessenten und mehr bewerben. Das sind über 200 Bewerber mehr als die Schülerzahl an den meisten Gymnasien in Deutschland. Es ist also rechnerisch leichter, einen Studienplatz für Medizin zu bekommen als einen solchen Dualen Studienplatz.

Der deutsche Mittelstand hat sich weltweit einen Namen gemacht. Die Spitzenqualität der Produkte ist auf dem ganzen Globus gefragt. Gerade die hier ansässigen mittelständischen Unternehmen sind es, die außerordentlich innovative Produkte und Dienstleistungen herstellen. Sie sind in der breiten Bevölkerung längst nicht so bekannt, aber müssen sich absolut nicht verstecken.

INFO

Mittelstand und »Hidden Champions« der Wirtschaft

Der sogenannte »Mittelstand« ist eine deutsche Besonderheit. Man spricht auch von Familienunternehmen. Im Gegensatz zu den DAX-Konzernen leiten die Eigentümer die Geschäfte zum Teil selbst.

»Hidden Champions« nennt man weniger bekannte mittelständische Unternehmen, die in ihrer Nische Marktführer sind. Das Hidden-Champions-Konzept geht auf Hermann Simon zurück. In diesem Sinne ist ein Unternehmen Weltmarktführer, wenn es ein oder mehrere der folgenden Kriterien vorweisen kann:

- Marktführerschaft
- Technologie- bzw. Innovationsführerschaft
- Umsatzführerschaft
- »psychologische Weltmarktführerschaft«   →

Nach Recherchen der WeissmanGruppe existieren im deutsch-sprachigen Raum ungefähr 1 500 Unternehmen, die weltweit auf den Plätzen eins, zwei oder drei oder in Europa Marktfüh-rer in ihrer Branche sind. Eine solch geballte Anzahl und Qua-lität herausragender Unternehmen findest Du in keiner anderen Region auf der Welt.

Auf der Website der WeissmanGruppe kannst Du Dir über Dei-ne Region einfach und leicht einen Überblick verschaffen, wo aus Deiner Wunschbranche die nächstgelegenen Firmen ansäs-sig sind. Du findest bestimmt den einen oder anderen Marktfüh-rer, der seinen Sitz nicht weit von Deinem Wohnort hat. Beachte aber, dass die Liste nicht 100-prozentig vollständig ist und auch nicht jedes Unternehmen Duale Studiengänge anbietet.

www.weissman.de/publikationen/weltmarktfuhrer

Wenn die Größe doch eine Rolle spielt

An anderer Stelle spielt die Größe allerdings schon eine Rolle: Nämlich bei der Frage, ob Du lieber in einem großen, mittelgroßen oder kleinen Unternehmen arbeiten möchtest.

Machen wir es an einem Beispiel deutlich: dem Schuhkauf. Wenn Du Dir neue Schuhe kaufen möchtest, passen sie Dir nur in einer Schuhgröße. Was beim Einkau-fen die Schuhgröße ist, ist im Dualen Studium die Unternehmensgröße. Schaut man in die freie Wirtschaft, erkennst Du: Manche arbeiten lieber für ein kleines Unterneh-men, andere ziehen die Arbeit im Großkonzern vor. Jeder hat da seine Vorlieben, wo ihm das Arbeiten am besten »passt«.

- Je **größer** ein Unternehmen ist, desto **facetten- und abwechslungsreicher** wer-den Deine Praxisphasen sein – vorausgesetzt Du darfst bunt durch die Abteilungen wechseln. Auch wirst Du dort eher **international** arbeiten. Allerdings bleibst Du zumindest für die Dauer des Dualen Studiums eher ein »kleines Licht«. Höchst-wahrscheinlich lernst Du die Vorstände in einem Konzern nie persönlich kennen. Klar, machst Du viele neue Bekanntschaften unter Kollegen. Doch die Mehrheit der Mitarbeiter kennen weder Dich, noch Du wirst Du sie kennenlernen. Es geht also wesentlich **unpersönlicher** zu. Außerdem wirst Du in großen Unternehmen mehr an die Hand genommen. Auf Deine späteren Aufgaben bereitet man Dich erstmal ausgiebig in der Lernwerkstatt vor oder Dein Ausbilder führt Dich Schritt für Schritt langsam heran. Viel Verantwortung bekommst Du am Anfang selten.

- Je **kleiner** es ist, desto besser ist der **Kontakt zur Führungsebene** und desto mehr kannst Du **Verantwortung übernehmen**. Manchmal hast Du Phasen, in denen keiner Zeit hat, sich um Dich kümmern, sodass es sogar ohne große Einweisung gleich voll zur Sache geht. Für viele kleine Unternehmen ist es wichtig, dass Du schon sehr selbstständig arbeiten kannst und man Dir nicht jeden Handgriff erklären muss.

INFO

Worauf achten kleine Unternehmen besonders?

Melanie-Gitte Lansmann absolvierte von 1988–1991 ein Duales Studium »Tourismus und Marketing« an der damaligen Berufsakademie Ravensburg, heute DHBW Ravensburg. Nach vielen abwechslungsreichen Jobs in verschiedenen Unternehmen leitet sie nun ihre eigene Marketing-Service-Agentur THINK ABOUT und bildet aktuell selbst eine Duale Studentin aus. Ihr haben wir die Frage gestellt, was ein Bewerber für einen Dualen Studienplatz bei einem kleinen Unternehmen, eines wie ihres, mitbringen sollte:

»Gerade in einem kleinen Unternehmen wird man als Dualer Student schon eher mal ins kalte Wasser geschmissen. Es kommt vor, dass man sich manchmal ohne große Anleitung und nur mit drei kurzen Infos Gedanken machen muss, wie ein Konzept für den Kunden aussehen könnte. Dafür muss ein Bewerber schon Selbstständigkeit mitbringen und sich selbst organisieren können. Das heißt aber auch, dass man früh Verantwortung übernehmen darf. Man wächst so an seinen Aufgaben und entwickelt sich schnell weiter.«

Erfahrung des Praxispartners mit Dualen Studenten

Egal ob ein Kellner oder Chefarzt gesucht wird: Fast für jeden Job ist Berufserfahrung erwünscht. Du brauchst nur einmal die Stellenanzeigen in den großen Tageszeitungen aufschlagen. Für die Firmen mindert sich mit einem Berufserfahrenen das Risiko einer

Fehlbesetzung. Ein erfahrener Mitarbeiter wird viel weniger Fehler im Job machen als ein Berufsanfänger. Denn aller Anfang ist schwer.

Auch Du solltest Dich fragen, welchen Anspruch Du an Dein Partnerunternehmen legst. Hat sich eine Firma zu einem Dualen Studium entschlossen, läuft es nicht gleich wie geschmiert. Oft zeigt sich erst im Laufe der Zeit, an welchen Ecken und Enden es klemmt. Willst Du in dieser Hinsicht auf Nummer sicher gehen, solltest Du die eine oder andere Frage nach dem Erfahrungsschatz mit Dualen Studenten stellen:

- Wie groß ist die Erfahrung (Deines persönlichen Ansprechpartners) mit Dualen Studenten? Macht er das schon viele Jahre?
- Mit wie vielen Studenten in wie vielen Jahren hat man vor Dir bereits Erfahrung gesammelt?

In Baden-Württemberg beispielsweise gibt es Firmen, die auf über 40 Jahre Erfahrung mit Dualen Studenten zurückblicken. Sie haben das Duale Studium in den 70er Jahren mit auf den Weg gebracht. Mit der Routine von mehreren Jahrzehnten haben sie permanent an ihrem Dualen Studium gefeilt und können Dir heute ein durchdachtes Programm bieten. Das bedeutet nicht, dass ein Unternehmen mit 20 Jahren Erfahrung immer ein gutes Programm vorzuweisen hat.

TIPP

Verlasse Dich auf Deinen Instinkt

Für die Entscheidung für oder gegen einen Praxispartner solltest Du darauf achten, ob Du Dich dort wohlfühlst. Verlasse Dich auf Dein Bauchgefühl! Spürst Du, dass kein durchdachtes Konzept hinter dem Dualen Studium steckt, suche Dir lieber einen anderen Praxispartner.

Deine Betreuung als Dualer Student

Deine Betreuung während des Studiums ist eine wichtige Angelegenheit. Nicht nur die Abstimmung mit der Hochschule oder in anderen organisatorischen Dingen ist gemeint. In dieser Schnittstellenfunktion liegt unserer Meinung nur der absolute Mindeststandard. Darüber hinaus erfüllt eine gute Betreuung mehrere Rollen, die für Dich einmal mehr und einmal weniger gefragt sind:

- **»Türöffner«** Zugang zu interessanten Abteilungen eröffnen und die Fachabteilungen über Deinen aktuellen Stand informieren. Sie rühren die Werbetrommel für Dich in den Fachabteilungen und wissen, wie Du Dich gegenüber normalen Praktikanten abgrenzt. Sie versorgen die Abteilungen mit Informationen zu den Praxisarbeiten und zu Deinen Lerninhalten.

- **»Vertrauensperson«** Jederzeit hat sie ein offenes Ohr und steht Dir mit Rat und Tat zur Seite. Nicht immer ist heiter Sonnenschein. Es kommt vor, dass sich Duale Studenten mit manchen Tätigkeiten unterfordert fühlen. Ein guter Betreuer tritt bei Streitigkeiten zwischen Dir und den Fachabteilungen als Schlichter auf.

- **»Ansprechpartner auf Augenhöhe«** Idealerweise hat er auch Dual studiert und kann Deine Probleme und Bedürfnisse verstehen. Zumindest einen Hochschulabschluss sollte Deine Kontaktperson in der Tasche haben, sodass sie Deine studentischen Bedürfnisse verstehen kann. Auslandssemester, Prüfungsstress oder auch mal einen Ausrutscher in einer Klausur.

- **»Coach«** Begleitet Deine persönliche Entwicklung und gibt Dir regelmäßig ehrliche Rückmeldung. Mindestens am Ende jeder längeren Praxisphase solltet ihr sprechen. Was lief gut und was sollte sich verbessern.

TIPP

Mache Dir das Social Media zunutze

Kennst Du den Namen Deines Betreuers, findest Du die Info bei LinkedIn, Xing oder Facebook. Andernfalls frage die Person danach, ob sie auch ein Duales Studium absolviert hat oder wie lange sie schon die Studenten betreut.

Einblicke und Mitarbeit

Dual studieren, Theorie und Praxis verbinden. Jeder Anbieter lockt Dich in Firmenflyern, auf seiner Webseite oder Imagebroschüre mit diesem Versprechen. Ohne Studien- und Berufserfahrung fällt es jedem im Bewerbungsgespräch schwer, gezielt nach der inhaltlichen Verzahnung von Theorie und Praxis zu fragen. Dazu kommt, dass Firmenvertreter dieses Thema nur sehr selten von selbst ansprechen.

Unsere Erfahrung hat gezeigt: Ein gelungenes Duales Studienprogramm steht und fällt mit bewusst geplanten Praxisphasen. Gemeint ist, wie viel Theorie Du im Betrieb anwenden kannst. Nicht wenige Duale Studenten schreiben exzellente Noten an der Hochschule, finden aus vielen Fächern allerdings kaum etwas für die Praxis wieder. Ein klarer Unterschied zwischen Studentenpraktikanten, Werkstudenten, Auszubildenden und Dualen Studenten muss sich – noch nicht zwingend am Anfang aber im Laufe des Studiums – klar bemerkbar machen. Frage danach, wie sich die Arbeit im Vergleich zu Azubis oder Praktikanten unterscheidet.

Bei mehreren Praxispartnern arbeiten

Häufiger als man denkt, können gerade kleinere Betriebe nicht alle theoretischen Inhalte im eigenen Unternehmen praktisch abdecken. Nachdem Du die Modulhandbücher und Rahmenpläne des Studiengangs gelesen hast, kläre ab, wie es um den Praxistransfer bestellt ist. Gerade für Deine Vertiefungs- und Wahlfächer kann es Sinn machen, sich frühzeitig nach anderen Praxispartnern umzusehen, falls Du es in Deinem Betrieb nicht anwenden kannst. Ein guter Praxispartner weiß, welche praktischen Inhalte er nicht abdecken kann und ermöglicht Dir einen Einsatz bei einem anderen Partnerunternehmen. Falls der Praxispartner nicht von sich aus auf diese Idee kommt, solltest Du später selbst die Initiative ergreifen!

INFO

Ausbildungskonsortien

Solche Kooperationsmodelle existieren bereits. Sie werden Ausbildungskonsortien genannt. Zum Beispiel in der Immobilienbranche in Berlin funktioniert das schon. Oft sind die Firmen nicht allzu groß und können nicht die ganze Bandbreite von immobilienwirtschaftlichen Aufgaben abdecken. Trotzdem möchten sie, dass ihre Studenten keine zu einseitige Ausbildung in der Praxis bekommen. Deshalb arbeiten Wohnungsbaugenossenschaften mit Gewerbeimmobilienverwaltern, mit Bauträgern, mit Immobilienmaklern oder auch dem Centermanagement für Einkaufszentren zusammen. Untereinander tauschen sie ihre Dualen Studenten für eine oder mehrere Praxisphasen aus (»Rotationsprinzip«). Die Vergütungszahlung und sonstige Formalien bleiben unverändert beim Praxispartner des jeweiligen Studenten. Ein Beispiel ist die Wohnungsbaugenossenschaft »Neues Berlin«.

Auslandsaufenthalte: Auslandspraktikum oder Auslandssemester

Ein Abschnitt, auf den sich jeder Duale Student richtig freut: der Auslandsaufenthalt. Einblicke in eine andere Kultur, in andere Arbeitsweisen und das Knüpfen neuer Kontakte sind vielversprechend. Wir können Dir diesen Schritt aus eigener Erfahrung wärmstens empfehlen. Wir selbst haben in Paris, London und Kolumbien Auslandspraktika gemacht. In dieser Zeit haben wir neue Freunde gewonnen, unsere Fremdsprachenkenntnisse verbessert und uns nochmal Schwung für das Studium geholt. Langfristig wirst Du mit Auslandserfahrung tatsächlich bessere Chancen auf dem Arbeitsmarkt haben, da Du wertvolle Kompetenzen für jede nur denkbare Position erwirbst.

Viele Unternehmen werben explizit mit der Möglichkeit eines Auslandsaufenthaltes. Falls nicht, lohnt es sich auf jeden Fall nachzufragen. Hier solltest Du nachfragen, was tatsächlich möglich ist und wer das Ganze organisiert. Die Unternehmen können dies für Dich übernehmen. Die Skala reicht von bezahltem 5-Sternehotel, angemieteten Einzelapartments über Plätze in Studentenwohnheimen bis – leider – zur totalen Blockadehaltung.

- Selbstverständlich ist bei internationalen Firmen ein **Auslandspraktikum** oft schon etablierter Bestandteil des Dualen Studiums. Naturgemäß wird es Dir in großen Unternehmen meist leichter gemacht, sodass Du sogar die Qual der Wahl aus verschiedenen Destinationen rund um den Erdball hast. Regionale oder traditionsbewusste Unternehmen oder Einrichtungen bieten das eher weniger an.

- Die andere Möglichkeit ins Ausland zu gehen, ist das **Auslandssemester**. Hierbei muss Dein Praxispartner zustimmen. Von staatlicher Seite kannst Du Dir in Form von Auslands-BAföG finanzielle Unterstützung besorgen. An Universitäten und Fachhochschulen geht ein Auslandssemester leicht über internationale Austauschprogramme wie Erasmus. Die DHBW hat hier auch langjährige Erfahrung, denn sie verfügt über ein gut ausgebautes Netzwerk an Partnerhochschulen und Unternehmen im Ausland.

Falls Dein Praxispartner nicht automatisch einen Auslandsaufenthalt anbietet, dann musst Du nicht den Kopf hängen lassen. Wir zeigen Dir in Kapitel 12, wie Du Dir Deinen Auslandsaufenthalt selbst organisierst. Im Vorstellungsgespräch kannst Du ja schon einmal vorfühlen und schauen, ob das Unternehmen dem gegenüber offen ist.

TIPP

Mache Deine Auslandsaufenthalte vom Studienfortschritt abhängig

Nach Deinem Studienfortschritt sollten sich Deine Abteilungs-aufenthalte richten. Du kannst einfach fragen, welche Inhalte aus dem Studium Du zum Beispiel in Deinen Praxisphasen im ersten Jahr, im zweiten Jahr und so weiter anwenden wirst. An den Antworten wirst Du merken, ob man sich Gedanken über die inhaltliche Verzahnung der Theorie- mit den Praxisinhalten gemacht hat.

Wie viel bist Du dem Unternehmen wert?

Du kannst den Stellenwert Dualer Studenten im Unternehmen leicht an der Bezahlung nach Studienabschluss erkennen. Je qualifizierter der Mitarbeiter, desto höher sollte sein Gehalt sein. Wenn es mehrere Wege gibt, in Deinem Partnerunternehmen einzusteigen – also über das Duale Studium, das Trainee-Programm und die Berufs-ausbildung –, ist es interessant, wie sich die Einstiegskonditionen und die Karriere-wege unterscheiden. Das Gehalt nach einem Dualen Studium sollte deutlich höher sein als das eines ehemaligen Auszubildenden und mindestens dem eines Trainees mit gleichem Abschluss – Bachelor, Diplom oder Master – entsprechen. In diesem Fall gilt Deinem Dualen Studienabschluss nicht die gleiche Wertschätzung wie einem Absolventen von außerhalb. Es herrscht eine implizite Rangordnung vor.

TIPP

Gehalt ist kein Tabuthema

Die direkte Frage danach, wie Deine Gehaltseinstufung fest-gelegt wird, ist erlaubt. Unternehmen, die keine Transparenz bei der Einstufung nach dem Studium herstellen wollen, sind sowieso uninteressant. Denn für diese Unternehmen stehst Du als Mitarbeiter nicht im Mittelpunkt. Die Gefahr ist groß, aus-genutzt zu werden.

INFO

Pflege dual, Pflegewissenschaften, Pflegemanagement, Pflegepädagogik

In kaum einem anderen Bereich entstehen so viele neue Duale Studiengänge wie im Gesundheits- und Pflegewesen. Längst sind die Ärzte nicht mehr die einzigen Akademiker im Krankenhaus. Die Akademisierung hält Einzug in der Branche. Dir stehen hier viele Möglichkeiten offen: an Universitäten, Fachhochschulen oder privaten Hochschulen.

Doch wie sieht es mit der Vergütung für die neuen studierten Pflegekräfte aus? Kompliziertere Therapie- und Diagnosetechnik, anspruchsvolle informierte Patienten, neue ethische Fragen und vielschichtige Krankheitsbilder: Leider sind bisher nur die Anforderungen an das Personal gestiegen, in der Gehaltsgruppe sind sie es noch nicht.

Das betrifft vor allem die Tarifverträge von:

- Krankenhäusern und Pflege- und Betreuungseinrichtungen des öffentlichen Diensts
- Wohlfahrtsverbänden wie Deutsches Rotes Kreuz, Arbeiterwohlfahrt oder Paritätischer Wohlfahrtsverband
- Kirchlichen Wohlfahrtsverbänden wie Diakonisches Werk oder Deutscher Caritasverband

Auch wenn Du Deinen Studienabschluss in der Tasche hast, bekommst Du zum Beispiel die gleiche Bezahlung wie ein examinierter Gesundheits- und Krankenpfleger. Aber es gibt Hoffnung: Gerade private Kliniken und Einrichtungen haben die Zeichen der Zeit erkannt und zahlen übertariflich.

EXPRESS-WISSEN

- Deinen potentiellen Praxispartner kannst Du zu verschiedenen Gelegenheiten kennenlernen und auf den Zahn fühlen:
  - Praktika
  - Studienmessen
  - Anruf
  - Vorstellungsgespräch
  - Probezeit
  - Gespräche mit Alumni und aktuellen Dualen Studenten
- Bei welchem Praxispartner Du Dich bewerben sollst und wie Du für Dich den besten erkennst, checkst Du am besten anhand mehrerer Kriterien:
  - Die Frage nach der idealen Unternehmensgröße für Dich ist eine individuelle Typfrage. Jedem sind andere Faktoren wichtig und nach diesen sollte man seine Wahl treffen.
  - Du hast die Wahl zwischen Konzern, mittelständischem oder kleinem Praxispartner.
  - Große Unternehmen eignen sich nicht automatisch besser, sind erfahrener oder bieten Dir vielfältigere Einblicke als kleinere.
  - Duale Studiengänge werden zudem auch von öffentlichen Einrichtungen oder beispielsweise Kliniken angeboten.
  - Auf die Erfahrung in der Ausbildung von Dualen Studenten und Deine zukünftige Betreuung solltest Du achten
  - Welche Einblicke in die Arbeit werden Dir in den Praxisphasen gewährt, woran darfst Du mitarbeiten und wie ist die Abstimmung mit den Theorieinhalten organisiert?
  - Legst Du auf eine Auslandserfahrung wert? Dann sollte in Deinem Dualen Studienprogramm Platz hierfür sein.
  - Beachte den beruflichen Weitblick bei Deiner späteren Übernahme: Liegt schon ein Übernahmeplan für Dich in der Schublade der Chefs?
  - Deine spätere Bezahlung verrät Dir, wie wichtig Deine Dienste als examinierter Dualer Student für den Praxispartner tatsächlich sind.

Kapitel 8
Werkzeuge – So findest Du Deinen Dualen Studiengang

Ein Duales Studium kannst Du Dir wie einen Zweikomponentenkleber vorstellen. Während die praktische Erfahrung eine Komponente verkörpert, verbirgt sich hinter dem theoretischen Studium die zweite. Nur zusammen angewendet, entfalten sie ihre volle Wirkung. Fehlt eine Komponente, klebt es nicht. Der gewünschte Effekt bleibt komplett aus. Nur richtig dosiert und gut vermischt kann der Kleber halten, was er verspricht. Ein Duales Studium bezeichnen wir als gelungen, wenn die bekannten zwei Komponenten gut miteinander harmonieren. Wir widmen uns in diesem Kapitel der Komponente »Studium« und der Frage, mit welchen Werkzeugen Du Deinen idealen Studiengang findest.

Eine chinesische Weisheit nach Konfuzius besagt: *Gib einem Mann einen Fisch und Du ernährst ihn für einen Tag. Bringe ihm bei zu fischen und Du ernährst ihn sein Leben lang.* Es ist besser, jemandem beizubringen, wie man zur richtigen Lösung kommt, als ihm die richtige Lösung zu geben. In diesem Ratgeber wollen wir Dir keine Empfehlungen geben, welche Dualen Studiengänge die besten sind und auf welche Du Dich bewerben sollst. Das Angebot ist zu groß und verändert sich laufend. Diese Entscheidung musst Du selbst treffen, denn sie ist absolut typabhängig und hängt von Deinen Vorstellungen über Deine Zukunft ab. Wir helfen Dir anders weiter und bringen Dir stattdessen das Fischen bei: Wir zeigen Dir eine ganze Reihe von Werkzeugen, die Du als Informationsquellen verstehen kannst. Du bedienst Dich für die Studienwahl dann aus dem Werkzeugkoffer, den dieses Kapitel verkörpert. Wir versprechen Dir, dass Du danach schlauer bist, nachdem Du mehrere der empfohlenen Informationsquellen angezapft hast.

In Deiner Werkzeugkiste hast Du griffbereit:

- Allgemeine Werkzeuge, mit denen Du Dich bei der Studienwahl allgemein orientierst. Du kannst mit ihnen herausfinden, welche Studienrichtungen zu Dir passen **(Studienwahltests)**, in welchen Studiengängen Du Deine Interessen und Stärken vereinen kannst **(Studien- und Berufsberatung)** und wo diese angeboten werden **(Online-Datenbanken statt Google)**. Manche Datenbanken zeigen Dir sogar die Praxispartner zum Dualen Studiengang.

- In der zweiten Gruppe findest Du Informationswerkzeuge, die Dir helfen, die Studiengänge aus der Perspektive eines Studenten **(Schnupperstudium)** oder Dualen Studenten **(Erfahrungsberichte und Bewertungsportale)** zu sehen.

- Die dritte Gruppe an Werkzeugen bietet Dir die Möglichkeit, direkt mit den Praxispartnern und Hochschulen in persönlichen Kontakt zu treten **(Studienmessen)**. Sie werden außerdem mehr und mehr zu Universalwerkzeugen, da zunehmend auch Orientierungsangebote, Workshops oder Vorträge von (ehemaligen) Dualen Studenten auf dem Programm stehen.

Die allgemeinen Werkzeuge zur Orientierung

Falls Du schon weißt, dass Du einmal Experte auf dem Gebiet intelligenter Fahrerassistenzsysteme für Autos werden möchtest, dann kann der spezialisierte Bachelor-Studiengang »Geotelematik und Navigation« die richtige Wahl sein. Wenn Du hingegen für Smart Homes schicke Kaffeemaschinen entwickeln möchtest, die selbstständig den Lieblingskaffee nachbestellen, könnte Dir der Studiengang »User Experience Design« an der Technischen Hochschule Ingolstadt gefallen. Wir wissen, dass nicht jeder mit 17 oder 18 Jahren schon so konkrete Vorstellungen von seiner beruflichen Zukunft hat. Klassiker-Studiengänge wie Betriebswirtschaftslehre, Maschinenbau oder Chemie wurden nicht abgeschafft. Trotzdem solltest Du Dich intensiv mit der Frage auseinandersetzen, was Du willst.

Studienwahltests: Mache Dir die Wissenschaft zunutze!

Du weißt noch gar nicht, in welchen Studienrichtungen Du Deine Interessen am ehesten wiederfindest und hältst viele Richtungen für möglich? Wirtschaft, Technik oder Soziales könnte passen, muss aber nicht? Dann greife zum Werkzeug *Studienwahltest*.

Es ist wichtig, dass Dein Studium Deinen Interessen entspricht. So bleibst Du auf lange Sicht motiviert. Selbst wenn Du Deine Studienwahl schon getroffen hast, schadet ein Test nicht, um Deine Entscheidung nochmals abzusichern. Schließlich bringt ein Test meistens keinen hohen zeitlichen Aufwand mit sich, dafür gewinnst Du umso mehr Sicherheit bei Deiner Entscheidung. Die meisten Tests wurden nach wissenschaftlichen Maßstäben und unabhängig von Unternehmensinteressen entwickelt.

Studienwahltests gibt es in unterschiedlichen Ausführungen. Sie können Dich beraten, …

* ob ein konkretes Fach – zum Beispiel Informatik –,
* welches der Fächer an einer bestimmten Hochschule – zum Beispiel die Studienfächer an der HAW Hamburg –,
* welches Studienfeld überhaupt – egal an welcher Hochschule – zu Dir passt.

Der Studium-Interessentest (SIT)
Der **Studium-Interessentest (SIT)** ist ein Test, der Dir Orientierung im Dschungel der Berufe und Fächer geben kann. Wir erklären Dir am Beispiel des SIT auf den nächsten Seiten, welche Ergebnisse Dir dieser Test liefert und wie Dir die Ergebnisse weiterhelfen. Doch der Reihe nach:

Der Link zum Test: *http://www.hochschulkompass.de/studium-interessentest.html*

Die Beantwortung des Tests dauert nur 15 Minuten und kostet Dich kein Geld. Du musst Dich dafür aber kostenlos mit Deiner E-Mail-Adresse registrieren. Nach der Auswertung Deiner Antworten erfährst Du Dein Interessenprofil. Manchmal lassen die Fragen schon vermuten, welche Studienrichtung dahinter steckt. Für sechs Interessenbereiche wird es ermittelt. Wichtig ist, dass Du ehrlich und spontan antwortest.

ACHTUNG

Interesse schlägt Fertigkeiten

Gefragt wird nach Deinen Interessen, nicht nach Deinen Fertigkeiten! Wofür interessierst Du Dich; was könnte Dir Spaß machen? Ein kleines Beispiel, ums unmissverständlich klarzustellen: Die Frage, ob Du Dich für die Reparatur von Maschinen interessierst, kannst Du zwar mit ja beantworten. Das muss nicht heißen, dass Du zum jetzigen Zeitpunkt, ein Moped oder ein Auto reparieren kannst. Fertigkeiten erlernt man. Dafür musst Du allerdings grundsätzlich Interesse an der Materie mitbringen.

Auf Basis Deines Testergebnisses kannst Du Dir die Studiengänge aus ganz Deutschland anzeigen lassen, in denen Du die größte Übereinstimmung zu Deinen *Interessen* findest. Fast jede Studienrichtung hat dabei Schnittmengen aus verschiedenen Interessenbereichen:

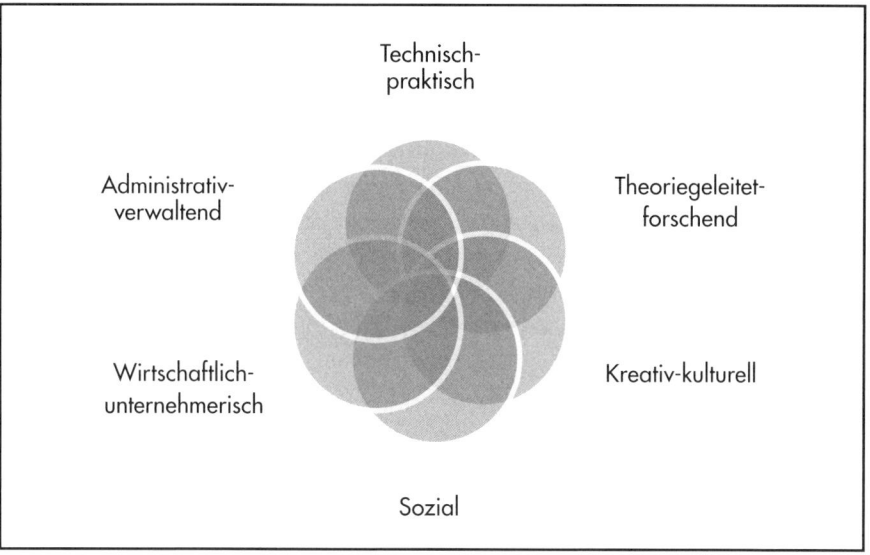

Wie hilft Dir das Testergebnis jetzt weiter

Mit Deinem eigenen Interessenprofil und als Ergebnis dazu passenden Studiengängen weißt Du nun, für welche Studienbereiche Du Dich begeistern könntest. Falls Du zu der Kategorie der »völlig Unentschlossenen« gehörst, solltest Du Deine tatsächliche Studienwahl nicht nur auf das Testergebnis stützen. Das gilt auch für jeden anderen Studienwahltest. Die Liste der 100-prozentig zu Dir passenden Studiengänge ist keine Auswahl der einzig richtigen und möglichen.

INFO

Warum ist es so wichtig, dass Dein Studium auch Deinen Interessen entspricht

Wissenschaftliche Studien haben gezeigt, dass Studienerfolg und eigene Interessen miteinander verknüpft sind. Du solltest natürlich Spaß an Deinem Studium und den Inhalten haben. Wählst Du ein Studium, das Deinen Interessen und Neigungen entspricht, ist die Wahrscheinlichkeit größer, dass Du es erfolgreich zu Ende bringst. Klingt logisch. Für einige Studienanwärter allerdings stehen die Interessen gar nicht im Vordergrund. Sie achten eher darauf, welche späteren Karriere- und Verdienstaussichten sie erwarten können. Ob sie auf lange Sicht mit ihrer Wahl glücklich werden, steht auf einem anderen Blatt.

Einen wesentlichen Punkt vernachlässigen viele Schüler bei ihrer Suche: Leider informieren sich viele gar nicht über die genauen Studieninhalte. Dass wirklich jeder weiß, was sich hinter dem Fach seiner Wahl verbirgt, ist längst nicht selbstverständlich. Was oft folgt: Ihre Erwartungen werden enttäuscht. Viele Schüler merken leider erst zu spät, dass ihre Wahl die falsche war. Sie wechseln den Studiengang oder die Hochschule oder brechen das Abenteuer Studium ganz ab. Neben dem Abbruch wegen finanziellen Problemen ist dies einer der wichtigsten Gründe für einen Studienabbruch.

ACHTUNG

Irreführende Studiengangsbezeichnungen

Die Studiengangsbezeichnung verrät oft nicht viel über den tatsächlichen Inhalt! Beispielsweise tauchen in den Studiengängen Marketingmanagement oder Eventmanagement häufig sehr wenige Module speziell zu Marketing oder Events auf. Es dreht sich nicht zu 100 Prozent um Marketing oder Events, je nach Studiengang sogar nur zu einem Drittel! Stattdessen sitzt Du aber in vielen Fächern über allgemeiner BWL oder VWL. Hinter einem identisch benannten Studiengang an einer anderen Hochschule verbergen sich manchmal ganz andere Fächer. Vielmehr handelt es sich um eine Studienrichtung innerhalb eines allgemein gefassteren Studiengangs wie BWL. Hierauf solltest Du bei einem Vergleich zwischen den Hochschulen besonders achten. Kommt ein Studiengang in die engere Auswahl, lohnt sich ein Blick in das Modulhandbuch bei den jeweiligen Hochschulen.

Mit den Ergebnissen in der Hand machst Du einen Termin bei der Studienberatung der Hochschulen oder beim Berufsberater in der Agentur für Arbeit aus. Verstehe das Testergebnis als erste Orientierung, die noch Feinschliff braucht. Bring Deine Testergebnisse mit zum Beratungstermin. Der Studienberater bekommt gleich einen schnellen Überblick über Deine Interessen und Neigungen und kann Dich gezielter beraten.

Spaß und Interesse sind das eine, Fähigkeiten das andere. Entspricht mein Wunschstudium wirklich meinen *Fähigkeiten*? Fähigkeiten bringst Du von Natur aus mit oder hast sie durch Prägung erworben. Sie *befähigen* Dich, Fertigkeiten zu erlernen. Bringst Du eine gewisse Grundfähigkeit mit, wird Dir der Erwerb einer Fertigkeit leichter gelingen.

Der Berufspsychologische Service der Agentur für Arbeit kann Dir hier weiterhelfen. Sie bieten spezielle Tests und Beratungsgespräche. Lies dazu mehr in diesem Kapitel unter dem Abschnitt Studien- und Berufsberatung.

TIPP

Behalte Dein Teilnahmezertifikat

Nachdem Du den SIT abgeschlossen hast, kannst Du Dir ein
Teilnahmezertifikat ausdrucken. Das solltest Du unbedingt tun.
Speicher das Zertifikat auch gleich auf Deinem Computer ab.
An staatlichen Hochschulen in Baden-Württemberg und einigen
Hochschulen in Deutschland, Österreich und der Schweiz musst
Du nachweisen, dass Du an einem Studienorientierungsverfah-
ren teilgenommen hast. Das Teilnahmezertifikat gilt als Nach-
weis. Auch kann es nicht schaden, wenn Du es Deiner Bewer-
bung für einen Dualen Studienplatz beilegst.

Weitere nützliche Tests

Neben dem SIT werden noch eine Reihe weiterer Orientierungstests angeboten, die
mit Hochschulen bestimmter Länder verknüpft sind.

- **Orientierungstest (OT)**
  Alle grundständigen Studienangebote der staatlichen Hochschulen in Baden-
  Württemberg sind für diesen kostenlosen Test hinterlegt.
  www.was-studiere-ich.de
- **Studifinder**
  Nahezu alle Fächer, die Du an staatlichen Hochschulen in Nordrhein-Westfalen
  studieren kannst, können Dir aus diesem kostenlosen Test als Ergebnis ausgege-
  ben werden.
  www.studifinder.de

Auch wenn Du nicht in Baden-Württemberg oder Nordrhein-Westfalen studieren
wirst, helfen Dir die Studiengangs-Empfehlungen. Anhand dieser schaust Du zum Beispiel im **Hochschulkompass** oder bei **AusbildungPlus** mit der **Erweiterten Suche**,
ob Du diese Studiengänge oder ähnliche in Deiner Wunschregion Dual studieren
kannst. Diese Datenbanken erklären wir Dir im nächsten Abschnitt.

Online-Datenbanken statt Google: Tipps und Tücken

Weißt Du bereits die Studienrichtungen, die für Dich infrage kommen? Aber Du hast noch keine bestimmten Studiengänge oder Partnerunternehmen im Blick? Dann liefern Dir Online-Datenbanken einen sehr guten Überblick für die Studienangebote. Denn egal wonach Du suchst und filterst, die meisten Datenbanken sind aktuell und decken die große Mehrheit aller Studienangebote ab. Dabei filterst Du in den meisten Datenbanken aus den normalen Vollzeitstudiengängen die Dualen heraus.

Allerdings gibt es auch Ausnahmen: Die Datenbank **AusbildungPlus** wurde speziell für Duale Studiengänge eingerichtet. In ihr findest Du die fast vollständige Duale Studienlandschaft in Deutschland. Wir erklären Dir am Beispiel von **AusbildungPlus,** worauf Du bei der Suche achten musst.

TIPP

Wieso Datenbanken statt Google?

Datenbanken funktionieren besser bei der Suche, wenn Du einen Überblick über Angebote in einem bestimmten Bereich finden willst. Zum Beispiel, wenn Du herausfinden willst, welche Dualen Studiengänge im Raum Frankfurt angeboten werden. Mit der **Erweiterten Suche** filterst Du einfach nach Deinen Wünschen. Die Datenbank spuckt dann alle enthaltenen Studiengänge aus, die die Filterkriterien erfüllen. Das ist dann wesentlich effektiver als zum Beispiel die Google-Suche oder auch andere Suchmaschinen. Googelst Du beispielsweise »Duale Studiengänge Frankfurt« oder »Duales Studium Maschinenbau Leipzig«, fehlen mit großer Sicherheit viele Duale Studienangebote.

Die große Datenbank AusbildungPlus

AusbildungPlus ist ein kostenloses Infoportal und wird vom Bundesministerium für Bildung und Forschung (BMBF) finanziert. Das hat den Vorteil, dass es frei von Werbeinteressen ist. Mit der Datenbank sollen Bewerber einen bundesweiten Überblick über alle Dualen Studiengänge (und Zusatzqualifikationen) bekommen.

www.AusbildungPlus.de

Du kannst auf zwei Wegen suchen:

• nach Ausbildungsbetrieben

• nach Dualen Studiengängen

Per Erweiterter Suche grenzt Du nach Deinen Wünschen ein, nach:

• Fachrichtung

• Region, Ort und PLZ

• Art der Hochschule: Berufsakademie, Universität, Fach- oder Duale Hochschule

• Ausbildungsintegriertes / Praxisintegriertes Studium

Klickst Du auf die Treffer, öffnet sich eine kurze Beschreibung der Studiengänge. Außerdem siehst Du, welche Unternehmen diesen Studiengang anbieten.

ACHTUNG

Datenbanken sind nie vollständig

Die allermeisten Studiengänge und ein großer Teil der Unternehmen sind in der Datenbank zu finden. Allerdings sind die Datenbanken trotzdem nie vollständig. Die Datenbank befüllen die Unternehmen und Einrichtungen selbst. Das BMBF stellt nur die Plattform und die Anbieter tragen sich selbst ein. Nicht jede Firma weiß von der Datenbank, weshalb manche fehlen. Es gibt also mit Sicherheit noch mehr Praxispartner! Hast Du einen festen Studiengang im Blick, frage nach einer Praxispartner-Liste direkt an der Hochschule per Anruf oder E-Mail an.

ACHTUNG

Fehler in der Datenbank

Dadurch, dass die Unternehmen und Hochschulen die Studiengänge selber eintragen, kommt es auch mal zu falschen Zuordnungen in der Datenbank. Zum Beispiel: Suchst Du gezielt nach Dualen Studiengängen an Universitäten, stecken auch Fachhochschulen zwischen den Suchergebnissen. Behalte das bei Deiner Suche im Hinterkopf. Das ist der Nachteil des großen Umfangs der Datenbank und der detaillierten Suchmöglichkeiten.

Andere kostenlose Datenbanken

Es gibt noch weitere Datenbanken, die mit unterschiedlicher Größe und Übersichtlich-keit eine Alternative darstellen. Wir empfehlen die neutrale **AusbildungPlus**-Daten-bank als erste Anlaufstelle. Wir raten von den bestehenden privaten Datenbanken ab, da bei diesen wenige Firmen ganz gezielt Werbung schalten und besser platziert wer-den als die Dualen Studiengänge anderer Firmen. Weitere unabhängige Datenbanken, die Du als Ergänzung zur **AusbildungPlus**-Datenbank verwenden kannst, sind:

- **www.studienwahl.de**
  Die offizielle Datenbank des »Studienführers« der Agentur für Arbeit bietet eben-falls detaillierte Suchmöglichkeiten. Es ist aber keine spezielle Datenbank für Duale Studiengänge und unserer Meinung nach etwas unübersichtlich.

- **www.hochschulkompass.de**
  Der Hochschulkompass der Hochschulrektorenkonferenz liefert den umfang-reichsten Überblick über die Studienangebote aller deutschen Hochschulen. Die Informationen sind tagesaktuell und werden von den Hochschulen selbst eingetra-gen und gepflegt.

Mit welchem Werkzeug solltest Du weiterarbeiten? Über die Erkenntnisse aus den Studienwahltests und über Deine Favoriten aus den Online-Datenbanken sprichst Du am besten mit einem Studienberater. Der kann Dir eine vollständige Liste aller Praxis-partner und ihrer offenen Dualen Studienplätze geben.

Studien- und Berufsberatung

Was steht Dir besser: die blaue oder die schwarze Jeans? Es ist praktisch, wenn Du jemanden beim Einkaufen dabei hast, der Dich berät. Gute Beratung kann Gold wert sein. Auch bei der Studienwahl hast Du die Chance, Dir von Beratungsprofis helfen zu lassen. Die Studienberater nehmen sich Zeit und gehen bestmöglich auf Deine Fragen ein. Es gibt die Möglichkeit, sich allgemein beraten zu lassen oder auch direkt den Rat einer speziellen Hochschule oder eines Fachbereichs einzuholen. Von der allgemei-nen bis zur speziellen Beratung erklären wir Dir die wichtigsten Beratungsstellen:

- Die Berufsberatung der Agentur für Arbeit
- Die Zentrale Studienberatung an der Hochschule
- Die Fachstudienberatung an der Hochschule

ACHTUNG

Was Dir die Studienberatung nicht erklären kann

Studien- und Berufsberatung bleibt eher auf der inhaltlichen Ebene. Sie hilft Dir dabei, im Gespräch und mit Begleitwerkzeugen wie Tests Deine Interessen und Fähigkeiten mit Studienrichtungen abzugleichen. Hingegen das »Gefühl« Studium kannst Du Dir zum Beispiel in einem Schnupperstudium selbst vermitteln. Lies dazu den Abschnitt in diesem Kapitel.

Berufsberatung an der Agentur für Arbeit

Die **Studienberater der Berufsberatung der Agentur für Arbeit** und im **Berufsinformationszentrum (BIZ)** sind Deine Ansprechpartner vor allem für Deine allgemeinere Suche. Also auch dann, wenn Du Deine Stärken und Interessen noch nicht genau kennst. Hier wird Dir geholfen.

In Beratungsgesprächen bekommst Du Antworten auf Deine Fragen:

- Ausbildungs- und Arbeitsmarkt: Wie sind die späteren Jobchancen nach dem Dualen Studium?
- Zum passenden Beruf und Studium: Ich möchte gerne Soziologie Dual studieren. Welche Unternehmen bieten diesen Studiengang Dual an?
- Ausbildungs- und Studieninhalte: Kann ich einen Teil meines Studiums im Ausland absolvieren?
- Falls Du für Deinen Wunschberuf keinen Dualen Studienplatz findest und nach Alternativen suchst.
- Fragen zur Bewerbung: Wie kann ich mich auf einen Einstellungstest vorbereiten?

Entspricht mein Wunschstudium wirklich meinen *Fähigkeiten*? Der **Berufspsychologische Service** der Agentur für Arbeit kann Dir hierzu weiterhelfen. Absolviere einen studienfeldbezogenen Beratungstest (SFBT) und Du erfährst, wie gut Du Probleme aus Deinem Wunschstudienfach meisterst. Würdest Du zum Beispiel einen guten Ingenieur abgeben? Das erklären Dir die Psychologen danach.

Informationsmaterial der Agentur für Arbeit

Im Einzelgespräch vor Ort lassen Dich die Berater an ihrem Wissen teilhaben. Darüber hinaus veröffentlicht die Agentur für Arbeit online eine Menge Informationsmaterial:

www.berufenet.arbeitsagentur.de

Hier erfährst Du, welche Berufsbilder es gibt und mit welchem Studium Du sie ausüben kannst.

www.vdb.arbeitsagentur.de

Überblicke alle Termine zur Berufs- und Studienwahl. Darunter Vorträge, Workshops und Messen.

Zentrale Studienberatung an der Hochschule

Suchst Du konkrete Antworten zu bestimmten Studiengängen? Worin unterscheiden sich die Studiengänge »Informatik«, »Wirtschaftsinformatik« und »Angewandte Informatik« genau? Mit welchem dieser Studiengänge erreiche ich meinen späteren Berufswunsch am ehesten? Hier bekommst Du die Antworten auf diese Art von Fragen. Für die Studienberatung an den Hochschulen und Universitäten sind die Zentralen Studienberatungen (ZSB) die Anlaufstellen für Dich als Studieninteressierten. Sie gehören zu den jeweiligen Hochschulen und sind ein Büro, das Informationen zu den jeweiligen Studiengängen herausgibt. In der Regel kosten Dich Beratungen, Angebote und Veranstaltungen der Zentralen Studienberatung nichts.

Schaue am besten auf der Homepage der Hochschule nach den Details. Unter dem Button »Service«, »Für Studieninteressierte« oder auch direkt »Zentrale Studienberatung« findest Du die jeweiligen Angebote. Oder Du googelst »Studienberatung <Name der Hochschule>«.

So gehst Du am besten vor:

- Vereinbare einen Termin zur **Einzelberatung**! Vor Ort kann der Berater am besten auf Deine Situation eingehen – insbesondere wenn Du die Ergebnisse Deiner Studienwahltests mitbringst. Hier erfährst Du auch, ob die Liste der Praxispartner noch aktuell ist oder Du noch welche übersehen hast.
- Wenn Du nicht persönlich vorbeikommen kannst, vereinbare einfach einen **Telefontermin**. Hier schickst Du dem Berater am besten vorab alle Unterlagen und Testergebnisse, die Du besprechen möchtest.
- Erst als letzte Möglichkeit solltest Du Deine Fragen in einer **E-Mail** oder eventuell im **Livechat** stellen. Denn in einem Gespräch live vor Ort oder auch am Telefon

bekommst Du viel mehr Informationen. Schriftlich kommen Deine Anliegen einfach nicht so eindeutig rüber.

Fachstudienberatung an der Hochschule

Hast Du Dich schon für ein Fach entschieden oder schwankst noch zwischen mehreren Fächern, dann bist Du in den Fachstudienberatungen der Hochschulen richtig aufgehoben. Die Studiengangsbezeichnungen sind oft wenig aufschlussreich. Hier meinen wir nicht die Entscheidung zwischen BWL, Sozialwissenschaften und Maschinenbau. Auch wenn es Schüler gibt, die solch breit gefächerte Interessen haben. Einer von uns hat sich neben Wirtschaftswissenschaften auch für ein Duales Studium im Maschinenbau-Bereich beworben.

Wir meinen viel eher, woher sollst Du wissen, worin sich …

• Gesundheitsmanagement, Gesundheitsökonomie oder Gesundheitswirtschaft;
• Betriebswirtschaft, Wirtschaftsingenieurwesen und Business Administration;
• Luft- und Raumfahrttechnik, Luftfahrtsystemtechnik und -management, Flugzeugbau oder Aircraft and Flight Engineering

inhaltlich unterscheiden?

Deine Informationswerkzeuge

In Deiner Werkzeugkiste liegen außerdem Informationswerkzeuge. Mit ihnen machst Du das Studentenleben für Dich greifbar. Auf *Bewertungsportalen* und in *Erfahrungsberichten* erzählen Dir Duale Studenten von ihren Erfahrungen. Bei einem *Schnupperstudium* schlüpfst Du gleich selbst in die Perspektive eines (Dualen) Studenten.

Bewertungsportale

Das Duale Studium mit fünf Sternen auf einer aussagekräftigen Bewertungsplattform wie für Hotels gibt es leider noch nicht. Dafür machen viel zu wenige Duale Studenten ein und dasselbe Programm. Auf verschiedenen Plattformen im Internet kannst Du aber Meinungen der Studenten und Absolventen über ihre Hochschule und ihr Studium nachlesen. Für Dich als angehenden Dualen Studenten sind diese Berichte natürlich besonders interessant. So erfährst Du aus der Studentenperspektive manchen Tipp und auch die eine oder andere Tücke. Ihr Wert als Informationsquelle gilt aber auch nicht uneingeschränkt: Postings solltest Du durchaus kritisch sehen, besonders wenn sie voll des Lobes oder voll von Kritik sind. Doch der Reihe nach.

Sehr viele Erfahrungsberichte findest Du auf Bewertungsportalen wie **StudyCheck**. Aus den vielen Einzelmeinungen schreibst Du Dir am besten die Punkte raus, die Dir wichtig sind. Die Studenten und Absolventen bewerten ihre Studiengänge in Kategorien wie:

- **Lehrveranstaltungen:** Wie interessant und lebendig sind sie?
- **Studieninhalte:** Entspricht der Schwierigkeitsgrad und die Vorlesungsinhalte den Erwartungen?
- **Dozenten:** Nehmen sie sich Zeit und bringen den Stoff gut rüber?
- **Organisation:** Werden die Vorlesungs-, Stunden- und Prüfungspläne gut geplant?
- **Ausstattung:** Wie ist es um Technik, Bibliotheken und Räume bestellt?
- **Campusleben:** Herrscht ein lebendiges Wohlfühlklima mit vielen Freizeitangeboten?

Für die jeweiligen Kategorien vergeben sie einen bis fünf Sterne in der jeweiligen Kategorie und schreiben einen Erfahrungsbericht. Wegen der geringen Anzahl an Bewertungen sind die Bewertungen in Sternen allerdings nicht ernst zu nehmen.

ACHTUNG

Bewertungsportale nur als Ergänzung hernehmen

Sieh Dir die Bewertungen kritisch an. Das Problem ist, dass diese Art von Internet-Bewertungen sehr leicht zu fälschen sind. Denn niemand prüft, ob der Verfasser auch tatsächlich ein Duales Studium absolviert hat. Bei der geringen Anzahl an echten Bewertungen ist es auch leicht, ein verzerrtes Bild zu zeichnen. Gerade bei außergewöhnlich vielen Bewertungen solltest Du skeptisch werden. Gefälschte Bewertungen lauern nicht nur auf Shopping- oder Urlaubsportalen. Nutze dieses Werkzeug eher zur Ergänzung und stütze Deine Entscheidung nicht alleine auf sie. Interessant ist lediglich, was die Verfasser als Text über das Duale Studium schreiben.

Wichtige Bewertungsportale:
www.Studycheck.de
Eine Bewertungsplattform für sämtliche Studiengänge in Deutschland

www.Studycheck.at
Eine Bewertungsplattform für sämtliche Studiengänge in Österreich

Erfahrungsberichte

Wer kann wohl besser berichten, was im Dualen Studium auf Dich zukommt als Duale Studenten selbst? Vermutlich niemand. Im Internet findest Du sie leicht: *Erfahrungsberichte* Dualer Absolventen. Die meisten stehen direkt auf den Unternehmenswebseiten der Praxispartner. Oder auch auf den Portalen privater Unternehmen, die für ihre Partner online mit Erfahrungsberichten werben. Doch genau dort ist der Haken: Diese Erfahrungsberichte kommen vielleicht ursprünglich tatsächlich von Dualen Studenten. Aber alle Erfahrungsberichte haben in Unternehmen und Hochschulen viele Schreibtische passiert und wurden vor der Veröffentlichung stromlinienförmig gemacht. Natürlich zeigen die Unternehmen nur die Schokoladenseiten des Programms.

ACHTUNG
Vorsicht mit offiziellen Erfahrungsberichten

Unserer Meinung nach eignen sich Erfahrungsberichte nur eingeschränkt als Informationsquelle. Die wesentlichen Fakten kannst Du zwar gut herauslesen, aber auch nicht mehr. Lass Dich von den Berichten über Inhalte des Studiums informieren, aber nicht von den Wertungen in den Berichten beeinflussen. Meistens handelt es sich tatsächlich eher um Marketing als um einen ehrlichen Bericht.

Wichtige Quellen für Erfahrungsberichte:
- Die meisten Erfahrungsberichte findest Du direkt auf den **Webseiten der Unternehmen**. Diese solltest Du bei Interesse natürlich auch einsehen, wenn Du unsere Ratschläge im Hinterkopf hast.
- **www.ausbildungplus.de**
  Neben der riesigen Datenbank **AusbildungPlus**, in der Du fast alle Dualen Studiengänge findest, wurden ausgewählte Erfahrungsberichte von Dualen Studenten aus verschiedenen Branchen veröffentlicht.

Schnupperstudium: Als Schüler an die Hochschule

Als Schüler schon einmal Student spielen? Mit einem *Schnupperstudium* oder auch *Schülerstudium* eröffnen mittlerweile viele Hochschulen und Universitäten Dir genau diese Möglichkeit.

Du kannst so für kurze Zeit in das Studium an der Hochschule eintauchen. Du wirst über den Campus geführt, sitzt in echten Vorlesungen und plauderst mit Deinem Tandempartner beim Mittagessen oder einem Kaffee in der Mensa. Oft steht eine Studentenparty mit auf dem Plan.

TIPP

Ein Erlebnis sagt mehr als jede Beratung

Wir legen Dir ein Schnupperstudium besonders deswegen ans Herz, weil es die anderen Orientierungshilfen sehr gut ergänzt. Professionelle Studienberater können den wirklichen Studienalltag nicht griffig vermitteln – ganz egal ob von der Agentur für Arbeit oder der Hochschule. Aber das »Gefühl« Studium erlebst Du idealerweise selbst.

INFO

»One Week Student«

Der gemeinnützige Verein »One Week Student« stellt eine gleichnamige Onlineplattform zur Verfügung, um Studieninteressierten bei der Suche nach dem passenden Studiengang an einer geeigneten Hochschule zu unterstützen. Du kannst Dich in der Community registrieren und für Schnupperwochen an teilnehmenden Hochschulen bewerben. Ähnlich wie in einem Tandem-Programm zeigt Dir ein Student ehrenamtlich, wie sein Studentenleben im »Komplettpaket« aussieht. Der Verein empfiehlt diesen Schritt vor allem Schülern der Oberstufe, die sich vor Beendigung der Schule mit ihrer Studienwahl beschäftigen möchten. Ansonsten gibt es keine Teilnahmebedingungen.

Dein bestes Werkzeug: Studienmessen

Studienmessen sind Dein Universalwerkzeug für die Suche. Das persönliche Gespräch am Messestand steht zwar im Mittelpunkt, aber ein unterhaltsames Rahmenprogramm für die Messebesucher gewinnt immer mehr an Bedeutung. Fast könnte man es ein Wetteifern um das bunteste Programm nennen.

Meet and Greet mit Hochschulen, Praxispartnern und Dualen Studenten

Messen sind ein Marktplatz, an dem Ausbildungsstätten und Studieninteressierte aufeinandertreffen und sich gegenseitig umwerben. Wie am Wochenmarkt haben die Praxispartner und Hochschulen als Anbieter ihren eigenen Marktstand, an dem sie ihr Duales Studienprogramm bewerben. Oftmals werden in den gleichen Messen auch noch normale Berufsausbildungen mit vorgestellt. Schüler der beiden letzten Jahrgangsstufen und frisch gebackene Abiturienten strömen alleine und teilweise mit ihren Eltern über die Messen und treffen ein Unternehmen nach dem anderen. Auf ihrer Tour greifen sie genug kostenlose Werbegeschenke, wie Kugelschreiber und Gummibärchen ab, um nach der Messe einen Schreibwarenladen eröffnen zu können.

Du hast die Chance die Anbieter abzuklappern, die Dich wirklich interessieren und kannst hier so ziemlich alle Fragen persönlich stellen. Die Messe bildet die Plattform für einen ersten persönlichen Kontakt zueinander. Abitur-, Studienwahl- und Berufswahlmessen werden in Deutschland immer beliebter. Doch längst beschränkt sich das Angebot nicht mehr nur auf die Kennenlerngespräche, sondern Du kannst immer mehr Zusatzangebote besuchen:

- Vorträge der Hochschulen und Unternehmen über Studienfinanzierung, einen gelungenen Auslandsaufenthalt und Chancen am Arbeitsmarkt
- Erfahrungsberichte von Berufseinsteigern und -erfahrenen
- Diskussionsrunden zu Karrierechancen in Zukunftsmärkten, Trends und gesuchte Fachrichtungen
- Interviews mit Messe-Paten aus Wirtschaft und Politik sowie Experten
- Workshops um Deine persönlichen Stärken zu entdecken, Expertencheck für Deine Bewerbungsunterlagen inklusive kostenlosem Shooting von Bewerbungsfotos und simulierte Assessment-Parcours

Du zeigst dem potenziellen Praxispartner mit dem Messebesuch, dass Du Dich für Deine Berufswahl engagierst und auch bereit bist, einen Samstag oder Sonntag zu opfern.

Die wichtigsten Facts zu den Karriere-Messen für Schüler in aller Kürze:

- Besucher zahlen in der Regel keinen Eintritt.
- Karrieremessen für Schüler finden meist an Wochenenden statt.
- Unter den Ausstellern findest Du nicht nur Unternehmen und öffentliche Einrichtungen, sondern auch Fachhochschulen, Berufsakademien und Universitäten, die ihre Studiengänge vorstellen.
- Die meisten Messetermine fallen auf den Herbst.
- Das Messeangebot spezialisiert sich immer mehr. Auswählen kannst Du unter anderem aus Bachelor-, Master-, allgemeinen Studien- und Ausbildungsmessen und auch schon unter Messen nur für Duale Studiengänge.

Für einen Messebesuch empfehlen wir Dir etwas Vorbereitung. So holst Du das Maximum aus Deinem Messebesuch heraus:

Schritt 1: Plane Deinen Messebesuch

- Informiere Dich im Vorfeld über die Aussteller, also Hochschulen, Unternehmen und andere Einrichtungen. Auf der Website der Messe findest Du häufig schon lange vor dem Messetermin den Messekatalog, die Ausstellerliste und den Hallenplan. Suche Dir die Aussteller heraus, die Dich am meisten interessieren und überlege Dir, welche Du unbedingt besuchen willst und bei welchen Du noch vorbeischauen würdest, wenn genügend Zeit bleibt. Erstelle Dir einen Plan.
- Hast Du die interessanten Aussteller ausgewählt, liefern Dir die Angaben zu den Ausbildungsangeboten auf den Firmenwebseiten schon die ersten Antworten. Bleiben noch Fragen offen, hast Du gleich passende Themen und Aufhänger für das Gespräch am Messestand.
- Erstelle Dir einen Fragenkatalog für Deine offenen Punkte. Schreibe nur Fragen auf, die Dich wirklich interessieren. Vor dem Besuch jedes Stands kannst Du noch einmal einen Blick auf Deinen Fragenkatalog als Spickzettel werfen. Den Fragenkatalog an sich solltest Du am Stand aber lieber wieder in die Tasche packen und die Fragen frei stellen.

TIPP

Vereinbare einen Termin – falls möglich

Nicht überall musst Du für einen Gesprächstermin bei Deinem Wunsch-Aussteller anstehen und warten. Du solltest den Messe-tag nicht damit vertrödeln, wenn es nicht unbedingt sein muss. Einige Messen bieten Dir für die Terminvereinbarung einen Vorabservice. Diesen Service solltest Du nutzen: Damit zeigst Du zum einen großes Interesse und Deine Daten tauchen zum anderen schon in der Interessentenliste des Gesprächspartners auf. Mit Deinem Namen kann Dein Kontakt gleich ein Gesicht verbinden, wodurch Du später aus den übrigen Bewerbungen herausstichst.

Ob dieser Terminservice auf der jeweiligen Messe angeboten wird, erfährst Du online auf den Messewebseiten.

ACHTUNG

Papa und Mama zuhause lassen

Auch wir selbst waren auf Messen und haben das Duale Studium Interessierten präsentiert. Was uns dabei aufgefallen ist: Viele Eltern führen ihren Nachwuchs regelrecht über die Messe. Teilweise sprechen die Eltern dann für ihre Kinder die Praxispartner direkt an und stellen die Fragen. Derweil steht der eingeschüchterte Nachwuchs neben Papa oder Mama und lauscht mehr oder weniger interessiert, was die Eltern mit dem Personaler besprechen. Das ist ein absolutes No-Go. Praxispartner sind auf der Suche nach selbstständigen und selbstbewussten Bewerbern. Wenn man dann von Papa an der Hand zum Stand geführt wird, wirkt das unsicher und nicht altersgemäß. Das wäre ungefähr so, wie wenn Du Deinen Papa mit zu einem ersten Date nimmst. Also eine sehr schlechte Idee. Gehe lieber selbstständig zum Stand und zeige, dass Du Dich für das Studium interessierst und nicht Deine Eltern. Statt Deiner Eltern kannst Du eine gute Freundin oder einen guten Freund mitnehmen.

Schritt 2: To-Dos für einen gelungenen Messetag

- Für den ersten Eindruck gibt es keine zweite Chance! Denk daran, dass Du auf der Messe vielleicht Deinem späteren Vorgesetzten oder Ausbilder das erste Mal begegnest. Mit einem gepflegten Äußeren hinterlässt Du einen guten ersten Eindruck. Anzug und Krawatte für die Herren und ein strenger Hosenanzug für die Damen wäre sicher übertrieben. Aber definitiv solltest Du auch die Baggyjeans und den Kapuzenpullover im Schrank lassen. Wie so oft, hat sich auch in der Kleiderfrage die goldene Mitte bewährt. Für Männer sind Hemden und Jeans perfekt. Frauen gehen am besten mit Bluse und Jeans auf die Messe.

- Jetzt liegt es an Dir, auf die Unternehmensvertreter zuzugehen. Für den guten Eindruck holst Du mit einem ordentlichen Erscheinungsbild schon die halbe Miete rein. Den Rest schaffst Du mit Höflichkeit, gut vorbereiteten Fragen oder ggf. gleich Deinem fertigen Lebenslauf. Wenn Du Fragen hast, wie Deine Chancen stehen zu einem Bewerbungsgespräch eingeladen zu werden, dann erstelle den Lebenslauf schon vor dem Messebesuch.

- Am Ende des Gesprächs bedankst Du Dich für die freundlichen Auskünfte. Notiere Dir den Namen Deines Gesprächspartners. Bei einer anschließenden Bewerbung kannst Du in Deinem Anschreiben auf den Messekontakt verweisen!

ACHTUNG

Auf einer Messe werden Duale Studiengänge verkauft

Die Vertreter an den Ständen werden sehr nett und überzeugend sein – schließlich ist es deren Job für eine positive Atmosphäre zu sorgen. Deine Fragen zu den objektiven Fakten, wie Vergütung oder Auslandssemestern, kannst Du gut stellen und nachfragen, wenn etwas unklar war. Doch vergiss nicht, zum professionellen Auftritt gehört zum »Sein« auch ein wenig »Schein«. Lass Dich nicht blenden von blumigen Worten und vergleiche Ausbildungsangebote genau. Auf welche Kriterien Du bei Deinem Arbeitgeber achten musst, erfährst Du in Kapitel 7.

Wichtige Übersichts-Webseiten für Messen

Für Deine Region bekommst Du einen Überblick aus den über 270 Studienmessen zum Beispiel auf den folgenden Webseiten:

www.messen.de/de/branchen → Wähle in der Branchenübersicht »Aus- und Weiterbildung«

www.planet-beruf.de → »Mein Fahrplan« → »Infoboard« → »Veranstaltungen«

www.messeninfo.de → »Messen nach Branchen« → Wähle unter »Messen nach Messebranchen« »Studienmessen«

Wichtige Messen für Duale Studenten

Mittlerweile haben sich einige wichtige Messen rund ums Thema Duales Studium etabliert.

»Einstieg« und »Berufe live«

Die Messen »Einstieg« und »Berufe live« finden in mehreren deutschen Großstädten statt. Gemessen an den Besucherzahlen sind diese Messen die größten für Schüler in Deutschland. Das Messeprogramm dreht sich, neben dem Dualen Studium, um normale Studiengänge und um die Berufsausbildung.
www.einstieg.com

»Stuzubi – bald Student oder Azubi«

Ebenso in mehreren deutschen Städten wird die Messe »Stuzubi« veranstaltet. Ein Schwerpunkt liegt auch auf dem Dualen Studium.
www.stuzubi.de

Messe »Dualissimo«

Auf der »Dualissimo« dreht sich alles ausschließlich um das Duale Studium in Bayern. Nicht nur Schüler und Eltern werden angesprochen. Auch Studenten, die über einen Dualen Master nachdenken, werden hier fündig.
www.dualissimo.de

EXPRESS-WISSEN

- Auf der Suche nach Deinem Dualen Studiengang zapfst Du am besten verschiedene Informationsquellen an. Jedes Werkzeug hat seine Vorzüge und entfaltet seinen vollen Nutzen am besten in Kombination mit den anderen.
- Studienwahltests grenzen anhand Deiner Interessen und Neigungen das Angebot der über 1 500 Dualen Studiengänge in Deutschland ein.
- In speziellen Online-Datenbanken findest Du einfach und schnell die passenden Studiengänge, gefiltert nach Deinen Vorstellungen. So kannst Du gezielt nach Studiengängen suchen, die Deinen Wünschen entsprechen.
- Die Studien- und Berufsberatungen der Hochschulen und der Agentur für Arbeit beraten Dich nicht nur im Einzelgespräch persönlich. In speziellen Tests wie dem Studienfeldbezogenen Beratungstest (SFBT), erfährst Du, ob Du der richtige Typ bist, um gut mit den späteren Herausforderungen des jeweiligen Zielberufes umzugehen. Darüber hinaus bieten sie Infoveranstaltungen, Vorträge und Workshops zur Orientierung im Dschungel der Studiengänge.
- In Erfahrungsberichten, Einträgen auf Bewertungsportalen und den Unternehmenswebseiten beschreiben Duale Studenten ihr Studienerlebnis online. Bleibe kritisch! Berichte zeigen oft nur die Schokoladenseiten.
- Im Schnupperstudium erfährst Du das Studentenleben für kurze Zeit am eigenen Leib und erlebst die verschiedenen Studienrichtungen in Vorlesungen live mit. So merkst Du schon vor einem Studium, ob Du in Deiner Wunschstudienrichtung Spaß und Erfüllung finden kannst.
- Auf über 270 Studienmessen in Deutschland hast Du nicht nur die Chance, Deine spätere Ausbildungsleiterin, Hochschulvertreter und aktuelle Duale Studenten schon vor der Bewerbung im Einzelgespräch kennenzulernen. Das Rahmenprogramm mit Erfahrungsberichten, Vorträgen und Workshops erleichtert Dir zusätzlich die Orientierung und ermöglicht Dir den persönlichen Kontakt zu vielen unterschiedlichen Praxispartnern.

Schritt 4

Der Bewerbungsprozess: Was Dich erwartet und wie Du Dich darauf vorbereitest

Zuerst einmal herzlichen Glückwunsch! Hast Du Dich bereits für das Duale Studium entschieden und weißt, welche Programme für Dich interessant sind, dann hast Du schon den schwierigsten Teil hinter Dir. Mit unseren Tricks behältst Du auch im Bewerbungsprozess um die begehrten Plätze gute Karten. Was Dich erwartet:

- In Kapitel 9 erklären wir Dir, wie Du Deine Bewerbung gestaltest.
- In Kapitel 10 geht es um die Auswahlverfahren von Unternehmen. Du weißt danach genau, was Dich erwartet und wie Du Dich darauf vorbereiten kannst.
- In Kapitel 11 dreht sich alles um das Thema Vertrag. Wir erklären Dir genau, was Du unterschreiben musst und was für Konsequenzen das für Dich hat.

ACHTUNG

Weiterführende Ratgeber und unsere Meinung zum Thema Bewerbung

Du findest in Schritt 4 alle Hinweise, die Du unserer Meinung nach für Deine Bewerbung brauchst. Du kannst alle Ratschläge ohne große Übung schnell und einfach umsetzen. Wir weihen Dich in wirksame Strategien ein, die Deiner Bewerbung einen echten Vorsprung verleihen. Weitere Bücher sind dann nötig, wenn Du Dir nach der Lektüre der Kapitel noch unsicher bist. Du solltest es mit der Vorbereitung für Deine Bewerbung aber nicht übertreiben. Das Wichtigste in Deiner Bewerbung ist eine Botschaft an Dich, die sich auch nach der Lektüre von ganzen Ratgeberbibliotheken nicht ändern wird: »Bleib Dir selbst treu«.

Kapitel 9
Wie die perfekte Bewerbung aussieht

Die perfekte Muster-Bewerbung, die man für jede Stelle benutzen kann, bleibt für die Bewerber wohl immer ein Traum. Die eine perfekte Bewerbung gibt es leider für Dich nicht. Denn Deine Bewerbung muss Deinen Charakter, Deine Stärken und Deine Ansprüche gegenüber dem Arbeitgeber für Dich individuell formulieren. Aber Du kannst mit unseren Tipps Deine Chancen auf einen Dualen Studienplatz enorm steigern. Wir zeigen Dir jetzt, wie Du eine Bewerbung erstellst, die zu Dir und Deinen Wunsch-Dualen Studiengängen passt. Wir helfen Dir dabei, wie Du in Deiner persönlichen Geschichte entdeckst, was Dich für ein Unternehmen interessant macht. Darüber hinaus zeigen wir Dir ein paar allgemeine Tricks und schulen Dich darin, typische Fehler und Fettnäpfchen zu vermeiden.

Wir bauen auf unsere eigene Erfahrung und eine Reihe von Gesprächen mit alteingesessenen Personalmanagern, die Duale Studenten für ihre Unternehmen auswählen. Für dieses Kapitel haben wir sogar unsere eigenen Bewerbungen von damals herausgekramt. Anhand eines Beispiellebenslaufs und eines unserer Beispielanschreiben erklären wir schrittweise, wie Du Deine Bewerbungsunterlagen interessant gestaltest. Nach diesem Kapitel bist Du in der Lage, eine Bewerbung abzugeben, die Deine Chancen auf eine Einladung zum Vorstellungsgespräch maximiert.

Wir helfen Dir in diesem Kapitel folgendermaßen:

- Wir beantworten die **W-Fragen einer Bewerbung:** Wo, Wann und Wie solltest Du Dich bewerben? Wie viele Bewerbungen solltest Du schreiben, um eine gute Chance zu haben?
- Wir zeigen Dir, welche zwei Dinge Du mitbringen musst: Was sind Deine **Hard Skills** und was sind Deine **Soft Skills**? Wie entdecke ich in meinem Werdegang, was für Unternehmen interessant ist?
- Du erfährst, wie **das perfekte Anschreiben / Motivationsschreiben** aussieht.
- Wir zeigen Dir, wie Du in kurzer Zeit einen **perfekten Lebenslauf** erstellst. Wir beantworten auch alle gängigen Fragen, die Du über die Erstellung eines guten Lebenslaufes wissen musst.

TIPP

Ist Deine Bewerbung für das Unternehmen interessant?

Frage Dich immer: Vermitteln meine Bewerbungsunterlagen, warum ich für das Unternehmen interessant bin und warum ich der richtige Kandidat für dieses Duale Studium bin? Gib Dich mit der Bewerbung erst zufrieden, wenn Du diese Frage mit Ja beantworten kannst. Mit anderen Worten: Du musst dem Unternehmen in Deiner Bewerbung Deinen Wert zeigen und Dich schmackhaft machen.

Die W-Fragen einer Bewerbung

Wo Du Dich bewerben musst

Die meisten hochwertigen Dualen Studienprogramme werden von Unternehmen und Hochschulen / Berufsakademien zusammen geplant. Anschließend bewerben die Partnerunternehmen selbst das Programm und schreiben die Stelle für ihr Duales Studium aus. Du musst Dich in der Regel direkt bei Deinem Wunschunternehmen bewerben. Sie übernehmen den Auswahlprozess und schlagen Dich der Partnerhochschule vor. Die Annahme an der Hochschule ist meist nur noch Formsache.

ACHTUNG

Direkte Bewerbung bei der Hochschule

Ausnahmen bestätigen die Regel. Bei manchen Dualen Studiengängen musst Du Dich sowohl bei der Hochschule als auch beim Unternehmen bewerben. Bei einzelnen Studiengängen zuerst an der Hochschule, die Deine Bewerbung an geeignete Praxispartner weitergibt. Bei unseren Recherchen kamen wir zum Ergebnis, dass Du auf solch ungewöhnliche Regelungen eher an den privaten Hochschulen und privaten Berufsakademien stoßen wirst, zum Beispiel an der Nordakademie – Hochschule der Wirtschaft Elmshorn.

Wann Du Dich bewerben solltest

Als Faustregel kannst Du Dir merken: Du solltest Dich mindestens ein Jahr vor dem geplanten Studienbeginn bewerben.

Im September fällt für gewöhnlich der Startschuss für Duale Studiengänge. Wenn Du 2018 Dein Duales Studium beginnen willst, solltest Du Deine Bewerbung am besten bis September 2017 abgeschickt haben. Du kannst den Bewerbungsprozess dann ganz locker angehen und abwarten, ob Du einen Platz bekommst. Falls nicht, ist noch genügend Zeit, um nach Alternativen zu suchen. Hast Du ein paar Monate später Deinen Vertrag in der Tasche, kannst Du ganz entspannt Dein Abi machen oder Dein Jahr gemütlich ausklingen lassen.

ACHTUNG

Was ist, wenn Du spät dran bist?

Keine Panik. Bist Du spät dran, musst Du stärker selbst aktiv werden. Am besten Du suchst auf der Internetseite der Unternehmen nach einem Kontakt und rufst dort kurz an und fragst nach, ob es für das kommende Jahr noch freie Plätze gibt. Wie Du bei einem solchen Telefonat ganz leicht eine gute Figur machst, kannst Du in Kapitel 7 nachlesen. Auch hier gilt: Je bekannter das Unternehmen ist, desto eher sind die Dualen Studiengänge schon sehr früh besetzt. Manchmal hast Du aber auch hier Glück. Es kommt vor, dass ausgewählte Studenten absagen und deshalb bereits vergebene Plätze wieder verfügbar werden.

Wie viele Bewerbungen Du schreiben solltest

Bewirb Dich zuerst auf bis zu fünf Duale Studiengänge, die Du am interessantesten findest. Du kannst Dich besser den einzelnen Bewerbungen widmen, indem Du Dich auf wenige konzentrierst. Denn Du musst für jede Bewerbung Dein Anschreiben neu gestalten und teilweise auch Deinen Lebenslauf anpassen. Hast Du für Dich selbst entschieden, welche Studiengänge Dir am liebsten sind, kannst Du die Begründung auch besser in Deine Bewerbung einbauen und erklären, warum Dich der Studiengang besonders begeistert. Hast Du die ersten fünf Bewerbungen abgeschickt und findest immer noch interessante Angebote, kannst Du jetzt die nächsten fünf Bewerbungen rausschicken. Generell gilt: Nach oben gibt es keine Grenze. Wenn Deine Noten nicht überragend sind, kann es sich lohnen, bis zu 20 Bewerbungen rauszuschicken.

TIPP

Versuche aufzufallen

Gerade am Anfang des Berufslebens versucht die Mehrheit in das allgemeine Muster zu passen. Das ist aber eher kontra-produktiv, denn Du willst ja, dass das Unternehmen auf Dich aufmerksam wird. Aber Du kannst das für Dich nutzen. Du hast eine gute Chance aufzufallen, wenn Du ein bisschen aus der Masse hervorstichst. Hab den Mut, unseren Ratschlägen zu folgen. Unternehmen suchen links und rechts des Durchschnitts nach einer Spur Außergewöhnlichem. Wenn Du zudem noch bescheiden bist, wirst Du zum attraktiven Kandidaten.

Wie Du Dich bewerben solltest: online oder schriftlich

Bei den meisten Unternehmen musst Du Dich online über deren Webseite bewer-ben. Generell gibt es drei übliche Wege, über die Du Dich bewerben kannst:

- **Bewerbung per E-Mail:** Es ist eine E-Mail-Adresse angegeben an die Du Deine Unterlagen als PDF-Anlage schicken musst. Falls Dein Wunschunternehmen diese Variante ermöglicht, beachte:
  - Hänge auch Dein Motivationsschreiben / Anschreiben als PDF-Datei an. Das macht einen ordentlicheren Eindruck, als wenn Du es direkt in die Mail schreibst. Falls vom Unternehmen auf der Website nicht anders gewünscht, schreibst Du in den Betreff den Begriff »Bewerbung« und den Namen des Dualen Stu-dienprogrammes sowie das Jahr, in dem Du mit dem Dualen Studium starten möchtest, z. B. »Bewerbung für das Duale Studium Maschinenbau in Dortmund 2017«. Für die E-Mail selbst reicht es, einen kurzen Text einzutippen, in dem Du auf den Anhang verweist. Der Text könnte in etwa so aussehen:

»Sehr geehrte Damen und Herren,
ich freue mich, Ihnen meine Bewerbung für das Duale Studium XXX in Ihrem Unternehmen zuzusenden. Meine Bewerbungsunterlagen, inklusive Motivationsschreiben, finden Sie im Anhang.

Ich bitte Sie, mir den Empfang meiner Bewerbung zu bestätigen.
Vielen Dank!
Ich freue mich auf Ihre Rückmeldung!

Vorname Nachname«

– Fasse Deine Bewerbungsunterlagen alle in einem PDF-Dokument zusammen. Dafür gibt es mehrere gute kostenlose Programme im Internet. Suche einfach nach »PDF converter« und schon findest Du eine Reihe von Programmen. Wichtig ist, dass jedes Dokument auch auf einer neuen Seite beginnt. Das heißt, auf derselben Seite, auf der Dein Anschreiben steht, sollte unten nicht auch der Lebenslauf beginnen, sondern erst auf der nächsten Seite.
– Zwar solltest Du die Dokumente in guter Qualität umwandeln, damit das Geschriebene optimal lesbar bleibt, aber andererseits solltest Du auch keine riesigen Datenmonster verschicken. Hier musst Du eventuell ein bisschen rumprobieren, bis Du die geeignete Qualitätsstufe gefunden hast.

TIPP

Vor dem Absenden testen

Bevor Du Deine Bewerbung abschickst, mach Dir den Aufwand und sende sie vorher an Dich selbst. So kannst Du checken, ob Absätze beim Versenden verrutschen. Du siehst dann genau das, was die Personaler sehen. Auch wenn Du die Unterlagen bei einem Portal hochlädst, lohnt sich der Sicherheitscheck.

• Die **Bewerbung über ein Online-Bewerbungsportal** wird von immer mehr großen Unternehmen vorausgesetzt. Der Bewerbungsassistent ist eine Internetplattform, auf der Du einen Großteil Deiner Daten direkt eintragen musst. Manchmal wird auch noch ein kurzer Vorab-Test über die Plattform verlangt. Wirf hierfür einen Blick in Kapitel 10. Du kannst Deine Bewerbung erstellen, zwischenspeichern und letztendlich abschicken. Achte besonders auf Folgendes:

- Oft werden nicht nur Deine persönlichen Daten abgefragt, sondern schon sämtliche Informationen, die ebenso in Deinen Lebenslauf passen würden. Diese musst Du in dafür vorgesehene Kästchen eintragen. So können die Unternehmen ihre Bewerbungen viel einfacher nach den harten Kriterien filtern, insbesondere nach Noten. Falls nicht anders angegeben, schicke immer ein Motivationsschreiben und einen Lebenslauf im PDF-Format mit.

- Neben den persönlichen Daten wird Deine Motivation oft direkt abgefragt. Dabei bedienen sich die meisten Unternehmen aus dem gleichen Fragenpool. Es sind in der Regel dieselben Fragen, die Du auch in einem Anschreiben / Motivationsschreiben klärst. Auch wenn verlangt wird, dass Du ein Anschreiben noch als PDF-Datei hochlädst, darfst Du Deine Motivation an dieser Stelle wiederholen. Für die Beantwortung der Fragen solltest Du noch einmal das Teilkapitel zum Motivationsschreiben genau durchlesen. Typische Fragen sind:

  - Warum bewerben Sie sich bei unserem Unternehmen?
  - Wieso interessieren Sie sich für ein Duales Studium?
  - Wieso interessieren Sie sich für diesen Studiengang?

- Falls eine PDF-Anlage verlangt wird, gelten an dieser Stelle die gleichen Tipps, wie für eine Bewerbung per E-mail.

- Manche Unternehmen wünschen **eine schriftliche Bewerbung per Post**. Du brauchst in diesem Fall eine Bewerbungsmappe. Das ist eine kleine Mappe im DIN-A4-Format, in der Du Deine Bewerbungsunterlagen präsentieren kannst. Eine Bewerbungsmappe kaufst Du am besten im Schreibwarengeschäft. Entscheide Dich für eine schlichte Mappe in einem unauffälligen Farbton. Eine Klarsichtfolie oder eine Büroklammer ist keine Bewerbungsmappe! Achte besonders darauf, dass die Bewerbung sehr ordentlich ist. Kontrolliere vor dem Einpacken, ob keine Knicke und Flecken auf dem Papier sind. Bevor Du die Mappe schließt, sieh nochmal nach, dass Dein Anschreiben unterschrieben ist.

Zwei Dinge, die Du als Bewerber mitbringen musst

Unternehmen suchen nach Bewerbern, die langfristig zum Erfolg des Unternehmens beitragen. Es ist entscheidend, dass Du vermittelst, wieso man genau Dich für das Programm auswählen sollte. Dein Wille muss klar rüberkommen.

TIPP

Schritt 1 für Deine Bewerbung

Bevor Du hier weiterliest, empfehlen wir Dir erst einmal für Dich selber folgende Frage zu beantworten: »Was bringe ich mit, das mich für das Unternehmen interessant und zur perfekten Wahl für die, von mir ausgewählten, Dualen Studienangebote macht?« Das Unternehmen sucht nach Kandidaten, die es weiterbringen. Nimm Dir für die Beantwortung der Frage ruhig mal eine Viertelstunde Zeit und erstelle in Ruhe eine Liste. Schreib Dir alle Stichpunkte auf, die Dir einfallen und Dir helfen, die oben genannte Frage zu beantworten. Sobald Du die Liste fertig hast und Dir nichts mehr einfällt, kannst Du weiterlesen. Du kannst die Liste mit der nachfolgend erklärten Struktur in eine sinnvolle Reihenfolge bringen und ergänzen. Weiter unten geben wir Dir noch eine Anleitung, wie Du gezielt nach interessanten Stationen in Deinem Werdegang suchen kannst. Es ist zunächst aber besser, ohne Anleitung in Dich zu gehen. So kannst Du noch kreativer sein. Das wird Dir bei der Vorbereitung Deiner Bewerbungen helfen.

Es gibt *zwei Pakete von Eigenschaften*, die Du mitbringen musst, um bei den Unternehmen zu landen: Einerseits wissen die Unternehmen genau, welche messbaren Voraussetzungen wie Noten und Abschluss Du unbedingt mitbringen solltest. Diese Grundvoraussetzungen sind die *Hard Skills* Deines Werdegangs. Bringst Du nur diese mit, reicht das oft nicht. Du musst Dich und die Eigenschaften, die Dich als Person besonders machen, auch herausstellen können und damit überzeugen. Diese *Soft Skills* sind oft das Zünglein an der Waage. Sie dienen dazu, die Neugier des Unternehmens zu wecken. So tragen sie entscheidend dazu bei, ob Du zum Einstellungstest eingeladen wirst oder nicht.

Hard Skills: Sind hier nur Überflieger erwünscht?

Hard Skills sind alle leicht messbaren Eigenschaften, die Du als Mindestvoraussetzung mitbringst. Die Praxispartner interessieren an den Kandidaten diese Hard Skills:

- Den vorausgesetzten **Schulabschluss:** Abitur oder Fachabitur
- Die **Abiturnote** / Dein aktueller **Notenschnitt**
- Deine **Noten in bestimmten Fächern**, meist:
  - Mathematik
  - Wirtschafts- und Rechtslehre oder BWR (für Wirtschaftliche Studiengänge)
  - Physik und Chemie (für Naturwissenschaften)
  - Englisch
- Deine **Fremdsprachenkenntnisse**
- Und in Ausnahmefällen auch eine **abgeschlossene Berufsausbildung**

Der Schulabschluss

Zuerst musst Du auf jeden Fall die *formalen Kriterien* des Studienganges erfüllen. Das heißt, Du bringst für das Duale Studium den richtigen Schulabschluss mit. Für ein Studium an der FH oder an einer Berufsakademie / Dualen Hochschule musst Du bereits mindestens eine Fachhochschulreife (oder bist gerade auf dem Weg, eine zu erlangen) oder eine bestandene Meisterprüfung mitbringen. Für ein Duales Studium an einer Universität brauchst Du die allgemeine Hochschulreife (Abitur) oder die fachgebundene Hochschulreife. Eine Fachhochschulreife reicht für die Bewerbung an Fachhochschulen und den meisten Berufsakademien sowie Dualen Hochschulen aus. An manchen Berufsakademien bekommst Du mit einer abgeschlossenen Ausbildung plus einer Zugangsprüfung einen Studienplatz.

Die Abiturnote / Dein aktueller Notenschnitt

Es gibt wohl kaum ein Thema, das die Bewerber von Dualen Studiengängen so sehr beunruhigt, wie die Frage, ob die eigenen Noten gut genug sind. Es gilt natürlich: Je besser Deine Note ist, desto einfacher hast Du es. Gute Noten sind für zukünftige Duale Studenten auf jeden Fall ein Türöffner. Allerdings musst Du nicht unbedingt schon immer ein Überflieger in der Schule gewesen sein und ein Einser-Abitur haben, um an einen der begehrten Plätze zu kommen.

Die meisten Dualen Studenten haben schon in der Schule überdurchschnittlich gute Noten erzielt. Absolute Überflieger und Genies mit Bestnoten sind allerdings auch in Dualen Studiengängen mehr die Ausnahme als die Regel. Für den Erfolg Deiner Bewerbung gilt wieder die einfache Faustregel: Je bekannter das Unternehmen ist, bei dem Du Dich bewirbst, desto wichtiger sind gute Noten. Das ist darauf zurückzuführen, dass populäre Unternehmen Unmengen an Bewerbungen erhalten. Dies gilt insbesondere für Autobauer, Fluggesellschaften und alle Unternehmen, die als eine der größten 30 börsennotierten Gesellschaften im Deutschen Aktienindex (DAX) gelistet werden. Oft findest Du auf den Webseiten der Unternehmen Informationen über die Noten, die Unternehmen von zukünftigen Dualen Studenten erwarten. Zur Orientierung kannst Du Dir merken, dass man für attraktive Duale Studiengänge bei bekannten Namen einen Schnitt braucht, der besser als 2,0 ist. Denn diese Unternehmen filtern die eingehenden Lebensläufe in einem ersten Schritt nach Noten vor, damit sie den Ansturm an Bewerbungen überhaupt noch sinnvoll verwalten können.

Gute Noten sind auch für Dich zur Selbsteinschätzung wichtig. Wenn Du in der Schule eher schlechtere Noten hattest und Dein (Fach-)Abi im Bereich 2,6 oder schlechter liegt oder liegen wird, vermindert dies Deine Chancen auf einen Dualen Studienplatz deutlich. Das ist aber gut so. Denn gute Noten zeigen Dir, dass Du für ein Duales Studium eher geeignet bist. Ein Duales Studium ist ein extrem anstrengender Weg, bei dem Du in kürzerer Zeit mehr Energie aufwenden musst als bei einem normalen Studium. Es herrscht auch ein großer Notendruck, da die Noten in kleinen Studentengruppen ständig verglichen werden. Wenn Du es also auch in der Schule eher ruhiger hast angehen lassen, dann solltest Du Dir noch einmal gut überlegen, ob Du bereit bist, diese Einstellung für ein Duales Studium zu ändern.

INFO

Was sagt die Wissenschaft zum Thema Überflieger in Dualen Studiengängen?

Auch Forscher haben sich schon die Frage gestellt, ob Duale Studenten Überflieger mit den besten Noten sind. In einer Studie wurden die Abiturnoten der Dualen Studenten an der DHBW in Baden-Württemberg mit denen der regulären Universitäts- und Fachhochschulen verglichen. Das Ergebnis der Studie war, dass die Studenten der DHBW in wirtschafts- und technikorientierten Dualen Studiengängen einen besseren Abiturnotendurchschnitt aufweisen als die Studenten in einem normalen Studium. Allerdings gab es nicht signifikant mehr Studenten mit Bestnoten. Das haben Jochen Kramer et al. in einer Studie für die Zeitschrift für Erziehungswissenschaft 14 / 2011 gezeigt. In anderen Worten: Duale Studenten haben in der Regel gute Noten. Aber es befinden sich nicht auffällig viele Studenten mit extrem guten Noten nahe 1,0.

Einzelnoten

Manchmal werden zusätzlich bestimmte Mindestnoten für einzelne Fächer verlangt. Da steht dann in der Stellenbeschreibung »mindestens gute Mathematikkenntnisse« oder »sehr gute Leistungen in naturwissenschaftlichen Fächern«.

Falls es knapp nicht reicht, lass Dich trotzdem nicht von einer Bewerbung abschrecken. Auch wenn Du etwas schlechtere Noten in diesem Schulfach hast, kannst Du vielleicht anderweitig über Deinen Lebenslauf Deine Begeisterung für das Fachgebiet herausstellen. Sagen wir mal, in der Stellenausschreibung stand: »mindestens gute Leistungen in naturwissenschaftlichen Fächern« und Du hast ein »befriedigend« in Chemie und Biologie. Dafür hast Du ein freiwilliges Schülerpraktikum bei einem Pharma-Unternehmen gemacht. So kannst Du das Ganze aufwiegen, indem Du in Deiner Bewerbung noch einmal betonst, was Du über Naturwissenschaften in Deinem Praktikum gelernt hast.

ACHTUNG

Die bittere Wahrheit: Niemand mag Streber

Baust Du Deine Bewerbung nur auf guten Noten auf, landest Du schnell in der Streber-Schiene. Unternehmen wollen gute Leute mit guten Noten, die aber auch neben der Schule mit ihrer Persönlichkeit überzeugen. Diese spiegelt sich in den Soft Skills wider. Die guten Noten schickst Du im Zeugnis mit. Mit Lebenslauf und Anschreiben transportierst Du zusätzlich Deinen Charakter und Deine persönliche Eignung.

Fremdsprachenkenntnisse

Jedes international agierende Unternehmen verlangt gute Englischkenntnisse von seinen Mitarbeitern. Von Dir als Abiturient verlangt niemand Perfektion. Du solltest aber zeigen, dass Du über gute Kenntnisse verfügst und neuen Sprachen gegenüber generell aufgeschlossen bist. Stell Dir vor, Du sollst für ein Unternehmen später mal eine neue Niederlassung in Brasilien betreuen. Dann solltest Du entweder vorher schon Portugiesisch gelernt haben oder eine Neugier für neue Sprachen mitbringen und als Basis Englisch sicher beherrschen. Eher regional agierende Unternehmen legen nicht so großen Wert auf Fremdsprachenkenntnisse. Du kannst Deine Sprachkenntnisse und -affinität auf folgende Arten beweisen:

- Deine Schulnoten in Fremdsprachen
- Fremdsprachenzertifikate, wie DELF für Französisch oder DELE für Spanisch
- Teilnahme an Schüleraustauschprogrammen
- Du hast in einem Land mit einer anderen Sprache gelebt.

Eine abgeschlossene Berufsausbildung

Ein paar spezielle Duale Studiengänge setzen eine abgeschlossene Berufsausbildung voraus. Zum Beispiel bieten manche Wirtschaftsprüfungsgesellschaften ein derartiges Duales Studium im Bereich BWL an. Hier brauchst Du dann vorher eine Berufsausbildung zum Beispiel aus dem Banken- oder Versicherungsbereich. Nebenbei ist eine abgeschlossene Berufsausbildung auch von Vorteil, wenn Sie nicht zwangsweise vorausgesetzt wird: Mit einer abgeschlossenen Berufsausbildung steigerst Du Deine

Chancen auf einen Dualen Studienplatz im Vergleich zu den Mitbewerbern. Das gilt vor allem, wenn Du auf Deine Berufsausbildung noch ein Studium mit gleichem Abschluss draufsetzt.

Soft Skills: Was Unternehmen außerdem an Bewerbern schätzen

 INFO
Wie wichtig sind Noten?

Stefan Krause hat selbst ein Duales Studium »Immobilienwirt-schaft« von 2004 bis 2007 an der HWR Berlin – Berufsakade-mie Berlin absolviert. Heute arbeitet er als Vorstandsmitglied bei der Wohnungsgenossenschaft »Neues Berlin«, die ebenfalls Duale Studiengänge anbietet. Ihn haben wir gefragt, ob es bei der Bewerberauswahl nur um Noten geht:

»Noten sind nur eine Komponente für ein erfolgreiches Duales Studium. Viel entscheidender ist Zielstrebigkeit und Engagement des Bewerbers: Wie hartnäckig bleibt er an den Aufgaben dran und wie bleibt er motiviert? Ist er bereit mehr als Dienst nach Vorschrift zu machen? Bewerber mit besserem Abitur sind nicht automatisch erfolgreicher im Dualen Studium. Wir suchen Leute, von denen wir wissen, dass sie unserem Unternehmen einen Mehrwert bringen. Dabei ist die charakterliche Reife wichtiger als die Noten.«

Wie Du siehst, achten Unternehmen zum Glück auf mehr, als nur Deine Noten, näm-lich auch auf Deine Soft Skills. Unter Soft Skills verstehen wir hier alle Eigenschaften, die nicht unmittelbar messbar sind, aber Dich als interessanten und geeigneten Kandi-daten darstellen. Bereits in Kapitel 2 haben wir Dir die Soft Skills erklärt.

ACHTUNG

Warum Du nicht alles mitbringen musst

Wir zeigen Dir hier eine Reihe von Soft Skills. Du musst allerdings nicht in allen Kategorien glänzen, um einen guten Eindruck zu machen. Wenn Du kein soziales Engagement vorzuweisen hast, aber dafür ein interessantes Schülerpraktikum gemacht hast, bist Du wahrscheinlich genauso interessant. Auch wenn Du nicht alle geforderten Soft Skills aus der Stellenanzeige bieten kannst, heißt das nicht, dass Du keine Chancen hast. Die Stellenanzeigen sind oft so geschrieben, dass man meint, selbst Superman hätte schlechte Karten, wenn er sich bewerben würde. Wichtig ist, dass Du zeigst, dass Du mehr bist als ein normaler guter Schüler. Das geht auch, wenn Du während der Schulzeit noch kein Astronautenpraktikum auf dem Mond absolviert hast.

Genug zum Hintergrundwissen. Jetzt geben wir Dir wieder praktische Tipps zur Hand. Hier ist eine Liste von möglichen Aktionen, die zeigen, dass Du eine oder mehrere der genannten Soft Skills besitzt:

Nebenjob

Gibst Du einen Nebenjob oder Ferienjob im Lebenslauf an, zeigst Du, dass Du Dir selbst schon einmal die Hände schmutzig gemacht hast. Ein außergewöhnlicher Nebenjob wie Model oder professioneller Eishockeyspieler hinterlässt bei dem Personaler natürlich einen sehr starken Eindruck. Aber auch wenn Du bei einer Bäckerei Brötchen eingepackt hast, vermittelst Du die richtige Botschaft: Du warst neben der Schule fleißig. Als Faustregel empfehlen wir Dir maximal drei Jobs mitanzugeben.

Soziales Engagement

Soziales Engagement wird in einigen Stellenanzeigen für Duale Studiengänge verlangt. Um Dich zu beruhigen: Du musst nicht schon Landminen in Kolumbien geräumt haben, damit Du soziales Engagement im Lebenslauf angeben kannst. Soziales Engagement ist ein sehr dehnbarer Begriff. Hier geht es um Aktionen, die Deine Teamfähigkeit, Eigeninitiative und Neugier für Themen außerhalb des Schulalltags beweisen. Im weiteren Sinne verstehen Unternehmen folgendes als soziales Engagement:

- **Gesellschaftliches Engagement:** Bist Du in einer politischen Parteijugend oder einem Debattierklub aktiv, der weder rechts- noch linksextrem ausgerichtet ist? Auch wenn Du als Wahlhelfer Stimmen ausgezählt hast, kannst Du hier zeigen, dass Du aktiv das demokratische Zusammenleben in Deutschland unterstützt.

- **Vereinsmitgliedschaften:** Egal ob Du schon seit Jahren als Mitglied des Fußballvereins zählst, im Kirchenchor singst oder als Mannschaftskapitän Deines Fahrradpoloclubs den Schläger schwingst. In Deutschland sind fast 600 000 Vereine registriert. Hier sollte fast jeder fündig werden, denn Du hast hier die Chance, mit einem Hobby zu punkten.

- **Schulisches Engagement:** Hast Du in der Schule mehr gemacht, als Dich jeden Tag berieseln zu lassen und danach darüber Prüfungen zu schreiben? Dann hast Du die Möglichkeit, das an dieser Stelle für Dich zu nutzen. Beispiele sind Klassen- und Schülersprechertätigkeiten, die Mitarbeit in der Schülerzeitung oder bei der Organisation von Schulfesten. Auch von der Schule organisierte erfolgreiche Projekte, bei denen Du dabei warst zählen, wie zum Beispiel: Eine Spendenaktion für ein Hilfsprojekt für Afrika oder der Gewinn eines Ideen-Wettbewerbs mit Deiner Klasse. Auch hier kann fast jeder Pluspunkte sammeln.

- **Soziales Engagement im engeren Sinne:** Hier geht es um Aktionen, bei denen anderen Menschen, der Umwelt oder Tieren ohne Gegenleistung geholfen wird. Möglichkeiten als Schüler sind ein Engagement bei der freiwilligen Feuerwehr, dem Roten Kreuz oder einer Umweltschutz- oder Tierschutzorganisation.

Schülerpraktikum

Ein Schülerpraktikum ist dann von besonderem Wert, wenn es einen Bezug zu dem angestrebten Studium aufweist. Du kannst damit Dein Interesse für Deine Wunschstudienrichtung unterstreichen. Willst Du Dual Luft- und Raumfahrttechnik studieren, gibt es wohl kaum eine bessere Möglichkeit Deine Motivation zu beweisen, als wenn Du ein Praktikum in einem Flugzeughangar absolviert hast. Aber auch wenn es keinen inhaltlichen Bezug gibt, ist es als Schüler ein wichtiger Teil Deines Werdegangs und betont Neugierde und Eigeninitiative. Manuel hat sein freiwilliges Praktikum bei einer Fluggesellschaft bei seiner Bewerbung für ein Finanzunternehmen angegeben. Der Personaler hat interessiert nachgefragt, was er in dem Praktikum alles gelernt habe und hat das super aufgenommen.

TIPP

Geheimwaffe Spaß und Freude

Bevor Du Dich für einen Dualen Studiengang entscheidest, überlege Dir, ob Du an diesem Studiengang und den damit verbundenen Aufgaben Spaß haben wirst. Eine Personalmanagerin die seit mehreren Jahren Duale Studenten betreut, hat uns versichert, dass dies für sie eines der wichtigsten Kriterien bei der Auswahl von Dualen Studenten darstellt. Manchmal fallen in einem Dualen Studium mal eine Projektarbeit fürs Unternehmen und eine schwierige Klausurphase zusammen. Was Dir in diesem Fall die Kraft gibt, beides zu meistern, ist der Spaß an der Arbeit und an den Themen im Studium. Freude an der Arbeit wird auch langfristig einer der wichtigsten Einflussfaktoren für Deinen Erfolg in der Karriere sein.

Wettbewerbe und Projekte

Falls Du bei Wettbewerben teilgenommen hast oder selbstständig interessante Projekte vorangetrieben hast, kannst Du noch einmal besonders glänzen. Klassische Beispiele sind die Mathematikolympiade oder »Jugend forscht«. Du musst die Wettbewerbe auch nicht gewonnen haben, damit Dir das positiv angerechnet wird. Es reicht, wenn Du mit der Teilnahme interessante Erfahrungen hinzugewonnen hast. Ein Freund von uns war deutscher Meister in einem Strategie-Computerspiel. Auch damit vermittelst Du Ehrgeiz und stichst aus der Masse hervor.

Schüleraustausch und Auslandsaufenthalt

Ein Schüleraustausch ist nicht nur eine lustige und bereichernde Erfahrung. Du beweist mit Deiner Teilnahme Neugierde für andere Kulturen und Freude an internationalem Austausch. Gerade bei international agierenden Unternehmen ist das ein echter Pluspunkt: Vom einwöchigen Schüleraustausch in Polen bis zu einem Auslandsjahr in den USA während der Schule oder als Au-pair. Auch Sprachtandems oder eine Sprachreise während der Ferien können sich sehen lassen.

Sonstige Hobbys

Sonstige Hobbys kannst Du in Deinem Lebenslauf dann neben dem Stichpunkt Hobbys ausschließlich in den Lebenslauf schreiben. Das sind Dinge, die nicht direkt unter einen der oberen Stichpunkte fallen. Achte darauf, dass Du überlegst, was Deine interessanteren Hobbys sind. Computerspielen, Shoppen oder Bügeln sind keine Hobbys, mit denen Du hier Punkte sammeln kannst. Auch zu allgemeine Formulierungen sind nicht optimal. Schreibe also statt Lesen, was genau Du gerne liest. Oder statt Sport, welche Sportarten Du betreibst. Schau für Formulierungshilfen in den Beispiellebenslauf.

TIPP

Schritt 2 für Deine Bewerbung

Nach dem unstrukturierten Brainstorming von Schritt 1, ist es an der Zeit, Dich an den Beschreibungen von Soft-Skill-Kategorien entlang zu hangeln und für jeden Unterpunkt zu überlegen: Habe ich hier etwas vorzuweisen, dass in diese Kategorie passt? Danach kannst Du zusätzlich die in Schritt 1 gesammelten Aktivitäten unter die einzelnen Punkte schreiben. Als Ergebnis hast Du eine Übersicht über alle Informationen Deines Werdeganges. Daraus kannst Du schöpfen, wenn Du Dein Motivationsschreiben und Deinen Lebenslauf vorbereitest.

TIPP

Wie Deine Bewerbung auffällt

Es gibt ein paar einfache Tricks, wie Deine Bewerbung ganz besonders hervorsticht.

- **Ein Schülerpraktikum im Wunschunternehmen absolvieren:** Falls Du vorher schon ein Schülerpraktikant im gleichen Unternehmen warst, hast Du enorm gute Chancen. Das kannst Du natürlich nicht für alle möglichen Dualen Studiengänge machen. Hast Du aber ein bestimmtes Unternehmen vor Augen oder bist vielleicht über ein Schüler-→

praktikum überhaupt erst auf ein Duales Studium aufmerksam geworden? Dann solltest Du es in Deiner Bewerbung auf jeden Fall betonen. Am besten Du nennst gleich noch Deinen Praktikumsbetreuer in Deiner Bewerbung. So kann die Personalabteilung dort anrufen und Du wirst gleich von einem Kollegen empfohlen – vorausgesetzt Du hast einen guten Eindruck hinterlassen.

- Eine anderes Zaubermittel ist und bleibt **ein kurzer Anruf** vorher. Hier geht es darum, Interesse zu signalisieren und sich schon einmal in das Gedächtnis des Personalmanagers zu bringen. Für Tipps zum Telefonat siehe Kapitel 7.
- Wenn Dich ein Themengebiet begeistert, schreib das auch ruhig im Anschreiben so. Betone, was Dir am jeweiligen **Interessengebiet** Spaß macht. Hast Du schon als Kind Modellbauflugzeuge zusammengebaut und bewirbst Dich jetzt für ein Ingenieursstudium? Toll, dann erwähne das auch im Anschreiben. Alle Beispiele aus Deinem Lebenslauf, mit denen Du zeigen kannst, dass Du Freude an Studium und Arbeit haben wirst, eignen sich hervorragend. Das ist ein sehr einfach zu verdienender Pluspunkt. Die meisten Bewerber sind zu zurückhaltend, diesen zu machen.

Wie sieht ein perfektes Motivationsschreiben aus?

Das Anschreiben oder Motivationsschreiben ist Deine Visitenkarte. Zuerst lernst Du, wie Du ein Anschreiben allgemein aufbauen kannst, und anschließend zeigen wir Dir ein Beispiel einer erfolgreichen Bewerbung von einem von uns Autoren. So viele Bewerbungstrainer und Tipps es gibt, viele Wege führen nach Rom. Gleich erfährst Du, wie wir und andere Duale Studenten ihren Studienplatz ergattert haben. Sei Dir bewusst, dass Du auch mit anderen Ideen Erfolg haben kannst.

INFO

Unterschied zwischen Anschreiben und Motivationsschreiben

Ein Anschreiben ist das förmliche Begleitschreiben einer Bewerbung. Hier musst Du neben den Inhalten auch die Form eines Briefes einhalten. Das bedeutet: Du solltest Deine Adresse sowie die Adresse und den Ansprechpartner des Unternehmens auf das Papier bringen und eine Betreffzeile schreiben. Wichtig ist noch, dass Du Dein Anschreiben wie einen Brief über Deinen gedruckten Namen und mit einer Unterschrift formal abrundest. Unser Beispiel in diesem Kapitel hat die Form eines Anschreibens. Im Motivationsschreiben kannst Du auf diese Elemente verzichten. Das Motivationsschreiben benötigst Du meist bei Bewerbungen über Online-Portale. Hier solltest Du gleich mit »Sehr geehrte(r)« starten und musst unter den Text nicht mehr Deinen Namen schreiben. In Einzelfällen verlangen Unternehmen beides. In diesem Fall raten wir Dir, im Anschreiben inhaltlich nur zu nennen, auf welche Stelle Du Dich bewirbst und wann Du sie antreten willst. Die Gründe für Deine Bewerbung legst Du dann in Deinem Motivationsschreiben dar. Die Inhalte, die mit einem Anschreiben oder Motivationsschreiben vermittelt werden, unterschieden sich jedoch nicht. Wir benutzen diese Wörter deshalb außerhalb dieses Kapitels synonym.

Die Schlüsselbotschaften im Motivationsschreiben

Was Dein Anschreiben/Motivationsschreiben leisten sollte, lässt sich in den drei Schlüsselbotschaften eines Motivationsschreibens festhalten:

1. **Du baust eine Beziehung zwischen Dir und dem Unternehmen auf.** Hier kommt es darauf an, Gemeinsamkeiten zwischen Deinem Werdegang und dem Unternehmen darzustellen. Das ist gar nicht mal so abstrakt wie es klingt. Hast Du ein Praktikum, eine Schularbeit, einen Schüleraustausch oder ähnliches in Deinem Lebenslauf vorzuweisen, das man mit dem Unternehmen in Zusammenhang setzen kann? Die Personaler wissen natürlich, dass Du mehr als eine Bewerbung verschicken wirst. Du beweist dem Unternehmen, dass Du Dir die Mühe gemacht hast, Deine

Bewerbung extra für dieses Unternehmen anzupassen und es sich hier nicht um eine von zwanzig Standard-Bewerbungen handelt.

2. Du zeigst auf, **warum Du Dich für dieses bestimmte Duale Studium interessierst**. Was motiviert Dich für dieses bestimmte Duale Studium? Wie in der Schlüsselbotschaft 1 beschrieben, solltest Du versuchen, mit Beispielen aus Deinem Lebenslauf zu argumentieren, wo es möglich ist. Engagierst Du Dich in einem Verein und hast Du Dich aktiv um einen guten Zusammenhalt im Kurs bemüht? Schickst Du Deine Bewerbung für ein Studium der Sozialwissenschaften, wird das Dein Praxispartner gerne lesen.

3. **Du beweist, dass Du einen Text strukturieren und fehlerfrei schreiben kannst.** Das zeigt Deine korrekte Rechtschreibung und Grammatik. Am einfachsten kannst Du das sicherstellen, indem Du eine Person Deines Vertrauens über alle Deine Bewerbungen lesen lässt. Außerdem sollte das Anschreiben auf eine Seite passen. Was wir Dir bieten, ist lediglich ein Vorschlag, wie Du Dein Anschreiben strukturieren kannst. Du kannst Dir aber auch eine etwas andere Struktur überlegen. Wichtig ist, dass diese Einleitung, Hauptteil und Schluss hat.

INFO

Besondere Formen bei Online-Bewerbung

Manche Bewerbungsprozesse sind stark standardisiert und lassen keinen Raum für ein richtiges Anschreiben oder Motivationsschreiben. Bei Online-Bewerbungsprozessen hast Du oft nur ein paar Zeichen, um Deine Botschaft zu vermitteln. Manchmal werden die oben gefragten Punkte auch direkt abgefragt. Auch in diesem Fall kannst Du auf unsere Tipps in diesem Abschnitt zurückgreifen. Meist ist dies sogar etwas einfacher, da für Dich der Schritt entfällt, Dir eine gute Struktur zu überlegen. Wichtig ist, dass Du auch in diesem Online-Format darauf achtest, dass sich der Text gut liest und keine Rechtschreibfehler enthalten sind.

Wie Du diese drei Schlüsselbotschaften in Deinem Anschreiben umsetzt, zeigen wir Dir anhand eines Anschreibens von uns. Es geht um eine Bewerbung für das ausbildungsintegrierte Studium im Versicherungssektor, wie es Munich Re und die Generali Versicherungen anbieten. Wichtig: Obwohl sich einer von uns mit diesem Anschreiben über eine Einladung zum Einstellungstest gefreut hat, raten wir Dir von einer mehr oder weniger starken Kopie des Textes strikt ab! Nicht nur Du, sondern auch viele Personalmanager aus den Unternehmen lesen dieses Buch und kennen nun den Text. Wichtig ist, dass Du verstehst, wie das Anschreiben strukturiert ist und was in den jeweiligen Absätzen vermittelt wird. Wir haben die verschiedenen Abschnitte mit Buchstaben markiert und liefern Dir für die jeweiligen Abschnitte die Erklärungen mit.

TIPP

Lass Dir helfen!

Lass alle Deine Bewerbungsunterlagen von einer Person Deines Vertrauens lesen. Das gilt sowohl für Deine Motivationsschreiben als auch für Deinen Lebenslauf. Vier Augen sehen mehr als zwei und eine andere Person hat mehr Abstand zum geschriebenen Text. Dabei ist es egal, ob es Dein bester Kumpel ist oder Deine Eltern. Gerade für Deine eigenen Rechtschreib- und Grammatikfehler wirst Du sehr schnell blind. Diese solltest Du Dir auf jeden Fall verbessern lassen. Sei aber vorsichtig mit Tipps bezüglich Inhalt und Form der Bewerbung von älteren Jahrgängen, wie Deinen Eltern. An dieser Stelle solltest Du lieber unseren Tipps vertrauen.

TIPP

Schriftart und Schriftgröße

Wir empfehlen Dir die Schriftart Arial in der Größe 10 oder 11 für Dein Anschreiben und Deinen Lebenslauf zu verwenden. Damit bist Du auf jeden Fall auf der sicheren Seite.

Dein Anschreiben – Vom ersten Satz bis zum Schluss

»Vorname Name   Ort, Datum   A
Straße Hausnummer
PLZ Ort
Telefonnummer
E-Mail-Adresse

Name der Firma
Name des Ansprechpartners
PLZ Ort (der Firma)

Bewerbung für das Ausbildungsintegrierte Studium

Sehr geehrter Herr Müller,   B

gerne sende ich Ihnen meine Bewerbung für das Ausbildungsintegrierte Studium
zum Master of Science in Wirtschafts- und Organisationswissenschaften kombi-
niert mit der Ausbildung zum Kaufmann für Versicherungen und Finanzen in Ihrem
Unternehmen.

In meinem Wirtschafts- und Rechtslehre Leistungskurs war es mir bereits mög-   C
lich, erste Einblicke in wirtschaftliche Zusammenhänge und Methoden sowie das
internationale Finanzgeschehen zu erhalten. Dies weckte mein Interesse an dem
Studium der Wirtschafts- und Organisationswissenschaften. Zudem möchte ich
meine Neugierde für den Versicherungssektor in meinem späteren Beruf umsetzen
können.

Die Aufgaben und Problemlösungen in meinem Mathematikleistungskurs, der   D
Wirtschaftsunterricht sowie die Ausarbeitung meiner Facharbeit im Fachgebiet
Betriebswirtschaftslehre bereiten mir Freude und sind ausschlaggebend für meine
Bewerbung.

Ferner begeistert mich die Aussicht auf Zusammenarbeit mit verschiedenen Men-   E
schen verbunden mit dem mathematischen Anspruch.
Zusätzlich überzeugt mich die XXXXXXXX AG als international agierendes
Unternehmen mit sehr gutem Ruf und Zukunftsperspektiven.

Den mathematischen, wirtschaftlichen und menschlichen Herausforderungen die   F
das Studium und später das Berufsleben mit sich bringen, stelle ich mich gerne.

Auf Ihre Einladung zum Vorstellungsgespräch oder zum Bewerbertag freue ich   G
mich.
Mit freundlichen Grüßen

Vorname Name«

187

A. **Anschrift und Betreff:** Dieser Teil ist nur notwendig, wenn ein echtes Anschreiben verlangt wird. Bei einem Motivationsschreiben, das Du per Internet in einen Kasten eintragen musst, kannst Du auf diesen Teil A verzichten. Achte hier darauf, dass die Angaben zu Deiner Person vollständig sind. Fasse Dich beim Betreff kurz. Insbesondere große Unternehmen bieten nicht nur ein Duales Studienprogramm an. Aus dem Betreff sollte herauszulesen sein, für welches Duale Studium Du Dich bewirbst.

B. **Die Einleitung:** Falls der Name des Mitarbeiters, der die Dualen Studiengänge betreut, im Internet angegeben wurde, ist es besser, den Mitarbeiter persönlich anzuschreiben: Du schreibst dann »Sehr geehrter Herr Müller«. Falls nicht oder Du Dir nicht sicher bist, wer der richtige Ansprechpartner ist, reicht auch: »Sehr geehrte Damen und Herren«. Der erste Satz fällt den meisten Bewerbern am schwersten, obwohl er eigentlich der leichteste ist. Es geht hier nur um einen »runden« Einstieg. Du kannst ohne Probleme noch einmal wiederholen auf was Du Dich genau bewirbst. Davon wird zwar in manchen professionellen Bewerbungsratgebern oder im Internet abgeraten. Manchmal ist es eine schnelle Möglichkeit für den Einstieg und wirkt durchaus passend. Falls Dir dieser Einstieg zu trocken ist, haben wir noch zwei Tipps, wie Du diesen interessant gestalten kannst:

- Berufe Dich darauf, wie Du von diesem Dualen Studium erfahren hast, zum Beispiel: »Vielen Dank für das freundliche Gespräch auf der XXX Messe, das mein Interesse am XXX Programm in Ihrem Unternehmen geweckt hat«. Du kannst dann weitermachen mit »Gerne bewerbe ich mich für ...«. Ansonsten kannst Du Dich darauf berufen, wie eine Zeitungsannonce Dein Interesse geweckt hat.

- Berufe Dich auf ein Telefonat mit einem Mitarbeiter des Unternehmens, zum Beispiel: »Vielen Dank für das freundliche Telefonat und die Beantwortung meiner Fragen bezüglich des XXX Dualen Studiums. Ihre Auskünfte haben mich in meiner Entscheidung bestärkt. Gerne bewerbe ich mich für ...«.

C. **Die Brücke:** Nach der Einleitung beginnt der Hauptteil, in dem Du dem Unternehmen Deine Botschaften vermittelst. Hier schlägst Du eine Brücke zwischen Deinem Werdegang und dem angebotenen Dualen Studium. Im Beispielanschreiben zeigt der erste Satz, warum ich mich für den Studienplatz interessiere. Es geht um den Beziehungsaufbau, von dem in Schlüsselbotschaft 1 die Rede ist. Neben einer schulischen Ausrichtung kannst Du hier auch ein Schülerpraktikum oder die Teilnahme an einem Wettbewerb anbringen. Im zweiten Satz betone ich noch einmal, dass ich weiß, um welche Branche es sich handelt und dass ich grundsätzliches Interesse für die Branche mitbringe – das ist der Bezug zur Schlüsselbotschaft.

2. Die Brücke wird nun über das angebotene Programm zur Branche, in der das Unternehmen aktiv ist, insgesamt erweitert. Hier siehst Du auch: Du musst nicht jede Aussage mit einem Beispiel aus Deinem Lebenslauf belegen.

D. **Freude an den kommenden Aufgaben:** Hier zeige ich noch einmal auf, dass ich bereits weiß, dass ich Spaß an den Themen haben werde, die mich im Studium und Unternehmen erwarten. Wir können es einfach nicht oft genug schreiben: Alle Unternehmen freuen sich über ein ehrliches und begründetes Statement, über Freude an der Arbeit. Im Motivationsschreiben hast Du die Chance, Deine Freude an diesen Tätigkeiten zu betonen, die sich Dir im Lebenslauf nicht bietet. Daneben geht der Satz noch einmal genau auf die Stellenausschreibung ein. Denn es wurde hier nach Bewerbern mit sehr guten Mathematikkenntnissen und gutem wirtschaftlichen Verständnis gesucht.

E. **Bezug zum Unternehmen:** Du solltest noch einmal kurz schreiben, warum dieses Unternehmen für Dich interessant ist. Im Beispielschreiben erwähne ich noch einmal, dass ich weiß, welche Aufgaben im Unternehmen auf mich warten und dass ich mich darauf freue. Auf der Unternehmenswebseite hatte ich in Erfahrungsberichten gelesen, dass man viel mit Kunden zu tun hat und trotzdem sehr mathematisch arbeitet. Das habe ich dann beantwortet. Auf diese Weise kann ich indirekt vermitteln, warum ich ein guter Kandidat für den Studienplatz bin (Schlüsselbotschaft 2) und baue gleichzeitig noch einmal eine Beziehung zum Unternehmen auf (Schlüsselbotschaft 1). Was Du hier schreibst, muss aber auf jeden Fall zum Unternehmen passen. Du musst als Bewerber darauf achten, dass Du nicht in ein allgemeines Lob verfällst, was für ein tolles Unternehmen dieser Arbeitgeber ist. Ein kurzer Satz ist das angemessene Mittel. Hier ist wieder wichtig, dass das, was Du schreibst, zum Unternehmen passt. Je nach Unternehmen kann es Dir gefallen, dass es »traditionell« oder »regional verwurzelt« ist oder Dich die Produkte des Unternehmens begeistern. Sei hier einfach ehrlich zu Dir selbst und überlege noch einmal, warum Du Dich wirklich für das Unternehmen interessierst.

F. **Schluss:** Das ist ein selbstbewusster Satz, mit dem das Anschreiben abgerundet wird. Die Aussage ist: »Ich sehe mich als geeignet an und will das gerne im Auswahlverfahren beweisen«. Du könntest auch schreiben: »Ich bin davon überzeugt, dass ich den Anforderungen an das angebotene Duale Studium entspreche und würde mich gerne dem Auswahlverfahren stellen.« Zusätzlich kannst Du noch schreiben, dass Du Dich auf die Rückmeldung des Unternehmens freust.

G. **Grußformel und Unterschrift:** Diese musst Du nur bei einem formalen Anschreiben anbringen. Am besten eignet sich »Mit freundlichen Grüßen«. Um eine persönlichere Note am Schluss reinzubringen, kannst Du beispielsweise auch schreiben: »Freundliche Grüße nach Musterstadt«. Die Formel »Hochachtungsvoll« ist in diesem Zusammenhang veraltet und lässt Dich steifer erscheinen, als Du es vielleicht willst.

Du siehst an diesem Beispielanschreiben ganz gut, wie leicht es ist, ein gelungenes Anschreiben zu verfassen, wenn man sich einer klaren Struktur bewusst ist. Auf unserer Website **www.duales-studium.guru** findest Du noch zwei Beispielanschreiben für einen technischen und einen sozialen Dualen Studiengang, die nach der gleichen Struktur aufgebaut sind.

Du hast wahrscheinlich bemerkt, wie stark Du Dein Anschreiben / Motivationsschreiben auf das angebotene Duale Studium und das Partnerunternehmen abstimmen musst. 08 / 15-Bewerbungen helfen Dir nicht. Sei kreativ und spiele mit der Struktur. Teste dabei immer, ob die drei Schlüsselbotschaften eines Motivationsschreibens von oben in Deinem Anschreiben rüberkommen.

ACHTUNG

Ehrlich währt am Längsten

Falls Du im Anschreiben oder im Lebenslauf falsche Angaben machst, wird das Unternehmen das früher oder später herausfinden. Das führt im schlimmsten Falle so weit, dass Du in einem Studienprogramm landest, dass nicht zu Dir passt. Meist ist jedoch schon allerspätestens im Vorstellungsgespräch Endstation. So wie Du von einem Unternehmen erwarten kannst, dass sie respektvoll und ehrlich mit Dir umgehen, erwarten Unternehmen dies von Dir auch. Das heißt nicht, dass Du Dich unter Wert verkaufen musst. Du kannst Deine Vorteile blumig umschreiben und gute Werbung für Dich machen. Vermeide aber in jedem Fall falsche Angaben.

TIPP

Stellenausschreibung als Inspirationsquelle

Bist Du Dir unsicher, wie Du Brücken zwischen Deiner Ausbildung und dem Angebot an Dualen Studiengängen schlagen kannst? In dem Fall empfiehlt es sich, die Stellenausschreibung noch einmal genau durchzulesen und dann die geforderten Eigenschaften mit Deinem Lebenslauf zu verknüpfen. Dabei hilft Dir auch die Auflistung der bereits genannten Soft Skills, wie:

- **»Interesse an fremden Kulturen«:** Teilnahme am Schüleraustausch, Fremdsprachenzertifikate
- **»Begeisterung für Technik« oder »Technisches Verständnis«:** Physikfacharbeit /-unterricht, Jugend forscht, private Basteleien, Faszination für Autos / Flugzeuge oder Ähnliches seit Deiner Kindheit
- **»Überdurchschnittliche Einsatzbereitschaft«:** Teilnahme an einem Wettbewerb, freiwillige Schülerpraktika, Soziales Engagement, Nebenjob während der Schule

Den Großteil der Soft Skills kannst Du im Lebenslauf unterbringen. Sollte es einen besonderen Bezug zum ausgeschriebenen Programm geben, kannst Du das auch im Motivationsschreiben aufführen. Falls Du zum Beispiel ein Praktikum in einer Autowerkstatt gemacht hast und Du Dich für ein Ingenieursstudium bewirbst, kannst Du das im Anschreiben prima unterbringen.

ACHTUNG

Todsünden in Anschreiben und Bewerbung

Wir befragten Personalmanager, was ihrer Meinung nach die schlimmsten Fehler bei Bewerbungen sind:
- Offensichtliche Fehler: Rechtschreibung und Grammatik
- Die Verwendung von Umgangssprache oder zu langer Sätze
- Offensichtliche Massenbewerbung ohne Unternehmensbezug
- Inkonsistenzen: Durchdenke Deine Argumente bis zum Ende. Wo könnte man stutzig werden?

TIPP

Wirb mit den ZSB-Leistungen für Dich!

Hast Du Leistungen der Zentralen Studienberatung beansprucht, kannst Du das in Deinem Bewerbungsschreiben erwähnen – selbst wenn Du letztlich an einer anderen Hochschule studieren wirst. Zum Beispiel kennst Du nach einem Orientierungsworkshop Deine persönlichen Ziele, Interessen und Fähigkeiten genauer. Arbeitgeber interessieren sich für diese Punkte. Du zeigst damit Engagement und machst deutlich, dass Du Dir bei der Suche nach passenden Studiengängen viel Mühe gegeben hast.

So gestaltest Du Deinen Lebenslauf

Der Lebenslauf ist Deine Visitenkarte und zeigt dem Unternehmen, mit wem Sie es hier zu tun haben. Wie Du vielleicht schon festgestellt hast, gibt es hier unendlich viele Formate. Lass Dich davon nicht verwirren. Dein Lebenslauf verfolgt zwei Ziele, die eng an den Schlüsselbotschaften des Motivationsschreibens sind:

1. Du zeigst, dass Du der richtige Kandidat für die ausgeschriebene Position bist und weckst Interesse an Deiner Person und Deinem Werdegang.
2. Du zeigst, dass Du einen Lebenslauf fehlerfrei und sinnvoll strukturieren kannst.

Deine zwei Werkzeuge für Deinen Lebenslauf

Dafür stehen Dir wiederum zwei Werkzeuge zur Verfügung:

1. **Der Inhalt Deines Lebenslaufs:**
   Nach der Lektüre dieses Kapitels hast Du eine lange Liste mit Hard und Soft Skills, die Du für Deine Bewerbung benutzen kannst. Du musst Dich nur noch entscheiden, was Du alles in Deinen Lebenslauf integrieren willst. Falls Du Deinen Lebenslauf überfrachtest und zum Beispiel zehn Nebenjobs angibst, ist das genauso kontraproduktiv wie wenn Du alle »vielleicht wichtigen« Stationen verschweigst. Du musst mit dem Inhalt also die goldene Mitte finden. Dein Lebenslauf sollte alles Wesentliche enthalten und trotzdem noch Interesse wecken und derart überzeugen, dass Du zum Einstellungstest oder Vorstellungsgespräch eingeladen wirst. Das schaffst Du, indem Du vorher Deine Hausaufgaben gemacht hast. Das heißt:

Du hast Deinen Werdegang genauestens Revue passieren lassen und bringst die wichtigen Teile auf Papier.

2. **Die Form und Struktur des Lebenslaufes**

Wie strukturierst Du Deinen Lebenslauf? In welcher Reihenfolge schreibst Du Deine Kenntnisse auf? Wie betonst Du bestimmte Inhalte? Wir zeigen Dir, wie das geht: Einerseits, dass Du Deinen Werdegang fehlerfrei und gut strukturiert darstellen kannst. Dein Lebenslauf sollte frei von Rechtschreibfehlern sein und klar strukturiert sein. Dabei solltest Du je nachdem, wo Du Dich bewirbst und was Du in Deinem Werdegang vorzuweisen hast, unterschiedliche Aspekte Deines Lebenslaufs betonen. Orientiere Dich bei der Struktur am besten an unserem fiktiven Beispiellebenslauf, weiter unten.

Die Lebenslauf FAQs

- **Brauche ich ein Bild?**

Nein, Du bist nicht verpflichtet, ein Bild einzusenden und moderne Unternehmen legen auch keinen großen Wert mehr darauf. Ein schönes Bild macht jedoch trotzdem einen guten Eindruck. Wichtig ist, falls Du ein Bild schickst, dass Du Dich von einem professionellen Fotografen shooten lässt. Du solltest Arbeitskleidung tragen. Bei einer Bewerbung bei einer Bank oder Versicherung solltest Du Dich in Anzug und Krawatte herausputzen. Die Damen tragen am besten Bluse und Blazer. Für ein Ingenieursstudium oder generell in der Industrie geht auch Hemd und Sakko in Ordnung. Als Faustregel kannst Du Dir merken: Lieber etwas schicker kleiden als zu leger. Das Lichtbild darf schwarzweiß oder farbig sein, je nachdem, was Dir besser gefällt. Auf keinen Fall solltest Du Urlaubs-, Bikini- oder Partyfotos mitschicken. Das geht gar nicht und ist ein Garant für die sofortige Entsorgung Deiner Bewerbung.

- **Wie soll ich ihn anordnen? Chronologisch oder genau andersherum?**

Mittlerweile ist es üblich, umgekehrt chronologisch vorzugehen. Du schreibst oben hin, was Du aktuell machst / als Letztes gemacht hast und machst dann weiter mit Deiner vorletzten Station (siehe Beispiellebenslauf). Auch chronologisch geht in Ordnung, dann fängst Du oben mit Deiner ersten Station an. Wichtig ist nur, dass sich eine klare Linie durch den Lebenslauf zieht.

- **Welche Hobbys darf ich angeben?**

Hobbys bringen eine persönliche Note in Deine Bewerbung. Alle Hobbys, die gesellschaftlich akzeptiert sind und Dich interessant machen, kannst Du gerne angeben. Das rundet Deinen Eindruck beim Personaler ab. Sind Deine einzigen Hobbys »Videospiele«, »Shopping« und »Fernsehen«, dann ist es besser, sie wegzulassen. Außerdem gilt, dass Du ein besseres Bild im Kopf des Personalmanagers entstehen lässt, wenn Du Deine Hobbys präzisierst. Das heißt, Du schreibst statt »Sport«, »Stürmer in einer Fußballmannschaft« oder statt »Lesen«, »Science Fiction Romane«. So hinterlässt Du ein klares Bild und machst Dich interessanter. Unsere Empfehlung ist, zwischen zwei und vier Hobbys anzugeben.

- **Wie gut sind meine Sprachkenntnisse?**
  - *Muttersprache:* Das ist die Sprache, mit der Du aufgewachsen bist und die Du perfekt beherrscht. Falls Du zweisprachig aufgewachsen bist und ein Elternteil eine andere Muttersprache hat, kannst Du auch zwei Muttersprachen angeben.
  - *Verhandlungssicher:* Das solltest Du nicht für eine Sprache verwenden, die Du nur in der Schule gelernt hast. In Ausnahmefällen trifft das für manche Schüler und ihre Sprachkenntnisse zu. Wenn Du zum Beispiel in Spanien aufgewachsen bist und perfekt Spanisch sprichst, dann kannst Du Deine Spanischkenntnisse als verhandlungssicher angeben.
  - *Fließend:* Wenn Du eine Sprache sicher beherrscht, also fließend sprechen und verstehen kannst, dann gib Deine Kenntnisse als fließend an. Wenn Du gut in Englisch in der Schule warst, sind Deine Englischkenntnisse wahrscheinlich fließend.
  - *Gut:* Hast Du eine Sprache in der Schule gelernt, aber kannst Dich nicht fließend über jedes beliebige Thema unterhalten? Trotzdem kannst Du Texte lesen und kannst leichte Konversationen führen? Dann verfügst Du über gute Kenntnisse.
  - *Grundkenntnisse:* Du kannst ein paar Vokabeln, aber kannst die Sprache nicht wirklich anwenden. Wir raten Dir, Sprachen bei denen Du Grundkenntnisse hast, nicht im Lebenslauf anzugeben. Eine Ausnahme ist, wenn Du Grundkenntnisse in einer gefragten exotischen Sprache hast, wie chinesisch, arabisch oder japanisch.

- **Muss ich den Lebenslauf unterschreiben?**
  Nein. Es ist mittlerweile nicht mehr üblich, den Lebenslauf zu unterschreiben. Du wirst auf kein Unternehmen stoßen, das Deinen Lebenslauf nicht akzeptiert, weil Du ihn nicht unterschrieben hast. Da Du die Unterlagen oft online einreichen musst, ist das sowieso unpraktisch.

- **Wie lang muss der Lebenslauf sein?**
  Für eine Bewerbung als Dualer Student solltest Du Deinen Lebenslauf auf eine Seite beschränken. Du kommst damit in der Regel leicht zurecht.

- **Wie bescheiden muss ich sein? Darf ich auch angeben?**
Hier gilt es, ein gesundes Mittelmaß zu finden. Wenn Du unter den Jahrgangs-besten Deines Abitur- oder Ausbildungsjahrgangs warst, kannst Du das guten Gewissens in Deinen Lebenslauf schreiben. Verschweige nichts, was Du wirklich erreicht hast und dem Unternehmen gefallen könnte. Allerdings solltest Du nicht übertreiben und Dinge besser darstellen, als sie tatsächlich sind. Wenn Du angibst, drei Sprachen fließend zu sprechen aber nie einen Schüleraustausch gemacht hast, klingt das unglaubwürdig. Auch wenn Du betonst, wie sehr Du in Deinem Schüler-praktikum zum Unternehmenserfolg beigetragen hast, wird der Personaler beim Lesen eher schmunzeln. Du solltest alles Wichtige aufnehmen, aber vermeide allzu blumige Umschreibungen.

- **Wie gehe ich mit Lücken im Lebenslauf um?**
Viele Abiturienten nehmen sich nach dem Abitur erst einmal ein Jahr Auszeit, um sich zu orientieren. Das ist mittlerweile eher die Regel als die Ausnahme. Gerade wenn Du in dem Jahr in irgendeiner Art und Weise aktiv warst, musst Du Dir keine Sorgen machen. Wichtig ist: Versuche auf gar keinen Fall, dem Unternehmen zu verschweigen, dass Du eine Zeit lang nichts gemacht hast. Die Unternehmen akzeptieren, dass Du, bevor Du ein anstrengendes Duales Studium antrittst, mit einer freiwilligen Auszeit noch einmal tief Luft geholt hast.

- **Wie gehe ich mit einem abgebrochenen Studium oder einer abgebrochenen Ausbildung um?**
Auch hier gilt wieder: Sei ehrlich! Ein abgebrochenes Studium gibst Du oberhalb Deines schulischen Werdegangs an. In diesem Fall wandle einfach die Überschrift »*Schulischer Werdegang*« in »*Schulischer und akademischer Werdegang*« um. Wichtig ist, dass Du darauf verzichtest, negativ behaftete Worte wie »abgebrochen« oder »angefangen« zu benutzen. Schreib einfach den Zeitraum und den Studiengang in das Feld, etwa »10 / 2015 – 02 / 2016 Studium der Pädagogik an der LMU in Mün-chen«. Eine abgebrochene Ausbildung gibst Du einfach im Feld »*Schülerpraktika und Beschäftigungen*« an. Du schreibst in diesem Fall einfach »09 / 2015 – 12 / 2015 Auszubildender zum Bankkaufmann bei …«. Auf diese Weise umgehst Du negativ behaftete Wörter und kommunizierst trotzdem ehrlich mit dem Unternehmen. Wie Du zu einer / m abgebrochenen Ausbildung / Studium im Vorstellungsge-spräch am besten Stellung beziehst, verraten wir Dir in Kapitel 10.

Der Beispiellebenslauf

LEBENSLAUF
Christine Müller

Persönliche Angaben

Anschrift	Musterstraße 5, 99999 Entenhausen
Geburtsdatum/-ort	01.05.1997, Berlin (Land falls außerhalb Deutschlands)
Telefon	0123/45678910
E-Mail	Christine.Mueller@mustermail.de

Schulischer Werdegang

Seit 09/2007	Goethe-Gymnasium, Entenhausen; Angestrebter Schulabschluss: Allgemeine Hochschulreife im Juli 2015
09/2012 – 06/2013	Besuch der George Washington Highschool in Hamilton Montana, USA

Schülerpraktika und Beschäftigungen

Seit 09/2013	Nebentätigkeit als Kassiererin für eine Supermarktkette
08/2013	Zweiwöchiges freiwilliges Schülerpraktikum in der Flugzeugwartung bei Lufthansa Technik, Hamburg
05/2012	Zweiwöchiges Schülerpraktikum in der Kindertagesstätte „Sonnenwiese«« in Entenhausen

Teilnahme an Schüleraustauchprogrammen/Auslandsaufenthalte

08/2012	Dreiwöchiger Sprachkurs Level B1 in Barcelona, Spanien
06/2010	Zweiwöchiger Schüleraustausch in Madrid, Spanien

Sprachkenntnisse

Deutsch	Muttersprache
Englisch	Fließend
Spanisch	Gute Kenntnisse (B1-Zertifikat)

→

Soziale, gesellschaftliche und private Engagements

Seit 2014	Feuerwehrfrau und Atemschutzträgerin bei der freiwilligen Feuerwehr Entenhausen
Schuljahr 2013–2014	Klassensprecherin am Goethe-Gymnasium: Vertretung der Schüler gegenüber dem Lehrerkollegium, Mitorganisation der Klassenfahrt nach Rom, Vermittlung bei Konflikten zwischen Schülern und Lehrern
Seit 2013	Leitung einer Jugendgruppe in der Pfarrei der evangelischen Kirche in Entenhausen: Regelmäßige Unternehmungen und Freizeitgestaltung
Seit 2010	Tierpatin einer Hündin aus dem Tierheim Entenhausen

Private Interessen und Hobbys

Private Interessen	Stürmer in der A-Jugend beim FC Entenhausen, Sängerin in einer Schüler-Rockband, Lesen von Fantasy-Romanen

Sonstiges

MS Office	Kenntnisse in Word, Excel und Power Point

Der Beispiellebenslauf ist sehr lang. Wir geben Dir damit für möglichst viele Events ein Beispiel, wie Du diese in Deinen Lebenslauf integrieren kannst. Wir wissen, dass es als Schüler annähernd unmöglich ist, einen solch ereignisreichen Lebenslauf zu haben. Wir empfehlen Dir, wie für das Bewerbungsschreiben, nur eine Seite für Deinen Lebenslauf zu verwenden.

Persönliche Angaben

Hier gibst Du Deine aktuelle Anschrift an. Für das Bewerbungsfoto schaue einfach in die Lebenslauf-FAQ. Wir persönlich empfehlen, dass Du Deine Festnetznummer angibst. Das hat den Vorteil, dass Du nicht von Deinem Traumarbeitgeber am Handy überrascht wirst, während Du gerade auf der Geburtstagsfeier Deiner besten Freundin den dritten Gin Tonic leerst. Die E-Mail-Adresse sollte einigermaßen seriös wirken. Heißt Du Christina Müller, sollte Deine E-Mail-Adresse nicht **TinaKätzchen99@ gmail.de** oder **Turnbeutelvergesser17@yahoo.de** lauten.
Hast Du noch keine, die schlicht aus Deinen Vor- und Nachnamen besteht, wird es allerhöchste Zeit.

Schulischer Werdegang

In diesem Abschnitt schreibst Du, welche Schulen Du besucht hast. Bist Du oft umgezogen und warst an vielen verschiedenen Gymnasien, reicht es, Deine aktuelle Schule anzugeben, an der Du auch Dein (Fach-)Abitur machen wirst. Falls Du einmal im Ausland auf die Schule gegangen bist, ist hier die richtige Stelle, um das unterzubringen. Deine Grundschule musst Du nicht aufführen.

Bei Deiner letzten schulischen Station gibt es zwei Möglichkeiten:
1. Du hast Dein (Fach-)Abitur bereits in der Tasche, schreibst Du im folgenden Stil:
   09/2007 – 06/2015   Abschluss der Allgemeinen Hochschulreife am Gymnasium X, Ort des Gymnasiums
   (Abiturnote X,X)
   Hast Du ein Fachabitur gemacht, ersetze die »Allgemeine Hochschulreife« mit »Fachhochschulreife«. Falls Du unter den drei besten Deines Jahrgangs warst, solltest Du das dazuschreiben.

2. Du gehst noch zur Schule, wirst aber bald Deine Schule abschließen. In diesem Fall kannst Du Folgendes schreiben:

09 / 2007 – aktuell   Gymnasium X, Stadt des Gymnasiums; (Angestrebter Schulabschluss: (Fach-)Abitur Juli 2015; Aktuelle Durchschnittsnote: X,X

TIPP

So wirken Deine Soft Skills doppelt interessant

Ein Lebenslauf sollte nicht eine langweilige Aneinanderreihung von Punkten aus Deinem Leben sein. Klar, er muss die wesentlichen Informationen enthalten. Aber gerade bei den Soft Skills ist entscheidend, wie Du sie präsentierst. Versuche, mit einer kurzen Beschreibung, Bilder im Kopf des Lesers zu erzeugen. Dabei vermeidest Du, zu sehr ins Detail zu gehen. Bist Du zum Beispiel bei der Freiwilligen Feuerwehr, dann liste nicht Deine Einsätze auf und welche Brände Du gelöscht hast. Stattdessen kannst Du kurz eine Sonderausbildung beschreiben, die Du abgeschlossen hast. Schaue einfach mal in dem Beispiellebenslauf nach, wie wir es dort gemacht haben.

Hierzu geben wir Dir noch ein paar konkrete Beispiele:

- Statt »Schülerpraktikum bei Siemens in Erlangen«: »Schülerpraktikum als Techniker für erneuerbare Energien bei Siemens«
- Statt »Mitglied im Fußballverein«: »Mittelfeldspieler in einem Kreisklasseteam für einen Bremer Verein«
- Statt »Teilnahme bei Jugend forscht«: »Teilnahme bei Jugend forscht mit chemischen Versuchen zum Thema Bierbrauen«

Achte darauf, dass Du es nicht übertreibst und jede Einzelheit vorwegnimmst. So kann der Personaler im Vorstellungsgespräch zu diesem Punkt in Deinem Lebenslauf noch einmal nachfragen. Du schlägst dadurch mehrere Fliegen mit einer Klappe.

Schülerpraktika und Beschäftigungen

Hier gibst Du alle Deine Schülerpraktika sowie ein oder zwei Nebenjobs an. Falls Du viele Nebenjobs gemacht hast, wähle die Beschäftigungen aus, die eher zum Unternehmen passen. Falls Du es freiwillig organisiert hast, solltest Du das auch im Lebenslauf betonen.

Ausbildung

Bringe hier eine abgeschlossene Berufsausbildung unter. Vollständig sind die Angaben, wenn Du die Ausbildungsbezeichnung, die Fachrichtung, die Dauer (von MM / JJJJ bis MM / JJJJ), den Ausbildungsbetrieb sowie Deine Abschlussnote aufführst.

Zivildienst / Wehrdienst / Bundesfreiwilligendienst

Falls Du bei der Bundeswehr warst, Zivildienst oder Bundesfreiwilligendienst geleistet hast, schreibe hier: die Bezeichnung, den Ort, den Zeitraum. Falls interessant, kannst Du das noch mit einem kurzen einzeiligen Satz ergänzen.

Sprachkenntnisse

Du listest Deine Sprachkenntnisse auf, indem Du mit Deiner Muttersprache beginnst und Dich über Deine besten Sprachkenntnisse bis zu Deinen schlechteren herunterhangelst. Falls Du in Italienisch Spaghetti bestellen kannst, aber sonst nicht mehr weißt, dann lass diese Sprache weg. Weitere Tipps zu Deinen Sprachkenntnissen findest Du in den Lebenslauf-FAQs.

Schüleraustauschprogramme

Hast Du an mehreren längeren oder kurzen Schüleraustauschprogrammen ab einer Dauer von einer Woche teilgenommen, so kannst Du hier ein Extrafeld aufmachen. Damit betonst Du die Tatsache, dass Deine Sprachkenntnisse solide sind.

Soziale, gesellschaftliche und private Engagements

An dieser Stelle kannst Du alle Engagements angeben, die wir Dir vorher als Soziale Engagements im weiteren Sinne vorgestellt und erklärt haben:

- Gesellschaftliches Engagement
- Vereinsmitgliedschaften
- Schulisches Engagement
- Soziales Engagement

Teilnahme an Wettbewerben

Es bietet sich ein eigener Abschnitt an, falls Du an mehreren Wettbewerben teilgenommen hast und dies besonders hervorheben willst. Falls Du nur an einem Wettbewerb teilgenommen hast, dann lass diesen Punkt eher weg und führe den Wettbewerb lieber unter dem Abschnitt »Schulischer Werdegang« auf.

Private Interessen und Hobbys

In diesem Abschnitt kannst Du eine private Note in den Lebenslauf bringen. Jeder kann an dieser Stelle auf eine bestimmte Art und Weise glänzen. Egal ob Du Schönheitskönigin geworden bist, bei Jugend forscht mitgemacht hast, oder Du einfach nur in einem Fußballverein Mitglied bist.

Sonstiges

Hier kannst Du alles unterbringen, was wichtig ist und nicht zu den restlichen Unterpunkten passt. Dieser Platz eignet sich gut, um auf IT- und Programmierkenntnisse oder zum Beispiel eine Ausbildung zum Mediator hinzuweisen. Achte darauf, dass Du hier nicht Deine besten Argumente versteckst. Für ein Duales Studium »Soziale Arbeit« solltest Du so etwas wie eine Mediatorenausbildung eher unter Schülerpraktika und Beschäftigungen oder Ausbildung unterbringen.

ACHTUNG

Was nichts in der Bewerbung oder im Lebenslauf zu suchen hat

- Dein künstlerisches Talent stellst Du lieber an anderer Stelle unter Beweis als bei der Gestaltung Deines Lebenslaufs. Auf knallige Rahmen oder Layout-Spielereien solltest Du besser verzichten.
- Wie Deine Geschwister heißen und was Deine Eltern beruflich machen, musst Du nicht angeben.
- Vertusche auf keinen Fall Lücken in Deinem Lebenslauf! Wenn Du ehrlich bist und schreibst, dass Du nach Deiner Berufsausbildung für eine Auszeit sieben Monate zum Surfen nach Australien geflogen bist, solltest Du dazu stehen und es im späteren Gespräch begründen können. Mitunter hast Du neben dem Surfen ja noch Deine Englischkenntnisse verbessert.

TIPP

Passe Deinen Lebenslauf Deiner Wunschkarriere an

Willst Du bei den Personalmanagern einen besonders guten Eindruck hinterlassen, passe die Struktur Deines Lebenslaufs ein Stück weit an den angestrebten Karriereweg an. Bewirbst Du Dich für ein Duales Studium der Informatik, kannst Du einen Extra-Unterpunkt *Programmierkenntnisse und -erfahrungen* einführen. So kannst Du Deine Erfahrungen in dem Bereich besser präsentieren, als im Passus *Sonstiges* oder *Nebenjob*. Du setzt so einen Schwerpunkt auf einem studiennahen Thema. Auf diese Weise stichst Du aus der Masse der Bewerber hervor. Die Mitarbeiter des Unternehmens sehen gleich, dass Du Dich in dem Bereich auskennst.

Bewerbungsdokumente, die Du immer mitschicken solltest

Die meisten Unternehmen geben auf ihrer Website genau an, welche Unterlagen sie gerne von Dir sehen wollen. Das heißt aber nicht, dass Du noch weitere mitschicken solltest. Neben Deinem Lebenslauf und Deinem Motivationsschreiben solltest Du folgende Dokumente immer mitschicken, falls Du sie verfügbar hast:

- Dein Abiturzeugnis oder Deine letzten beiden Zeugnisse
- Nachweise für soziale Engagements, Wettbewerbe etc.
- Sprachzertifikate
- Ein Nachweis für einen Schulaufenthalt im Ausland
- Praktikumszeugnisse und Zeugnisse über abgeschlossene Ausbildungen
- Auszeichnungen und Teilnahmezertifikate für Wettbewerbe

EXPRESS-WISSEN

- Du musst Dich für ein Duales Studium idealerweise ein Jahr vorher beim Wunschunternehmen in der verlangten Form bewerben, schriftlich oder on-line. Hast Du Dich erst spät für ein Duales Studium, zum Beispiel kurz nach dem Abi entschieden, bewirb Dich trotzdem! Auch kurz vor Studienbeginn hast Du noch Chancen, weil andere Bewerber evtl. abspringen.
- Unternehmen setzen harte Kriterien voraus, wie einen gewissen Schulab-schluss, bestimmte Noten und Fremdsprachenkenntnisse. Diese Hard Skills solltest Du für Deine Bewerbung möglichst vollständig erfüllen.
- Über Soft Skills zeigst Du, dass Du ein interessanter Charakter bist, und weckst das Interesse des Unternehmens an Deiner Person.
- Du musst Deine Soft Skills in Deinem Lebenslauf und Deinem Motivations-schreiben präsentieren. Ereignisse, mit denen Du Deine Soft Skills zeigen kannst, sind:
  - Nebenjobs
  - Abgeschlossene Ausbildungen
  - Soziales Engagement
  - Schülerpraktika
  - Schüleraustauschprogramme
  - Wettbewerbe
  - Hobbys
- Besonders heiße Tipps, die das Herz der Personaler höher schlagen lassen: Ein Schülerpraktikum im Wunschunternehmen, ein interessierter Anruf vor der Bewerbung, der am Lebenslauf erkennbare Wille, ein Duales Studium durchzuziehen und vor allem das glaubhafte Betonen von Freude an Deiner Studienrichtung.
- Im Motivations- oder Anschreiben bekräftigst Du, warum Du ein geeigneter Kandidat für das Studium bist und ideal in das Unternehmen passt. Eine gute Struktur und fehlerfreie Ausarbeitung zeigen, dass Du gewissenhaft arbeitest und Dir Deine Bewerbung am Herzen liegt. Dabei passt dein Motivationsschreiben genau zum Praxispartner.
- Dein Lebenslauf dient als Deine Visitenkarte. Unternehmen wollen aus Deinem Lebenslauf herauslesen, dass Du ein geeigneter Kandidat bist und ordentlich arbeiten kannst. Form und Inhalt bilden Deine Werkzeuge für den Lebenslauf. Dein Lebenslauf sollte auf ein bis zwei Seiten passen.

Kapitel 10
Das Auswahlverfahren – Auf Herz und Nieren geprüft

»Wir freuen uns darauf, Sie an unserem Bewerbertag persönlich kennenzulernen.« Wenn Du diese oder ähnliche Zeilen in einem Brief von einem Deiner Wunschpraxispartner findest, dann hast Du allen Grund stolz zu sein. Bist Du einmal so weit gekommen, stehen Deine Chancen auf einen Dualen Studienplatz sehr gut. Jetzt geht es darum, den Elfmeter zu verwandeln. Wir haben selbst mehrere Auswahltests für Duale Studienprogramme durchlaufen und sind dabei einige Male ins Schwitzen gekommen. Der Inhalt dieses Kapitels basiert auf unseren eigenen Erfahrungen und den Gesprächen mit Dualen Studenten sowie Personalmanagern. Bewusst beschränken wir uns auf das Wesentliche. Es ist besser, eine Handvoll wesentlicher Ratschläge im Hinterkopf zu behalten für den Gang ins Assessment-Center (AC). Falls Du Dich also für einen schwierigen Fall hältst und noch mehr Ratschläge benötigst, als wir Dir in diesem Buch liefern: Investiere Dein Geld überlegt, kaufe lieber noch extra ein Ratgeberbuch und verlasse Dich nicht auf Tipps im Internet. Ausgenommen von diesem Hinweis sind natürlich Unternehmenswebseiten Deines potenziellen Partnerunternehmens.

Darum geht es bei unseren Ratschlägen in diesem Kapitel:

- Zunächst klären wir noch einmal, was das Ziel Deines Bewerbertages ist und wie Du es erreichst.
- **Welche Auswahlverfahren warten auf Dich?** Wir lassen Dich an unseren eigenen Erfahrungen mit Bewerbertagen teilhaben.
- Wir schauen uns an, welche **Einstellungstests** die wichtigsten sind und wie man sich auf Bekanntes und Unbekanntes vorbereitet.
- Das **berühmte Thema Assessment-Center:** Was Dich dort typischerweise erwartet und was es bei den einzelnen Übungsarten zu beachten gibt, findest Du hier.
- Zum Schluss musst Du auf dem Weg zum Dualen Studium immer noch durch ein **Bewerbungsgespräch**. Es ist der entscheidende Teil des Bewerbertages und steht letztendlich immer zwischen Dir und dem Arbeitsvertrag.

Wie Du überzeugst

Zuallererst ist es wichtig zu verstehen, wen Du wie überzeugen kannst. Unternehmen suchen nicht nach einem Kandidaten, der die Rolle des perfekten Bewerbers spielt. Wie schon in Kapitel 9 beschrieben, sind sie auf der Suche nach einem Kandidaten mit Ecken und Kanten, der ins Unternehmen passt. Es sollte also nicht Dein Ziel sein, ein perfektes Bild abzugeben. Sei einfach Du selbst und gib Dir Mühe, Dich selbst möglichst von Deiner Schokoladenseite zu präsentieren. Sei dabei aber immer ehrlich. Die Praxispartner suchen nach Kandidaten mit Potenzial, nicht nach bereits fertiggebackenen Überfliegern.

TIPP

Das Wie ist wichtiger als das Was

Egal in welcher Phase des Auswahlverfahrens Du bist: Wenn Dir Fragen oder Aufgaben gestellt werden, steht immer das Wie im Vordergrund. Zweitrangig ist, was Du konkret antwortest. Deinen Praxispartner interessiert vielmehr, wie Du zu einer Lösung kommst. Dabei machen bestimmte Eigenschaften besonders Eindruck. Sie ähneln stark dem, was Unternehmen von Dualen Studenten insgesamt erwarten.

Im Zusammenhang mit der persönlichen Vorstellung beim Unternehmen sind es:

- **Strukturiertes Vorgehen:** Wie gehst Du an Aufgaben heran?
- **Deine emotionale Reaktion:** Wie leicht lässt Du Dich aus der Ruhe bringen?
- **Teamfähigkeit:** Wie gut kannst Du mit anderen Leuten zusammenarbeiten?
- **Neugier und Wissbegier:** Wie sehr interessierst Du Dich für das angebotene Duale Studium?
- **Loyalität:** Bist Du dem Unternehmen treu und bleibst ihm nach der Ausbildung erhalten?
- **Intellektuelles Potenzial:** Hast Du mehr Potenzial, als durch Schulnoten ausgedrückt wird?

Sehr oft ist Teamfähigkeit gefragt: Musst Du bei Bewerbertagen Interviews oder Aufgaben mit anderen Bewerbern zusammen erledigen, dann achtet man genau auf Dein Sozialverhalten. Inwiefern trägst Du dazu bei, dass auch die Meinung der Mitbewerber mitberücksichtigt wird? Wie geduldig zeigst Du Dich ihnen gegenüber? Vergleichst Du Dich mit den anderen und wirkst damit in Deiner Selbstdarstellung verzweifelt?

TIPP

Wie Du herausfindest, was auf Dich wartet

Die meisten Bewerber haben keine Ahnung, was sie wirklich erwartet. Sobald Du von einem Unternehmen zum Test, Interview oder Bewerbertag eingeladen wurdest, hast Du aber eine gute Chance, genau das herauszufinden. Gib einfach bei Google »Duales Studium <Name des Studiengangs> <Name des Unternehmens> Bewerbertag« ein. Mit ein wenig Glück wirst Du auf Foren und Bewertungsportale stoßen, auf denen ehemalige Bewerber von ihren Erfahrungen mit den Aufgaben berichten. Auf den folgenden Seiten kannst Du weitere aktuelle Erfahrungsberichte von Bewerbern finden:

- **www.kununu.com**
- **www.dhbw-community.de/forum.php** Im offiziellen Forum der DHBW gibt es immer wieder Erfahrungsberichte zu kompletten Bewerbertagen für Unternehmen, die mit der DHBW zusammenarbeiten.

TIPP

Wie Du Dich als schüchterner Bewerber verhältst

»Sei einfach Du selbst«. Wie Du schon gemerkt hast, ist das eine der Kernessenzen unserer Tipps für die Bewerbung. Doch was ist, wenn Du selbst einfach sehr schüchtern bist? Hast Du dann schlechte Chancen im Assessment-Center? Spätestens während des Dualen Studiums werden die Unternehmen Dich mit Deiner zurückhaltenden Art kennenlernen. Also raten wir Dir, beim Bewerbertag nicht wie verrückt aufzudrehen. Denn das ist nicht authentisch. Unternehmen suchen nicht nur Rampensäue, sondern sind auch mit eher zurückhaltenden Charakteren glücklich, solange Du auch mal über den eigenen Schatten springen kannst. Wenn Du Dich wirklich in größeren Gruppen unsicher fühlst und lieber nichts sagen würdest, solltest Du das am Bewerbertag allerdings anders machen. Das heißt, Du darfst weiterhin Du selbst sein und musst nicht zum unglaublichen Hulk werden. Aber Du musst Dich immer aktiv beteiligen und Dich überwinden, Fragen zu stellen oder einen Beitrag in Gruppendiskussionen zu bringen. Unternehmen geben Dir nämlich nur eine Chance Dich kennenzulernen. Dafür musst Du ihnen auch die Chance geben, Dich als Person zu erleben.

Bewerbertage – so laufen die Auswahlverfahren ab

Die Auswahlverfahren für die Bewerber auf Duale Studiengänge sind im Detail alle unterschiedlich. Oft haben sie eine Reihe von Aufgaben und Tests gemeinsam, die zwischen Dir als Bewerber und Deinem Wunschstudiengang stehen.

* Ein Einstellungstest
* Ein Assessment-Center
* Ein oder mehrere Einzelgespräche: das sogenannte Bewerbungsgespräch

Nicht immer musst Du alle drei Testkategorien durchlaufen. Gerade bei kleineren Unternehmen musst Du manchmal nur ein Bewerbungsgespräch bestehen.

Damit Du Dir besser vorstellen kannst, wie ein Bewerbertag abläuft und was ein AC ist, kannst Du nun mit einem von uns noch einmal seinen Bewerbertag erleben. Zu dem Bewerbertag wurde ich von einem Unternehmen der Luftfahrtbranche auf meine Bewerbung für ein Duales Studium Maschinenbau an der DHBW eingeladen. Gehe dazu auf unsere Webseite **duales-studium.guru/bewerbertag** und Du findest meinen kompletten Erfahrungsbericht – danach überrascht Dich am Bewerbertag nichts mehr.

Der Bewerbertag läuft von Praxispartner zu Praxispartner etwas unterschiedlich ab. Ein anderes großes deutsches Unternehmen geht so vor:

- Zuerst erhalten geeignete Bewerber eine Einladung zum Einstellungstest. Hinter dem Wort Einstellungstest verstecken sich in diesem Fall ein Intelligenz- und ein Persönlichkeitstest. Bewerber aus der Region müssen nach dem Test erst wieder nach Hause und dann abwarten, ob Sie noch zum Vorstellungsgespräch eingeladen werden. Kandidaten mit einer weiten Anreise werden dagegen im Anschluss oder am nächsten Tag zum Vorstellungsgespräch eingeladen.
- Der Bewerbertag besteht lediglich aus einem einstündigen Vorstellungsgespräch. Auf ausgefallene Gruppenübungen oder die Simulation von stressigen Arbeitssituationen wird komplett verzichtet.

TIPP

Deine Kleidung am Bewerbertag

Wenn Du Dir unsicher bist, wie Du Dich beim Bewerbertag kleiden sollst, kannst Du Dich an unseren Tipps für das Bewerbungsfoto in Kapitel 9 orientieren. Am Bewerbertag gilt der gleiche Dresscode wie fürs Fotoshooting.

Einstellungstests

Viele Praxispartner und Hochschulen führen mit den Bewerbern für ein Duales Studium zuallererst einen Einstellungstest durch. Meist findet die Auswahl der Studierenden durch den Praxispartner statt. Doch teilweise sind es auch die Hochschulen, die von ihren Studierenden einen Zugangstest verlangen. Die Praxispartner testen Dich entweder vor oder zu Beginn des Bewerbertages. Manche Unternehmen lassen Dich den Einstellungstest bereits online bei Abschicken der Bewerbung über ihr Internetportal machen. Dabei prüfen sie die Eignung des Kandidaten für das Duale Studium unabhängig von den Schulnoten des Bewerbers. So schaffen sie eine bessere Vergleichbarkeit von Bewerbern von verschiedenen Schulen, Bundesländern und sogar Ländern.

Die verwendeten Tests sind sehr vielfältig. Die häufigsten Varianten sind:

Intelligenztests

Es gibt wissenschaftlich gesehen einen starken Zusammenhang zwischen Intelligenz und Erfolg im Studium sowie in der Karriere. Das ist der Grund, wieso oft auf diese Art von Tests zurückgegriffen wird. Wenn die Unternehmen nicht ankündigen, welche Art von Test Dich erwartet, dann ist meist auch eine Art Intelligenztest dabei. Teilweise musst Du Dich mit mehr oder weniger vollständigen Intelligenztests rumschlagen, bei denen der Praxispartner aus dem Ergebnis einen IQ-Wert berechnen kann. Diese dauern dann auch leicht mal eine Stunde oder länger. Abgefragt werden verschiedenste Bereiche. Neben Deinem Allgemeinwissen werden sprachliche, räumliche und numerische Intelligenz sowie Deine Merkfähigkeit und andere Merkmale abgeprüft. Das Testergebnis wird dann oft mit der Abiturnote verrechnet. Wenn Du nämlich im Prüfungsstress beim Test bei Deinem Wunscharbeitgeber das erste Mal anfängst, Würfel in Deinem Kopf zu drehen, kann Dich das ganz schnell aus der Ruhe bringen. Da ist es besser, wenn Du Dich schon einmal mit den Aufgaben vertraut gemacht hast. Wir raten Dir, das auch vor dem Auswahlverfahren zu tun, bei denen nichts über mögliche Tests verraten wurde.

Kurze, kostenlose Schnell-IQ-Tests zum Üben findest Du zum Beispiel hier:

- **iqtest.sueddeutsche.de/**
- **iq-test.plakos.de/**
- **iqtest.apps.welt.de/**

Persönlichkeitstests

Bevor die Praxispartner ordentlich Geld in Dich investieren, gehen sie lieber auf Nummer sicher und untersuchen, ob Deine Persönlichkeit zu ihnen und Deinem angestrebten Berufsbild passt. Sie setzen dabei auf viele unterschiedliche Testverfahren, von Bewerbern auch mal gerne Psychotests genannt. Manche Tests zielen auf Deine Wertvorstellungen ab. Hier wird eine Landkarte erstellt, welche Werte Dich antreiben und Deine Entscheidungen lenken: Willst Du anderen Menschen helfen, willst Du unbedingt Karriere machen oder bist Du einfach nur wissbegierig? Hier gibt es kein richtig oder falsch und Du kannst ohne Bedenken ankreuzen, worauf es Dir ankommt. Andere Tests zielen eher auf Dein Verhalten und Deine Persönlichkeitsmerkmale. Spiel mit, aber sei clever dabei. Von einem Unternehmen angenommen zu werden, dass zu Dir passt, sollte Dein Ziel sein.

Englischtests

Manchmal werden die Englischkenntnisse von Bewerbern auch in einem kurzen Englischtest untersucht. Hier solltest Du aber eine solide Basis aus der Schule mitbringen. Eine spezielle Vorbereitung ist nur nötig, wenn Du Deine Englischkenntnisse als eine Deiner Schwächen siehst.

Mathematiktests

Schon allein das Wort Mathematiktest löst bei vielen Schülern Übelkeit aus. Doch die Mathematik, die hier von Unternehmen oder Hochschulen abgefragt wird, ist meist leicht beherrschbar. Wir kennen auch einen Studiengang, bei dem angegeben wird, dass ein Mathematiktest zur Zulassung vorausgesetzt wird. Dieser Test findet allerdings nicht statt. Allein die Androhung eines Mathematiktests soll große Mathemuffel gleich von der Bewerbung abhalten.

Fachspezifische Tests

Manche Unternehmen setzen auch auf Tests, die berufsnahes Wissen abfragen. Zukünftige BWLer, wie Banker, werden dann gefragt, was Aktienfonds sind oder was eine Unternehmensbilanz darstellt. Duale Ingenieur- oder Informatik-Bewerber können ihr technisches Wissen genauso in Multiple-Choice-Tests darlegen. Diese Tests sind oft vom Praxispartner selbst erstellt. Sie kommen nicht allzu oft vor. Meist prüfen die Unternehmen dieses Wissen eher im Vorstellungsgespräch direkt ab.

ACHTUNG
Bereite Dich nicht übertrieben auf den Einstellungstest vor

Hier ist weniger oft mehr. Meist hat man leider kaum eine Ahnung, was auf einen zukommt. Wir können Dir ein Beispiel von einem Test aus unserer Bewerbungsphase geben. Als ich die Einladung von einem Unternehmen zu einem Einstellungstest hatte, habe ich versucht, mich vorbildlich vorzubereiten. Ich hatte für einen wirtschaftswissenschaftlichen Studiengang einen Wirtschaftsenglischtest und einen Test meiner Mathekenntnisse erwartet. Also habe ich mich einen Tag vor dem Test noch einmal an den Schreibtisch gesetzt und die Zinseszinsformel sowie Wirtschaftsenglischvokabeln gelernt. Im Prinzip habe ich mich auf den Test besser vorbereitet als auf eine Schulklausur. Als ich dann im Prüfungssaal zwischen lauter anderen schwitzenden Bewerbern nervös auf meinem Stuhl hin- und her gewippt bin, wurde ich kurz darauf vom prüfenden Unternehmen mit einem ausgefeilten Intelligenztest überrascht. Meine Vorbereitung hat mir natürlich nichts gebracht. Unser Tipp ist deshalb: Wenn Du Dich unsicher fühlst, lies Dir ruhig noch einmal etwas durch. Aber übertreibe es nicht mit der Vorbereitung.

INFO
Musterbeispiel für Einstellungstests

Der generelle Studierfähigkeitstest an der DHBW, ist ein Musterbeispiel für Einstellungstests, wie sie auch von Unternehmen für ihre zukünftigen Dualen Studenten typischerweise eingesetzt werden. Er liefert einen guten Einblick darüber, was Dich in Einstellungstests erwartet. Alle Bewerber mit Fachhochschulreife müssen an der DHBW mit diesem Test ihre Studierfähigkeit beweisen. Selbst, wenn Du zukünftig in einem anderen Bundesland studieren wirst, kannst Du Dich mit den Aufgaben vorbereiten.

Assessment-Center

Nach dem Test folgt bei vielen Praxispartnern gleich die Brautschau mit einem Assessment-Center. 27 der 30 DAX-Unternehmen setzen auf dieses Auswahlverfahren, insgesamt 83 Prozent der befragten Unternehmen.[5] Falls ein AC durchgeführt wird, ist es Teil des Bewerbertags. Selten werden zwei Tage für die Auswahl der Dualen Studenten angesetzt. Die Unternehmen wollen Dich und Dein Verhalten besser kennenlernen. Als Bewerber musst Du in Teams und alleine mehrere Aufgaben unter strengen Zeitvorgaben lösen. Dabei wird jedes Wort und jede Handbewegung von geschulten Mitarbeitern des Unternehmens akribisch beobachtet. Die Aufgaben sind für alle Studienrichtungen ähnlich. Es kommt nicht auf Dein Fachwissen an, sondern auf Deine Persönlichkeitseigenschaften und Potenziale. Am Ende überlegt die Jury, ob Du die Anforderungen erfüllst und wie Du im Vergleich zu Deinen Mitbewerbern abgeschnitten hast. Je nach Ergebnis des AC wird dann entschieden, ob Du die Chance auf ein Einstellungsgespräch bekommst.

Was Arbeitgeber im Assessment-Center erfahren wollen

Assessment-Center selbst sind Verfahren, die eigentlich für die Auswahl von militärischen Offizieren und Führungskräften in der Wirtschaft entwickelt wurden. Sie werden auch heute hauptsächlich noch dafür verwendet. Mittlerweile ist es üblich, dass deutsche Unternehmen dieses Verfahren auch bei Dualen Studenten einsetzen. Das zeigt welche Bedeutung Duale Studenten für die Unternehmen mittlerweile einnehmen.

Jedes Assessment-Center läuft ein bisschen anders ab und doch sind die Ziele immer gleich. Die Unternehmen wollen Dich und Deine Persönlichkeit besser kennenlernen:

- Dein Verhalten unter Zeitdruck und Stress
- Dein Umgang mit Team-Mitgliedern und Konkurrenten
- Dein Sozialverhalten und Deine Umgangsformen
- Deine Kreativität
- Die Art und Weise, wie Du an komplexe Aufgabenstellungen herangehst
- Ob Du in die jeweilige Unternehmenskultur passt
- Ob Du mit den anderen Dualen Studenten und Azubis zusammen ein gutes Team bilden würdest

---

[5] Studie des Arbeitskreis Assessment-Center

Wir stellen Dir hier keine vollständige Liste an Testverfahren und Aufgaben vor. Diese werden jährlich weiterentwickelt und folgen immer anderen Trends. Willst Du Dich hier auf alles genau vorbereiten, dann solltest Du Dir einen Ratgeber speziell für Assessment-Center kaufen. Was wir Dir stattdessen geben, sind konkrete Tipps für bestimmte Aufgabentypen, die auch nicht aus der Mode kommen.

TIPP

Wie Du auf andere selbstbewusst wirkst

Achte auch auf Deine Körperhaltung während des AC und des Vorstellungsgesprächs. Coolness gibt keine Pluspunkte. Stattdessen solltest Du sympathisch und etwas selbstbewusst wirken. Mit diesen drei Tipps verbesserst Du Deinen Eindruck:

- Achte auf Deine Körperhaltung und versinke nicht im Stuhl.
- Schaue Deinem Gegenüber immer wieder in die Augen und vergiss nicht trotz Anspannung gelegentlich zu lächeln.
- Sprich laut, deutlich und langsam.

Diese Aufgaben erwarten Dich

Ein AC besteht immer wieder aus den gleichen Aufgabentypen. Für jeden Aufgabentyp geben wir Dir hier ein paar Tipps an die Hand:

Gruppendiskussionen:
- **Was ist das?** Die Bewerber müssen über ein Thema diskutieren und bekommen verschiedene Standpunkte oder Argumente auf Zetteln zugeteilt. Damit erhalten sie den Auftrag, in der vorgegebenen Zeit zu überzeugen und mit einem möglichst positiven Ergebnis aus der Diskussion zu gehen.
- **Beispiel:** Die meisten Themen ähneln jenen, die Du aus einer Deutschklausur-Erörterung kennst. Es werden oft Pro- und Kontra-Rollen verteilt. Häufige Themen sind etwa: »Ist ein Facebook-Auftritt für Schulen sinnvoll?«, »Wahlrecht in Deutschland bereits ab 16 Jahren?« oder »Sind Online-Shops ein Fluch oder Segen?«

- **Worauf wird geachtet?** Für die Beobachter ist weniger das Ergebnis als Dein Verhalten interessant: Wie ist Dein Umgang mit Kollegen und Konkurrenten? Bist Du fair, geduldig und kannst Dich durchsetzen? In Gruppendiskussionen zeigst Du, dass Du Konfliktgespräche führen kannst.
- **Unsere Tipps:** Bevor es losgeht, überlegst Du Dir Deine Argumente und bringst sie in eine Reihenfolge nach Stärke des Arguments. Je nach Länge der veranschlagten Zeit, solltest Du Dein stärkstes Argument an zweiter oder dritter Stelle bringen. Willst Du es später einbauen, dann läufst Du Gefahr, dass Du keine Gelegenheit mehr bekommst es zu äußern. Positiv fällt auch auf, wenn Du die Uhr im Blick hast und auf die Zeitvorgabe hinweist, wenn die Gruppe sich in einer zu langwierigen Diskussion verliert. Und glaub uns, das kommt sehr häufig vor. Mache niemals die Argumente Deines Gegenübers nieder. Betone lieber, dass Du ihn gut verstehst und an seiner Stelle wahrscheinlich genauso denken würdest. Dann erklärst Du, warum Deine Meinung hier trotzdem besser passt. Versuche, Deine Argumente strukturiert auszuführen. Sei nicht zu verbissen, was das Ergebnis der Diskussion angeht. Du solltest mit einem Kompromiss gut leben können. In anderen Worten: Sei freundlich, aber nicht unterwürfig.

Präsentationen:

- **Was ist das?** Meist wird Dir ein Thema gegeben, über das Du alleine (oder mit einem anderen Bewerber zusammen) innerhalb von 10 bis 30 Minuten eine kurze Präsentation vorbereiten und halten musst.
- **Beispiel:** Manchmal musst Du über berufsnahe Themen referieren, wie eine kurze Vorstellung des Partnerunternehmens. Oft werden von Dir aber auch komplett berufsfremde Referate erwartet, wie eine Kurzpräsentation über Deinen letzten Urlaub.
- **Worauf wird geachtet?** Mit Präsentationen zeigst Du, dass Du unter hohem Zeitdruck kreativ und strukturiert eine Lösung für ein bestimmtes Problem anschaulich vorstellen kannst. Ist noch ein Mitbewerber dabei, kannst Du auch gleich Deine Teamfähigkeit unter Beweis stellen.
- **Unsere Tipps:** Präsentiere ruhig und beziehe das Publikum mit ein. Das kann zum Beispiel über eine Frage am Anfang geschehen: »Wer von Ihnen war schon einmal in China? Dort haben wir letztes Jahr unsere letzte Außenstelle eröffnet«. Du solltest langsam und laut sprechen und Pausen einbauen. Damit merkt man Dir Deine Nervosität kaum an und Du wirkst souveräner.

Gruppenaufgaben:

- **Was ist das?** Deine Gruppe bekommt eine Aufgabe. Ihr müsst zusammen etwas basteln, bauen, schreiben oder auf eine sonstige Art zusammenarbeiten.
- **Beispiel:** Der Klassiker ist, zusammen im Team ein Kunstwerk mit fest vorgegebenen Materialien (z.B. Papier) und Werkzeugen zu basteln.
- **Worauf wird geachtet?** Dein zukünftiger Arbeitgeber will sehen, wie Du Dich in einer stressigen Situation im Team verhältst. Kommt ihr als Gruppe gemeinsam zum Erfolg? Hast Du mit Deinem Verhalten zum Erfolg der Gruppe beigetragen oder warst Du dafür eher hinderlich?
- **Unsere Tipps:** Hier gelten ähnliche Tipps wie für die Gruppendiskussionen. Vermeide direkte Konflikte mit Deinen Mitbewerbern. Du musst auch nicht den Anführer spielen. Verhalte Dich einfach so wie Du bist, sei aktiv und binde die Leute mit ein, die sich von alleine kaum einbringen. Falls Du es etwas konkreter magst, kannst Du Dir den Maßstab auch so vorstellen: Wie würdest Du Dich in einem Fußballteam oder bei Deiner Schülerzeitung einbringen?

Einzelübungen:

- **Was ist das?** Du wirst vor eine Aufgabe gestellt. Dafür reicht die Zeit nur selten aus. Du bekommst absichtlich zu wenig Zeit, um die gesamte Aufgabe zu schaffen.
- **Beispiel:** Eine sehr beliebte Übung ist die sogenannte Postkorbübung. Du bekommst einen Korb voller Aufgaben (meist 10 bis 20) und musst entscheiden, welche Aufgaben Du in der kurzen Zeit erledigst, welche Du zurückstellst und welche Du gar nicht angehst. Im Postkorb oder E-Mail-Eingang liegen Anfragen von Kollegen oder Vorgesetzten, Rückrufbitten, Termine, Newsletter, Berichte und so weiter. Am Ende musst Du Deine Entscheidungen vor dem Publikum begründen.
- **Worauf wird geachtet?** Der Praxispartner will wissen, wie Du reagierst, wenn Du Dich überfordert fühlst und ob Du dann einen kühlen Kopf behältst.
- **Unsere Tipps:** Wenn es besonders hektisch zugeht, ist es am besten die Aufgabe langsam anzupacken. Das strahlt Ruhe aus. Gehe strukturiert vor: Prüfe, was es zu erledigen gibt, was davon wichtig ist und entscheide, was Du gleich abarbeiten solltest und was eher weniger wichtig ist und Du deshalb zurückstellen kannst. Falls Du Dein Ergebnis am Ende präsentieren sollst, hat sich ein Raster bewährt.

Es unterscheidet die Aufgaben nach Wichtigkeit und Dringlichkeit:

Wichtig und nicht dringend (später)	Wichtig und dringend (selbst und gleich)
Unwichtig und nicht dringend (vernachlässigen)	Unwichtig und dringend (delegieren)

Im Zweifelsfall erledige lieber wichtige vor dringenden Aufgaben zuerst. Wie so oft, ist der Weg das Ziel. Begründe daher Deine Entscheidungen möglichst mit Argumenten.

Dos und Don'ts im Assessment-Center

Die Generali Versicherung hat uns eine Liste mit Dos und Don'ts für das AC bereitgestellt. Sie bildet Duale Studenten aus – zum Beispiel einen von uns Autoren – und setzt dabei auf ein Assessment-Center zur Auswahl. Die Liste kannst Du auch am Vorabend des nächsten Bewerbertages schnell durchgehen.

Dos ☺	Don'ts ☹
Pünktlich	Unpünktlich sein
Über das Unternehmen und den Beruf informiert sein	Unvorbereitet erscheinen
Angemessenes Auftreten (Kleidung, Umgangsformen)	Unpassendes Auftreten (Kleidung, Umgangsformen)
Spontan und flexibel sein	Wenig Beteiligung bei Gruppenaufgaben
Fragen aus Interesse stellen (keine Höflichkeitsfragen, deren Antwort Dich nicht interessiert)	Eine Rolle spielen (nicht authentisch sein)
Offenes und ehrliches Auftreten	Schwächen-Vermeidungstaktik
Kenne Deinen eigenen Werdegang	Zu starke Konkurrenzhaltung

TIPP

Geheimwaffe Spaß und Freude

Bevor Du Dich für einen Dualen Studiengang entscheidest, überlege Dir, ob Du an diesem Studiengang und den damit verbundenen Aufgaben Spaß haben wirst. Eine Personalmanagerin, die seit mehreren Jahren Duale Studenten betreut, hat uns versichert, dass dies für sie eines der wichtigsten Kriterien bei der Auswahl von Dualen Studenten darstellt. Manchmal fallen in einem Dualen Studium mal eine Projektarbeit fürs Unternehmen und eine schwierige Klausurphase zusammen. Was Dir in diesem Fall die Kraft gibt, beides zu meistern, ist der Spaß an der Arbeit und an den Themen im Studium. Freude an der Arbeit wird auch langfristig einer der wichtigsten Einflussfaktoren für Deinen Erfolg in der Karriere sein.

Das Interview alias Vorstellungsgespräch

Was für Lovelyn, Stephanie und Vanessa bei Germanys Next Topmodel das Finale ist, ist für den Dualen Studenten das Vorstellungsgespräch. Es bildet die letzte Hürde, die Du vor der Zusage nehmen musst. In diesem Interview fällt die Entscheidung für oder gegen den Job. Zwar geht es hier nicht um das Cover-Foto der Cosmopolitan, aber trotzdem darfst Du selbstbewusst und stolz ins Vorstellungsgespräch gehen. Bist Du bereits zu diesem letzten Test eingeladen, dann stehen Deine Chancen auf einen Dualen Studienplatz schon sehr gut. Du gehörst zu der Handvoll Kandidaten, die es so weit geschafft haben.

Besonderheiten eines Vorstellungsgesprächs

Ein Vorstellungsgespräch zeichnet sich durch ein paar Besonderheiten aus, die Du unbedingt im Hinterkopf haben solltest:

- Deine **Bewerbungsunterlagen** und Deine bisherigen Testergebnisse dienen als Grundlage für das Gespräch. Das Interview ist also zu einem großen Teil auf Dich als Bewerber zugeschnitten.

- Dieses Einzelgespräch bietet Deinem zukünftigen Betreuer die beste Chance, **Dich als Mensch kennenzulernen** – ohne äußere Einflüsse wie künstlichen Druck und Aufgaben. Es kommt deshalb stark darauf an, ob die Chemie zwischen Dir und dem Interviewpartner / den Interviewpartnern stimmt.
- Die Gesprächspartner wollen sich von Deinem **Interesse an dem Dualen Studiengang** und **Deiner Eignung** überzeugen. Sie suchen nach Bestätigung des positiven Eindrucks, der der Grund für die Einladung zum Vorstellungsgespräch war.

Wer Dir gegenüber sitzt

Das Vorstellungsgespräch wird von einem oder mehreren Mitarbeitern des Unternehmens geführt. Egal wer da vor Dir sitzt: Lass Dich nicht einschüchtern und versuche, locker zu bleiben. Es gibt verschiedene Personen, mit denen Du als Gegenüber im Vorstellungsgespräch rechnen kannst:

- **Dein zukünftiger Betreuer:** Fast immer sitzt Dir der verantwortliche Betreuer der Dualen Studenten im Unternehmen im Vorstellungsgespräch gegenüber.
- **Ehemalige oder aktive Duale Studenten:** Manche Unternehmen lassen ihre Dualen Studenten bei der Auswahl der neuen Jahrgänge mitreden und nehmen sie mit ins Vorstellungsgespräch.
- **Mitarbeiter des Unternehmens aus dem gleichen Fachgebiet:** Es kommt vor, dass Du altgedienten Mitarbeitern gegenübersitzt, die bereits in Deinem Wunschbereich arbeiten. Gerade Duale Studenten technischer Studiengänge haben uns das öfters geschildert. Bewirbst Du Dich zum Beispiel für ein Duales Studium in Elektrotechnik, dann sitzt Du oft einem Elektro-Ingenieur gegenüber.
- **Andere Mitarbeiter aus dem Personalbereich:** Manchmal sind auch zusätzliche Mitarbeiter der Personalabteilung beim Vorstellungsgespräch anwesend. In kleineren Unternehmen trifft man auch mal auf den Personalchef oder sogar den Vorstand persönlich.

TIPP

Mehr Selbstbewusstsein im Gespräch

Die Sozialpsychologin *Amy Cuddy* von der Harvard Business School hat eine Geheimwaffe für mehr Selbstbewusstsein in Vorstellungsgesprächen bei der Vortragsreihe Ted Talks offenbart. Sie erklärt, wie Deine Körperhaltung nicht nur auf andere wirkt, sondern auch auf Dich selbst. Die Art und Weise, wie Du dasitzt, stehst und Dich bewegst, beeinflusst nicht nur das, was andere von Dir denken. Sie verändert auch, wie Du Dich selbst fühlst. Bist Du vor Deinem AC nervös, so empfiehlt Amy Cuddy, davor sogenannte Macht-Posen einzunehmen. Sie hat nachgewiesen, dass man sich dadurch mutiger und selbstbewusster fühlt. Eine Machtpose nimmst Du dann ein, wenn Dein Körper großen Raum für sich beansprucht. Das heißt, Du kauerst Dich nicht auf einem Stuhl zusammen, sondern streckst Dich aus und machst Dich breit. Wirst Du gerade nicht beobachtet, so kannst Du auch extreme Machtposen, wie die Siegerpose einnehmen: Du stehst breitbeinig da, streckst beide Arme in die Luft und hebst Dein Kinn, als ob Du gerade den Hundertmeterlauf gewonnen hättest. Sitzt Du auf dem Stuhl, dann lehn Dich zurück und streck die Arme und Beine aus. Wichtig: Wenn Du beobachtet wirst, dann übertreibe es mit den Machtposen nicht. Du solltest auch dann mehr Platz einnehmen, aber wenn Du in der Siegerpose den Raum für das Vorstellungsgespräch betrittst, dann wirst Du den Personaler eher erschrecken. Das Video von Amy Cuddy können wir Dir wärmstens empfehlen. Du findest es auf YouTube unter

www.youtube.com / watch?v=Ks-_Mh1QhMc
auch mit deutschem Untertitel.

Welche Fragen Dich erwarten

Zu Beginn des Vorstellungsgesprächs wird Dein Gegenüber erst einmal versuchen, Dir mit ein bisschen Small Talk und einfachen Fragen die Nervosität zu nehmen. Sobald es losgeht, will man mehr über Dich und Deine Eignung erfahren. Dafür werden Dir drei Typen von Fragen gestellt:

TIPP

Keine Angst, kleine Schwächen zuzugeben

Die Betreuerin Dualer Studenten eines großen Unternehmens hat uns verraten: »Mir ist ein ehrlicher Chaot viel lieber als ein aalglatter und vermeintlich perfekter Typ, der nicht authentisch ist«. Hast Du in Deutsch schlechtere Noten bekommen, weil Du Dich nicht für Deutsch interessiert hast? Du darfst dann auch ehrlich sein und sagen, Du warst schlecht, weil es Dir keinen Spaß gemacht hat. Der psychologische Trick dabei ist, dass Deine Stärken und Interessen viel glaubwürdiger wirken, wenn Du genauso ehrlich zu Deinen Schwächen stehst.

Fragen zu Deinem Werdegang

Du wirst nochmal auf ausgewählte Punkte Deines Lebenslaufs angesprochen. Lücken und Besonderheiten laden die Personaler dazu ein, nachzubohren. Deshalb haben wir Dir auch bei der Bewerbung empfohlen, auf diese Weise positiv neugierig auf Deinen Werdegang zu machen.

Beispiele:

- Was haben Sie in dem freien Jahr nach Ihrem Abitur gemacht?
- Wieso sind Ihre Deutschnoten so viel schlechter als Ihre Mathematiknoten?
- Was ist Ihr liebstes Hobby?
- Wieso bewerben Sie sich für ein Informatik-Studium, wenn Sie zwei Schülerpraktika im Sozialbereich gemacht haben?
- In welcher Rolle haben Sie bisher Verantwortung übernehmen müssen?
- Was haben Sie in Ihrem Schülerpraktikum gelernt?

Das ist die Art von Fragen, auf die Du Dich ganz einfach vorbereiten kannst. Lese Dir Deinen Lebenslauf vor dem Interview durch und überlege, welche Fragen man Dir dazu stellen könnte. Du solltest Deinen Lebenslauf kennen. Wenn Du sehr gute Englischsprachkenntnisse angegeben hast, rechne damit, dass während des Gesprächs auf Englisch gewechselt wird.

Fragen zu Deiner Persönlichkeit

Du kannst davon ausgehen, dass die Personaler Deinen Charakter mit einer Handvoll psychologischer Fragen scannen. Hier geht es am wenigsten um die Antwort an sich, sondern um die Art und Weise, wie Du reagierst. Manchmal werden auch kritische Fragen gestellt, um Dich zu verunsichern.

Beispiele:

- Was sind Ihre Stärken und Schwächen?
- Ihre Noten in Englisch waren ja nicht hervorragend. Waren Sie da vielleicht etwas zu faul?
- Wenn Sie alleine auf eine einsame Insel gehen müssten und nur drei Gegenstände mitnehmen könnten, welche Gegenstände wären das?

Du kannst Dich nicht auf alle Fragen dieser Art vorbereiten. Wenn Du außerdem hier auswendig gelernte Antworten vorsagst, dann wirkt das alles andere als souverän. Falls Du nicht gleich eine Antwort parat hast, sage einfach, dass Du schnell ein paar Sekunden brauchst, um zu überlegen. Das wirkt sympathisch und souverän und zeigt, dass Deine Antwort wirklich spontan ist. Eine genial einfache Lösung für die etwas knifflige Frage nach den Stärken und Schwächen erklären wir Dir auf unserer Webseite **duales-studium.guru**.

Fragen zu Deiner Motivation und Eignung

Auch wenn Du es bei Deinen Bewerbungsunterlagen schon mehr als deutlich gesagt hast: Das Unternehmen will von Dir noch einmal persönlich hören, dass Du Lust auf das Duale Studium und die Arbeit im Unternehmen hast. Dafür wird auch getestet, inwiefern Du Dich für aktuelle Themen aus Deinem Studiengebiet interessierst.

Beispiele:

- Können Sie mir bitte kurz die Finanzkrise von 2008 erklären? (BWL)
- Was ist eine Aktie? (BWL)
- Wie funktioniert ein Kolbenmotor? (Ingenieure)
- Können Sie mir die Diesel-Krise bei VW erklären? (Bewerbung in Automobil-branche)

Auf die meisten dieser Fragen solltest Du eine ungefähre Antwort parat haben. Keiner erwartet von Dir, dass Du als Schüler schon ein Spezialist für Kolbenmotoren oder Aktienhandel bist. Aber das Unternehmen will wissen, ob Du Dich wirklich für Dein zukünftiges Arbeitsgebiet interessierst und ab und zu Zeitung liest. Falls Du hier eine Frage nicht beantworten kannst, dann ist die beste Strategie, dies sofort zuzugeben. Gleichzeitig könntest Du antworten, dass es Dich interessiert und nach der richtigen

Antwort fragen. Wenn Du das ehrlich meinst, wird Dein Gegenüber das merken und Dir keinen Punkt für eine schlechte Antwort eintragen, vorausgesetzt, das passiert Dir nicht bei jeder Frage dieser Art.

ACHTUNG

Wie man ein Vorstellungsgespräch auflockert

Achte darauf, dass das Vorstellungsgespräch ein Dialog ist und nicht in einem einseitigen Ausfragen durch den Personaler endet. Du darfst auf Fragen also auch mal ausführlichere Antworten geben und Deinem Gegenüber genauso Gegenfragen zum Dualen Studium und der Arbeit im Unternehmen stellen.
Wenn Du etwas länger ausholst, dann bei Themen, die Dich selber begeistern. Sprichst Du über Themen, die Dich leidenschaftlich interessieren, spürt Dein Gegenüber diese Leidenschaft und wird angesteckt – ob er will oder nicht. Dabei kommst Du auch selber besser in Fahrt und hast sogar ein bisschen Spaß am Vorstellungsgespräch.

ACHTUNG

Lerne keine Antworten oder Phrasen auswendig

Wenn Du Dich lächerlich machen willst, dann kannst Du einfach »Killerphrasen« aus dem Internet auswendig lernen. Teilweise empfehlen auch professionelle Institutionen, wie Berufsakademien oder Karriere-Webseiten Antworten und Sätze, mit denen Du Dich angeblich direkt ins Herz des Personalers zauberst. Das funktioniert natürlich nicht. Ein Job-Interview ist keine Lateinvokabel-Abfrage in der Schule. Die Personaler merken so etwas sofort und dann bist Du unten durch. Denn wie soll Dich jemand als Mensch kennenlernen, wenn Du Deine wahre Persönlichkeit hinter auswendig gelernten Phrasen versteckst?

TIPP
Wie man richtig Fragen stellt

Die einfache Regel lautet: Stelle nur Fragen, deren Antwort Dich wirklich interessiert und die Du Dir nicht nach zwei Minuten Internetrecherche selbst beantworten kannst. Am besten kommen also tief greifende Fragen zum Dualen Studium und der Arbeit im Unternehmen an. Sie zeigen, dass Du vorher schon recherchiert hast und immer noch neugierig auf mehr Informationen zum Programm bist. Du solltest auf jeden Fall ein paar Fragen stellen. Das ist auch eine Form der Wertschätzung von Dir gegenüber dem Unternehmen und gehört zu einem erfolgreichen Vorstellungsgespräch dazu.

☒ Beispiele für Fragen, die Du im Vorstellungsgespräch **nicht** stellen solltest:
- Wie lange dauert das Duale Studium?
- An welcher Hochschule findet das Duale Studium statt?

☑ Beispiele für Fragen, die Du auf jeden Fall stellen kannst:
- Was ist aus ehemaligen Dualen Studenten geworden? Wo arbeiten diese jetzt im Unternehmen?
- Wie wird festgelegt, in welchen Abteilungen man seinen Ausbildungsaufenthalt verbringt? Kann man hier Wünsche äußern?
- Schreiben Duale Studenten ihre Abschlussarbeit im Unternehmen?

EXPRESS-WISSEN

- An einem Bewerbertag testen Praxispartner Deine Eignung meist in Einstellungstests und Assessment-Center (AC) sowie immer in einem persönlichen Vorstellungsgespräch.
- Unternehmen suchen authentische Kandidaten. Wenn Du Erfolg haben willst, darfst Du Dich nicht verstellen und musst gleichzeitig Dein Bestes geben. Trau Dich, Ecken und Kanten zu zeigen. Trotzdem musst Du Dich aktiv um Erfolg bemühen und anstrengen.
- Bewerber müssen meist auch einen Einstellungstest absolvieren. Typische Testformen sind Intelligenztests, Persönlichkeitstests, Englischtests, Mathematiktests und andere fachspezifische Tests.
- Im Assessment-Center wollen Unternehmen mehr über Dein Verhalten gegenüber anderen und unter Stress erfahren. Deshalb musst Du während des Assessment-Centers einige ungewöhnliche Aufgaben alleine oder im Team unter den kritischen Augen einer Jury aus Unternehmensvertretern erledigen. Typischerweise wirst Du mit Gruppenaufgaben, Präsentationen Gruppendiskussionen und Einzelaufgaben konfrontiert. Manche Aufgabentypen, wie die Postkorbübung oder die Selbstpräsentation, kannst Du vorher leicht zu Hause durchspielen. Andere werden Dich mehr überraschen.
- Im Vorstellungsgespräch werden Dir Fragen zu Deinem Werdegang, zu Deiner Persönlichkeit und zu Deiner Motivation und Eignung gestellt. Die Kunst für ein erfolgreiches Vorstellungsgespräch ist es, aus einem Interview ein Gespräch zu machen, in dem das Unternehmen und Du euch kennenlernen könnt.

Kapitel 11
Dein Vertrag – Jura-Unterricht für den Dualen Studenten

Hast Du alle Hürden genommen und das Angebot für einen Dualen Studienplatz in der Tasche, bekommst Du den Vertrag angeboten. Je nach Programm landen ein bis vier Verträge in Deinem Briefkasten. Als Dualer Student an einer staatlichen Berufsakademie oder Dualen Hochschule musst Du nur einen Vertrag unterschreiben. Mehrere Verträge bekommst Du vor allem, wenn Du ein ausbildungsintegriertes Studium antreten möchtest. Neben dem Studienvertrag flattern mindestens noch der Berufsausbildungsvertrag und der Arbeitsvertrag für die restliche Studienzeit nach Deinem erfolgreichen Abschluss vor der IHK oder der Handwerkskammer herein.

Ein Vertrag ist eine gegenseitige freiwillige Selbstverpflichtung zwischen Dir und den anderen Vertragspartnern. Damit Du weißt, zu was Du Dich hier verpflichtest, übersetzen wir Dir Schritt für Schritt die wichtigsten Vertragsbestandteile aus dem Juristenlatein ins Deutsche. Einheitliche Vertragsmuster für alle Dualen Studiengänge gibt es bis dato nicht. Bisher macht jedes Bundesland bis hin zu jeder Hochschule seine eigenen Verträge mit den Praxispartnern. Wir konzentrieren uns in diesem Kapitel vor allem auf die Vertragsbestandteile, die für Dich und Deinen Praxispartner wichtig sind, weil sich aus ihnen gegenseitige Rechte und Pflichten ergeben.

Wir wollen, dass Du genau verstehst, worauf Du Dich einlässt. Und zwar, bevor Du unterschreibst. Wir klären Dich bei wichtigen Punkten darüber auf, was nach aktueller Gesetzeslage und Rechtsprechung erlaubt ist. Falls Du schon mitten im Dualen Studium steckst, hast Du jetzt die Chance, Deinen Vertrag zu checken: Sind Deine Klauseln wasserdicht?

In diesem Kapitel findest Du:

- Rechtliche Unterschiede zwischen ausbildungs- und praxisintegrierten Studenten
- Die Vertragsbestandteile, die Du verstehen solltest, schnell und simpel erklärt:
  - Vertragsdauer
  - Probezeit
  - Theorie- und Praxiszeiten sowie Urlaub
  - Vergütung und Studienbeiträge
  - Urlaub
  - Deine Vertragspflichten als Dualer Student
  - Vertragspflichten Deines Arbeitgebers
  - Rückzahlungsklausel
  - Kündigungsmöglichkeiten

Wir haben in diesem Kapitel besonders sorgfältig recherchiert. Wie bei rechtlichen Fragen üblich, können wir Dir hier allerdings nur Richtlinien aufzeigen, weil sich jeder Einzelfall unterscheidet. Ganz sicher gehst Du nur, wenn Du einen Anwalt für Arbeitsrecht konsultierst.

Dein rechtlicher Status als Dualer Student

Du musst vorsichtig sein: Die gesetzlichen Regelungen für Duale Studenten sind leider noch undurchsichtig. Entweder gibt es noch gar keine Rechtsgrundlage oder sie unterscheiden sich von Bundesland zu Bundesland. Fangen wir beim Status der Dual Studierenden an: Bist Du als Dualer Student eigentlich Arbeitnehmer, Auszubildender oder Praktikant?

Eine allgemeingültige rechtliche Einordnung ist in Deutschland (Stand Frühjahr 2016) nicht möglich. Der Grund liegt in der Unterschiedlichkeit der Studienmodelle. Wie Du weißt, wird zwischen ausbildungsintegriertem und praxisintegriertem Studium getrennt. Einerseits hast Du den Status des Auszubildenden, andererseits einen Arbeitnehmerstatus. Hier beginnt das Chaos!

Doch keine Angst, wir führen Dich durch den Rechtsdschungel:

Ausbildungsintegriert (Studium plus Lehre)	Praxisintegriert
Während der Lehre:	
Auszubildender nach dem Berufsbildungsgesetz (BBiG) oder der Handwerksordnung (HwO) oder für Gesundheitsfachberufe (Heilberufe) nach dem jeweiligen Berufszulassungsgesetz	Da kein Berufsausbildungsabschluss, bist Du für die gesamte Vertragsdauer *kein* Auszubildender im Sinne des BBiG oder der HwO oder für Gesundheitsfachberufe (Heilberufe) nach dem jeweiligen Berufszulassungsgesetz.
Nach der Lehre: Sondern: Du gehörst zu den »zur Berufsausbildung Beschäftigten«[6]. Durch Deine Eingliederung im Betrieb oder der Dienststelle erlangst Du dadurch den **Arbeitnehmerstatus**.	Sondern: Du gehörst zu den »zur Berufsausbildung Beschäftigten«[6]. Durch Deine Eingliederung im Betrieb oder der Dienststelle erlangst Du dadurch den **Arbeitnehmerstatus**.

- **Wo macht sich der ungleiche Rechtsstatus im Vertrag bemerkbar?**
  Dieser ungleiche Rechtsstatus von praxisintegrierten und ausbildungsintegrierten Studenten wirkt sich auf viele Vertragsbestandteile aus. An den entsprechenden Stellen vermerken wir das übersichtlich für Dich, damit Du weißt, was für Dein Modell gilt.

- **Student bist Du in beiden Fällen:** Dafür bekommst Du einen Studentenausweis von der Hochschule oder Berufsakademie und genießt also – vor allem in Deiner Freizeit – überall Deinen »Studentenstatus«. Du kannst Dich über die vielen Ermäßigungen für Kino, Schwimmbad oder auch eine günstigere Bahncard freuen.

---

[6] im Sinne des § 5 Abs. 1 Satz 1 Betriebsverfassungsgesetz (BetrVG).

INFO

Gesetzliche Grenzen für Deine Verträge

Auch für Duale Studenten gelten die Gesetze aus dem Arbeitsrecht uneingeschränkt, wie beispielsweise maximale Wochen-
arbeitszeiten, Mindesturlaub von vier Wochen oder Lohnfort-
zahlung im Krankheitsfall. Bei allen Regelungen zur Vergütung,
Urlaub, Probezeit oder auch zur Arbeitszeit genießt Du in
Deutschland sozusagen gesetzlichen Mindestschutz. An diesen
muss sich Dein Praxispartner bei der Vertragsgestaltung halten.

Kommen wir zu den einzelnen Vertragsabschnitten. Die meisten der hier vorgestellten Vertragsbestandteile beziehen sich auf Deine Verträge mit dem Praxispartner.

Vertragsdauer

In diesem Teil des Vertrages wird festgehalten, wann der Vertrag beginnt und wann
er voraussichtlich endet. Beginn und Ende müssen auf den Tag genau festgelegt sein.
Dazu steht meistens noch ein Passus dabei, wie lange Du die Regelstudienzeit über-
ziehen kannst. Angefangen von keiner Überziehung bis zu mehreren Monaten sind
verschiedene Regelungen möglich.

Probezeit

Für ausbildungsintegrierende Studenten:

Es wird eine Probezeit festgelegt, die mindestens einen bis maximal vier Monate
betragen kann (§ 20 BBiG). Du oder Dein Arbeitgeber kann in dieser Zeit ohne Einhaltung einer Frist von heute auf morgen schriftlich kündigen. Ausgenommen sind
manchmal Azubis des öffentlichen Diensts mit bis zu sechs Monaten Probezeit.

Für praxisintegrierende Studenten:

Die Länge der Probezeit kannst Du mit der aus normalen Arbeitsverträgen für Angestellte vergleichen. Dort beträgt sie bis zu sechs Monate. Unterliegt Deine Firma der Tarifvertragsbindung, kann die Probezeit auch kürzer sein. In diesem Zeitraum kannst Du oder Dein Arbeitgeber das Arbeitsverhältnis mit einer Frist von 2 Wochen kündigen.[7]

Im Vertragsvordruck von der DHBW zum Beispiel sind nur drei Monate festgelegt. Dabei werden allerdings nur die reinen Praxisaufenthalte mitgezählt. Bist Du zuerst drei Monate an der Hochschule, dauert die Probezeit im Betrieb also immer noch die vollen drei Monate – somit insgesamt sechs Monate.

In anderen Vordrucken wiederum stehen sechs Monate. In diesem Fall wird bei der Anrechnung nicht zwischen Theorie- und Praxisphase unterschieden.

ACHTUNG

Kündigen, wenn Du Dich im Dualen Studium nicht wohlfühlst

Kennst Du das? Du schaust Dir einen schlechten Kinofilm bis zum Schluss an, obwohl Du Dir ziemlich sicher bist, dass er nicht besser wird? Bewahrheitet sich Deine Vermutung und der Film wurde bis zum Ende nicht besser, ärgerst Du Dich über die verschwendete Zeit.

Mit dem Dualen Studium könnte es Dir genauso gehen. Ein Abbruch Deines Dualen Studiums oder ein Wechsel in einen anderen Studiengang wird Dir schwerfallen. Schließlich hast Du Zeit und Mühe in die Bewerbung investiert, Dich im Assessment-Center durchgesetzt und bist vielleicht extra umgezogen. Bemerkst Du allerdings frühzeitig, dass das Duale Studium nichts für Dich ist, kannst Du in den ersten Monaten noch einen Schlussstrich ziehen. Du tust Dir und auch Deinem Praxispartner keinen Gefallen, wenn Du das Programm durchziehst und eigentlich unglücklich bist. Falls Du schnell merkst, dass das Duale Studium nichts für Dich ist, dann solltest Du in der Probezeit abbrechen.

---

[7] Gemäß § 622 Absatz 3 BGB.

Vergütung

Deine Vergütung kann im Prinzip auf zwei Ebenen geschehen:

* Du bekommst zum einen ein regelmäßiges Gehalt überwiesen.
* Dein Praxispartner übernimmt Deine Studiengebühren, falls welche anfallen.

Mit Blick auf das Gehalt gibt es für die Festsetzung – je nach Dualem Studienmodell – andere Rechtsgrundlagen.

Für ausbildungsintegrierende Studenten

Machst Du ein Duales Studium mit integrierter Berufsausbildung, kannst Du Dich über eine Ausbildungsvergütung freuen. Solange wie die duale Berufsausbildung läuft, ist die Zahlung gesetzlich vorgeschrieben (§ 17 BBiG) und richtet sich nach der Höhe der Ausbildungsvergütung Deines Ausbildungsberufs. Sie muss angemessen sein und mit den Ausbildungsjahren steigen. Das alles findest Du in Deinem Ausbildungsvertrag.

Zusätzlich zum Ausbildungsvertrag muss in der Zusatzvereinbarung oder im Studienvertrag geregelt sein, wie Dein Gehalt festgesetzt wird, wenn Du die integrierte Berufsausbildung geschafft hast. Es sollte auch geregelt werden, was passiert, wenn Du die Abschlussprüfung in Deinem Ausbildungsberuf bestehst. Denn dann endet laut § 21 BBiG Deine Ausbildung und somit der Ausbildungsvertrag und Du willst ja wissen, zu welchen Bedingungen Du nun mit Deinem Praxispartner verbunden bist.

Für praxisintegrierende Studenten

Die Höhe der Vergütung ist nicht einheitlich für jedes Bundesland geregelt. Die Vergütung kann in ganz Deutschland allerdings mehr oder weniger frei festgesetzt werden. In manchen Bundesländern dürfen bestimmte Mindestvergütungen nicht unterschritten werden. Zum Beispiel 495 € in Thüringen.

Es ist auch erlaubt, dass Dir beim Dualen Studium nur für Praxisphasen ein Gehalt gezahlt wird. Solche Regelungen kommen allerdings selten vor.
Leider bist Du im Sinne des Mindestlohngesetzes (MiLoG) als Dualer Student kein Praktikant und darfst somit weniger als den Mindestlohn erhalten.

Auf der zweiten Ebene der Vergütung geht es um die Finanzierung Deines Dualen Studiums. Je nach Hochschule oder auch Bundesland gelten andere Regelungen.

- Duale Studiengänge an staatlichen Berufsakademien und Hochschulen verlangen in der Regel *keine Gebühren* von den Praxispartnern. Dadurch entfällt für Dich die Rückzahlungsverpflichtung von Studiengebühren, denn Dein Praxispartner muss Dir ja lediglich ein Gehalt zahlen.
- Für Duale Studiengänge an privaten Berufsakademien und Hochschulen werden meistens Gebühren erhoben. Wer diese übernimmt, kann frei verhandelt werden. Meist übernimmt diese allerdings Dein Praxispartner.

INFO

Wer zahlt Deine Sozialversicherung?

Sozialversicherungsrechtlich bist Du als Dualer Student seit dem 1. Januar 2012 den Auszubildenden gleichgestellt. Es ist egal, ob Du für einen ausbildungsintegrierenden oder einen praxis-integrierenden Studiengang eingeschrieben bist. Das bedeutet, dass Du und Dein Praxispartner für die gesamte Dauer Deines Studiums in die Sozialversicherung einzahlen müssen. Du hast demnach Ansprüche auf Leistungen aus der gesetzlichen **Kranken-, Pflege-, Renten- und Arbeitslosenversicherung.** Das gilt sowohl für Deine Praxis- als auch Theoriephasen. Verdienst Du als Dualer Student weniger als 325 € monatlich, muss Dein Praxispartner die Sozialabgaben alleine tragen. Erst wenn Du mehr verdienst, musst Du Deinen Anteil zur Sozialver-sicherung zahlen – rund 20 Prozent von Deiner Bruttovergütung werden Dir dann abgezogen. Die Beiträge zur gesetzlichen Unfallversicherung übernimmt Dein Praxispartner komplett bzw. es gilt in der Theoriephase, dass der Unfallversicherungsschutz für Studenten von der Unfallkasse des Bundeslandes übernom-men wird.

Theoriezeiten

Zur Theoriephase steht meistens kein genauer Zeitrahmen in Form einer Stunden-zahl in den Verträgen. Häufig findet sich im Text nur, dass Du die von der Hochschule festgelegten Vorlesungen und Veranstaltungen besuchen musst.

Praxiszeiten

Die meisten Dualen Studenten arbeiten in einer 40-Stunden-Fünftagewoche, selbst wenn im Betrieb kein Tarifvertrag gilt. Falls doch, wird oft noch weniger als acht Stunden täglich gearbeitet. Auf diese Arbeitszeiten müssen Dir die Theoriezeiten angerechnet werden. Allerdings nur an den Tagen, an denen Du sonst normalerweise gearbeitet hättest.

Ein Beispiel macht es deutlicher:

- Angenommen in Deinem Betrieb wird von Montag bis Freitag gearbeitet, also in einer Fünftagewoche. Du arbeitest Montag bis Mittwoch im Betrieb. Donnerstag sitzt Du in der Berufsschule, Freitag bis inklusive Samstag sitzt Du in den Vorlesungen in der Hochschule.
- Dein Arbeitgeber muss Dir nur die Berufsschul- oder Hochschultage anrechnen, an denen Du normalerweise gearbeitet hättest, also im Beispiel am Donnerstag und Freitag. Für Samstag bekommst Du laut Gesetz keine Anrechnung.

INFO

Wie viel Arbeit ist erlaubt?

Wie viele Arbeitsstunden dürfen Duale Studenten höchstens arbeiten? Hierfür musst Du Dich nicht extra durch das Arbeitszeitgesetz oder Jugendarbeitsschutzgesetz quälen, wir erklären Dir das Wichtigste:

- Für Volljährige greift das Arbeitszeitgesetz. Höchstens 48 Stunden Wochenarbeitszeit dürfen in Deinem Vertrag stehen – allerdings bei einer Sechstagewoche. Die Arbeitszeit kann sogar auf zehn Stunden täglich und 60 Stunden wöchentlich verlängert werden, wenn Du innerhalb von sechs Monaten durchschnittlich nicht mehr als acht Stunden täglich arbeitest.
- Laut dem Jugendarbeitsschutzgesetz dürfen Minderjährige höchstens acht Stunden täglich arbeiten und für sie ist nur eine 40-Stunden-Fünftagewoche zulässig.

Urlaub

Generell gelten für diesen Passus in Deinem Vertrag folgende Grundregeln:

- Dein Urlaubsanspruch orientiert sich am Bundesurlaubsgesetz, wenn Du volljährig bist. Du hast mindestens Anspruch auf vier Wochen Urlaub.
- Dieser gesetzliche Mindesturlaub muss Dir während der vorlesungsfreien Zeiten gewährt werden, das heißt während der Praxisphase im Unternehmen.

Für ausbildungsintegrierende Studenten:

Als ausbildungsintegrierter Student hast Du während Deiner Ausbildung den gleichen Urlaubsanspruch wie ein normaler Auszubildender in Deinem Ausbildungsbetrieb. Fällst Du in einen gültigen Tarifvertrag, so gilt die jeweilige Anzahl an Urlaubstagen auch für Dich. Nachdem Du Deine IHK- oder HWK-Abschlussprüfung geschafft hast, greift Deine vertragliche Regelung für die Zeit nach der abgeschlossenen Berufsausbildung sowie wieder das Bundesurlaubsgesetz.

Für praxisintegrierende Studenten:

Als praxisintegrierter Student darfst Du Dich ebenso mindestens über den gesetzlichen Mindesturlaub von vier Wochen freuen. Allerdings kann hier vertraglich freier gestaltet werden als im ausbildungsintegrierten Studium. Du fällst nicht unter das BBiG, wodurch Dir Dein Arbeitgeber auch Teilzeitverträge anbieten darf.

Zum Beispiel: Innerhalb eines Studienjahres bist Du die Hälfte der Zeit an der Hochschule, und somit nur die andere Hälfte im Betrieb. Somit darf Dir als ausbildungsintegrierter Student für die Zeit nach der Berufsausbildung und als praxisintegrierender Student ein Teilzeitvertrag angeboten werden, da Du durchschnittlich nur zweieinhalb Tage pro Woche im Betrieb bist. Das heißt, dass sich Dein gesetzlicher Mindesturlaub für Volljährige von vier Wochen auf die Hälfte, nämlich zwei Wochen reduzieren darf. Einfach gesagt: Wenn sich die Arbeitszeit halbiert, halbiert sich auch der Urlaub.

Deine Pflichten als Dualer Student

Im Unterschied zu jedem normalen Studenten gelten für Dich als Dualer Student bestimmte Pflichten, die Du gegenüber Deinem Praxispartner erbringen musst. Mit anderen Worten: Für Deinen Praxispartner ergeben sich dessen Rechte aus Deinen Pflichten.

- **Ausbildungsintegrierende Studenten** sind für die Zeit der parallelen Berufs-ausbildung Azubis gleichgestellt, nach Berufsbildungsgesetz (BBiG) oder Hand-werksordnung (HwO). Das heißt, für Dich gelten die gleichen Rechte und Pflichten wie für jeden Azubi, solange bis Du die Berufsausbildung erfolgreich abschließt. Danach bekommst Du einen Arbeitnehmerstatus.

- **Praxisintegrierende Studenten** haben diesen Rechtsstatus »Azubi« *nicht,* jedoch ähneln viele Musterverträge den Verträgen von ausbildungsintegrierenden Stu-denten. Aber Du hast den Arbeitnehmerstatus. In vielen Punkten darf der Vertrag zwischen Dir und Deinem Praxispartner frei gestaltet sein.

Nachfolgend listen wir Dir zunächst Deine Pflichten gegenüber dem Praxispartner auf, wie sie üblicherweise in den Verträgen formuliert sind. Jede Deiner Pflichten werden wir Dir noch kurz erklären, wenn die Formulierungen in Juristendeutsch nicht selbsterklärend genug sind.

»Die Studentin / Der Student hat sich zu bemühen, die berufliche Handlungsfähigkeit zu erwerben, die erforderlich ist, um das Studienziel zu erreichen. Sie / Er verpflichtet sich ins-besondere,«

1. Lernpflicht

»die ihr / ihm im Rahmen ihres / seines Studiums übertragenen Aufgaben sorgfältig und gewissenhaft auszuführen.«

Du hast die Pflicht, Dich zu bemühen, die Fertigkeiten, Kenntnisse und Erfahrungen zu erwerben, damit Du Dein Studium erfolgreich abschließt.

In einer Zusatzvereinbarung kann geregelt werden, dass Du Deinen Praxispartner über Deine Prüfungsergebnisse informierst und erbrachte Leistungsnachweise aus dem Studium vorlegst, zum Beispiel am Ende jedes Semesters.

2. Lehrveranstaltungen, Prüfungen und sonstige Maßnahmen

»an den Lehrveranstaltungen und Prüfungen der »Name der Hochschule« sowie an sonsti-gen Studienmaßnahmen teilzunehmen.«

Du hast die Pflicht, an allen Lehrveranstaltungen und Prüfungen, für die Du vom Praxis-partner freigestellt wirst, teilzunehmen. Es herrscht Anwesenheitspflicht. Wie stark diese tatsächlich ausgelebt wird, hängt auch vom Hochschultyp ab (siehe Kapitel 6).

3. Berufsschulunterricht, Prüfungen und sonstige Maßnahmen

»am Berufsschulunterricht und an Prüfungen sowie an Ausbildungsmaßnahmen außerhalb der Ausbildungsstätte teilzunehmen, für die sie/er nach § 4 Nr. 5, 11 und 12 BBiG freigestellt wird.«

Nur für ausbildungsintegrierende Studenten:

Als ausbildungsintegrierter Student bist Du nicht verpflichtet, die Berufsschule zu besuchen – allerdings darfst Du, wenn Du möchtest. Man darf Dir den Besuch nicht im Vertrag verbieten. In den meisten Fällen haben sich die beteiligten Parteien deshalb Sonderlösungen überlegt:

- In separaten Klassen für die Dualen Studenten bekommst Du den Lernstoff in komprimierter Form vermittelt. Das ähnelt mehr den Vorlesungen an der Hochschule als klassischem Berufsschulunterricht.
- Beginnt Dein Studium erst im zweiten Jahr, besuchst Du im ersten Ausbildungsjahr die Berufsschule und manchmal auch die Klasse vom zweiten Ausbildungsjahr.
- Es werden Seminare und Schulungen von Deinem Praxispartner angeboten, in der Dir Berufsschulinhalte vermittelt werden.

4. Weisungsgebundenheit

»den Weisungen zu folgen, die ihr/ihm im Rahmen des Dualen Studiums von Ausbildenden, von Ausbildern oder Ausbilderinnen oder von anderen weisungsberechtigten Personen, soweit sie als weisungsberechtigt bekannt gemacht worden sind, erteilt werden.«

Klingt nachvollziehbar, oder? Andere weisungsberechtigte Personen sind beispielsweise Verantwortliche für den Arbeitsschutz. Wenn Du allerdings Anweisungen befolgen sollst, die rein gar nichts mit der Ausbildung und dem späteren Berufsbild zu tun haben, darfst Du Dich theoretisch weigern.

5. Betriebliche Ordnung

»die für die Ausbildungsstätte geltende Ordnung zu beachten.«

Wie jeder andere Mitarbeiter auch, musst Du Dich als Dualer Student an die betrieblichen Vorschriften halten. Gemeint sind die allgemeine Hausordnung, Arbeitszeitregelung, Rauchverbote, Anlegen von Schutzkleidung, Vorschriften über das Betreten von Werkstätten sowie Benutzungsordnungen für Sozialeinrichtungen.

6. Sorgfaltspflicht

»Werkzeug, Maschinen und sonstige Einrichtungen pfleglich zu behandeln und sie nur zu den ihr / ihm übertragenen Arbeiten zu verwenden.«

Natürlich solltest Du die Kreissäge in der Werkstatt oder den Beamer im Büro umsichtig verwenden und nicht zweckentfremden. Damit vermeidest Du unnötige Risiken für andere und musst für fahrlässiges Verhalten am Ende nicht einstehen.

7. Betriebsgeheimnisse

»über Betriebs- und Geschäftsgeheimnisse Stillschweigen zu wahren.«

Dein Praxispartner möchte seine Betriebs- und Geschäftsgeheimnisse natürlich für sich behalten. Das solltest Du nicht missachten, indem Du Interna zum Beispiel an die Konkurrenz oder die Öffentlichkeit verrätst. Dies setzt natürlich voraus, dass nicht gegen geltendes Recht verstoßen wird.

8. Führung von schriftlichen Ausbildungsnachweisen

»schriftliche Ausbildungsnachweise zu führen und regelmäßig vorzulegen.«

Nur für ausbildungsintegrierende Studenten:
Alle Azubis müssen schriftliche Ausbildungsnachweise führen, so schreiben es fast alle Ausbildungsordnungen vor. Was früher Berichtsheft genannt wurde, musst Du Deinem Ausbildungsbeauftragten regelmäßig zum Unterschreiben vorlegen und alle Ausbildungsnachweise zur Abschlussprüfung mitbringen. Kannst Du die Nachweise nicht vorzeigen, darfst Du die Prüfung nicht antreten.

9. Benachrichtigung

»bei Fernbleiben von der betrieblichen Ausbildung, vom Berufsschulunterricht, vom Besuch der Hochschule oder von sonstigen Ausbildungs- und Studienveranstaltungen dem Ausbildenden unter Angabe von Gründen unverzüglich Nachricht zu geben. Bei einer Arbeitsunfähigkeit infolge von Krankheit, die länger als drei Kalendertage dauert, hat die Studentin / der Student eine ärztliche Bescheinigung über das Bestehen der Arbeitsunfähigkeit sowie deren voraussichtliche Dauer spätestens an dem darauffolgenden Arbeitstag vorzulegen. Der Ausbildende ist berechtigt, die Vorlage der ärztlichen Bescheinigung früher zu verlangen. Dauert die Arbeitsunfähigkeit länger als in der Bescheinigung angegeben, ist die Studentin / der Student verpflichtet, eine neue ärztliche Bescheinigung vorzulegen.«

Wenn Du mal krank wirst, hast Du einen Anspruch auf Fortzahlung Deiner Vergütung durch Deinen Praxispartner von bis zu sechs Wochen. Danach übernimmt Deine Krankenkasse die Zahlung Deines Entgeltes zum Teil. Es ist wichtig, dass Du Dir vom Arzt eine Arbeitsunfähigkeitsbescheinigung besorgst, die Du Deinem Arbeitgeber spätestens am vierten Arbeitstag per Post, Fax oder E-Mail-Scan vorlegst.

Vertragspflichten Deines Arbeitgebers

»Der Ausbildende / Praxispartner verpflichtet sich,«

1. Studienziel

»dafür zu sorgen, dass der Studentin / dem Studenten die Kenntnisse, Fertigkeiten und beruflichen Erfahrungen vermittelt werden, die zum Erreichen des Studienziels erforderlich sind, und das Studium nach den beigefügten Angaben zur sachlichen und zeitlichen Gliederung des Studienablaufs (Praxisplan) so durchzuführen, dass das Studienziel in der vorgesehenen Studienzeit erreicht werden kann.«

Dein Praxispartner hat die Pflicht, Dich auszubilden. Das heißt, er überträgt Dir Aufgaben, die Deinem Studienziel dienen und Deinem Ausbildungsstand entsprechen. Dein Praxispartner muss also dafür sorgen, dass sich Deine Praxisphasen inhaltlich und zeitlich so weit wie möglich an den Studieninhalten anlehnen.

2. Betreuung
Für ausbildungsintegrierende Studenten (*Ausbilder / Ausbilderin*):
»selbst auszubilden oder eine / einen persönlich und fachlich geeignete / geeigneten Ausbilderin / Ausbilder ausdrücklich damit zu beauftragen und diese / diesen der / dem Auszubildenden jeweils schriftlich bekannt zu geben.«

Hier greift das BBiG beziehungsweise die HwO für Dich als Azubi: Es muss jemand fest bestimmt werden, der fachlich als Ausbilder qualifiziert ist. Mindestens ein Mitarbeiter beim Praxispartner muss eine Fachqualifikation nach AdA (Ausbildung der Ausbilder) bestanden haben.

Für praxisintegrierende Studenten (Betreuung):
»einen oder mehrere geeignete Mitarbeiter für die Betreuung des Studenten zu beauftragen.«

Für praxisintegrierende Studenten greift das BBiG beziehungsweise die HwO nicht. Das heißt für Dich, dass dieser Passus grundsätzlich kein Pflichtbestandteil im Vertrag sein muss; er ist trotzdem üblich. Die DHBW oder die Berufsakademien in Sachsen und Thüringen verpflichten ihre Praxispartner sogar, dass der Ausbildungsleiter einen Hochschulabschluss für Deine Betreuung vorweist.

3. Ausbildungsplan

Für ausbildungsintegrierende Studenten (*Ausbildungsordnung / Handwerksordnung*):
»der / dem Auszubildenden vor Beginn der Ausbildung die Ausbildungsordnung kostenlos auszuhändigen;«

Gemäß des BBiG und HwO findest Du in der Ausbildungsordnung für Deinen anerkannten Ausbildungsberuf unter anderem, welche Inhalte in der Zwischen- und Abschluss- bzw. Gesellenprüfung abgefragt werden. Außerdem zeigt Dir der enthaltene Ausbildungsrahmenplan, wann für Dich welche Ausbildungsinhalte im Betrieb an der Reihe sein müssen.

Für praxisintegrierende Studenten (Rahmenplan für Praxisphasen):
»dem Studierenden vor Beginn des Studiums den Praxisdurchlaufplan (zeitliche und sachliche Gliederung der Studienordnung für die praxisintegrierten Studienabschnitte) zur Verfügung zu stellen;«

Dieser Passus ist üblich und wünschenswert, aber nicht für alle praxisintegrierten Studiengänge verpflichtend. An der DHBW oder den staatlichen Berufsakademien steht dieser Absatz im Mustervertrag, wodurch eine möglichst große Theorie-Praxis-Verzahnung sichergestellt werden soll.

4. Ausbildungsmittel

»der / dem Auszubildenden kostenlos die Ausbildungsmittel, insbesondere Werkzeuge, Werkstoffe und Fachliteratur zur Verfügung zu stellen, die für die Ausbildung in den betrieblichen und überbetrieblichen Ausbildungsstätten und zum Ablegen von Zwischen- und Abschlussprüfungen, auch soweit solche nach Beendigung des Berufsausbildungsverhältnisses und in zeitlichem Zusammenhang damit stattfinden, erforderlich sind;«

Nur für ausbildungsintegrierende Studenten

- Absolvierst Du eine parallele Ausbildung zum Studium, muss Dir Dein Praxispartner alle Ausbildungsmittel stellen, die Du im Betrieb brauchst. Davon ausgeschlossen sind Ausbildungsmittel, Lehrbücher und Materialien, die Du in der Berufsschule benötigst (§ 14 BBiG).

Für ausbildungs- und praxisintegrierende Studenten:

- Schreibt Dein Praxispartner Dir besondere Berufskleidung vor, muss er sie Dir zur Verfügung stellen, zum Bespiel Helme und Schutzkleidung. Gemeint sind hier nicht: Sakkos, Blusen, Hemden oder Hosenanzüge.
- Die Kosten für die Studienliteratur, die Du in der Hochschule brauchst, muss Dein Praxispartner *nicht* übernehmen.

5. Besuch der Berufsschule, Hochschule (Berufsakademie) und von Ausbildungsmaßnahmen außerhalb der Ausbildungsstätte
»die Studentin / den Studenten zum Besuch der Berufsschule anzuhalten und freizustellen. Das gleiche gilt, wenn Ausbildungsmaßnahmen außerhalb der Ausbildungsstätte vorgeschrieben oder durchzuführen sind.«

Für ausbildungsintegrierende Studenten:

- Freigestellt wirst Du für den Unterricht oder Ausbildungsmaßnahmen inklusive Pausen und die Wegstrecke zwischen der Ausbildungsstätte und der Unterrichtsstätte oder außerbetrieblichen Ausbildungsstätten, wie z. B. bei Exkursionen.
- Wenn Du an einem anderen Ort eingesetzt wirst, der nicht im Vertrag steht, muss Dein Praxispartner Dir die Fahrtzeit auf die Arbeitszeit anrechnen und die Fahrtkosten übernehmen.

Für ausbildungsintegrierende und praxisintegrierende Studenten:

- Für die Teilnahme an Lehreinheiten im Rahmen Deines Studiums sollte diese Freistellung ebenfalls gelten, auch für Prüfungen und gegebenenfalls Wiederholungsprüfungen.

6. Ausbildungsbezogene Tätigkeiten
»der / dem Auszubildenden nur Aufgaben zu übertragen, die dem Ausbildungszweck dienen und ihren / seinen körperlichen Kräften angemessen sind;«

Für ausbildungsintegrierende Studenten:

- Die Ausbildungsordnung legt die Fertigkeiten, Kenntnisse und Fähigkeiten fest, die Gegenstand der Berufsausbildung sind. Einfaches Büro wischen, Einkaufen oder Babysitten für den Chef fällt nicht hierunter.

Für praxisintegrierende Studenten:

- Bei praxisintegrierten Studenten kann dies frei geregelt werden. Manchmal findet man im Vertrag versprochene Ausbildungsmaßnahmen, zum Beispiel wenn dies von der Hochschule gefordert wird.

7. Zeugnispflicht

Im Studienvertrag kann auch eine Formulierung über Deinen Zeugnisanspruch auftauchen. Falls nichts im Vertrag vermerkt ist, hast Du dennoch Anspruch darauf.

Alles über die Rückzahlungsklausel

Die Praxispartner wollen auch die Früchte ernten, die sie gesät haben. Die vielen Investitionen in Duale Studenten sollen nicht umsonst gewesen sein. Dein Praxispartner will Dich, den fertigen Dualen Studenten, einmal als Nachwuchskraft gewinnen und an sich binden. Deshalb werden sogenannte Rückzahlungsklauseln[8] in die Verträge mit eingebaut. In Rückzahlungsklauseln kann Dein Praxispartner Geld von Dir zurückfordern, das er in Dich und Deine Ausbildung gesteckt hat. Aus Deiner Sicht hast Du als Dualer Absolvent Kenntnisse und Fähigkeiten erworben, mit denen Du aussichtsreiche Berufschancen für die Arbeitswelt auch außerhalb Deines Partnerunternehmens hast. Doch nur, weil eine solche Klausel im Vertrag steht, heißt es noch nicht, dass sie wirksam und damit rechtlich durchsetzbar ist. Die Klausel muss eine Reihe von Kriterien erfüllen sowie klar und eindeutig formuliert sein. Wir erklären Dir, was eine wirksame Rückzahlungsverpflichtung ausmacht:

- **Keine versteckten Klauseln**
  Eine Rückzahlungsklausel muss für Dich leicht zu finden sein. Sie darf nicht irgendwo an versteckter Stelle auftauchen. Andernfalls dürfen sie als »überra-

---

[8] Wir stützen die folgenden Ausführungen auf Arbeitsgericht Gießen, Urteil vom 03.02.2015, Aktenzeichen: 9 Ca 180 / 14; Bundesarbeitsgericht, Urteil vom 18.03.2014, Aktenzeichen: 9 AZR 545 / 12; Bundesarbeitsgericht, Urteil vom 28.05.2013, Aktenzeichen 3 AZR 103 / 12; Landesarbeitsgericht Düsseldorf, Urteil vom 27.05.2013, Aktenzeichen: 9 Sa 108 / 13 und Bundesarbeitsgericht, Urteil vom 18.03.2008, Aktenzeichen: 9 AZR 186 / 07.

schende Klauseln« gemäß § 305 c Absatz 1 BGB nicht in den Vertrag einbezogen werden. Also die Klausel sollte im Vertrag zum Beispiel mit der Überschrift »§ X. Rückzahlungsklausel« deutlich erkennbar sein.

- **Du darfst nicht unangemessen benachteiligt werden**
Vor Gericht müsste die Klausel einer rechtlichen Kontrolle durch den Richter standhalten. Die rechtliche Grundlage hierfür bildet § 307 Absatz 1 BGB. Danach sind Bestimmungen in Allgemeinen Geschäftsbedingungen (hier: Bildungsvertrag) unwirksam, wenn sie den Vertragspartner (hier: Dich als Dualen Studenten) des Verwenders (hier: Praxispartner) entgegen Treu und Glauben unangemessen benachteiligen.

- **Wurde das Transparenzgebot eingehalten?**
Die Klausel muss für Dich verständlich sein. Eindeutige und unmissverständliche Formulierungen setzt das voraus – so verlangt es das Transparenzgebot aus § 307 Absatz 1 Satz 2 BGB.

Für eine wirksame Klausel müssen diese drei Gebote eingehalten werden. Zusätzlich müssen beim konkreten Inhalt der Klausel alle der folgenden vier Punkte erfüllt sein:

1. Die Höhe und Art der Rückzahlungsverpflichtung
2. Das Anschlussarbeitsverhältnis
3. Bindungsdauer ist erlaubt, aber sie darf nicht zu lang sein
4. Die Klausel muss danach unterscheiden, wer kündigt und warum

Ist bereits einer dieser vier Punkte nicht ausreichend in der Klausel abgedeckt, wird die ganze Klausel sehr wahrscheinlich insgesamt unwirksam. Hier gibt es nur ganz oder gar nicht, die Klausel kann nicht teilweise unwirksam werden. Eine Rückzahlungsklausel wird vor dem Gesetz als Ganzes bewertet, da sie eine inhaltliche und sprachliche Einheit darstellt. Das heißt: Für Dich entfällt somit die Rückzahlungsverpflichtung insgesamt, wenn Teile dieser Einheit nicht erfüllt werden. Wir erklären Dir im Folgenden jeden der Punkte nochmal im Detail.

1. Die Höhe und Art der Rückzahlungsverpflichtung

In der Rückzahlungsklausel muss eindeutig stehen,

- *wie hoch* der Rückzahlungsbetrag ausfällt und
- *was genau* oder mit anderen Worten, welche Art von Kosten Du zurückzahlen musst.

Du musst die Höhe der Rückzahlung zu jedem Zeitpunkt eines vorzeitigen Verlassens während der Bindungsdauer eindeutig bestimmen können. Dein Arbeitgeber ist verpflichtet, hierfür die tatsächlichen Studienkosten zu Grunde zu legen. Die rechtliche Grundlage im BGB bildet das Transparenzgebot des § 307 Absatz 1 Satz 2.

Dein Praxispartner darf zweierlei Arten seiner Kosten zurückverlangen:

* die Studienbeiträge für Dich und
* Deine Bruttovergütung für die Zeit, in der Du von der Arbeit freigestellt bist.

Für ausbildungsintegrierende Studenten:
Die Rückzahlungsverpflichtung darf nicht für die Zeit zählen, in der Du noch in Berufsausbildung warst. Während dieser Zeit gilt für Dich das BBiG, welches Rückzahlungsverpflichtungen ausschließt.[9] Sie darf nur für die Zeit gelten, die Du nach absolvierter Berufsausbildung bis zum Studienende noch beim Praxispartner verbringst.

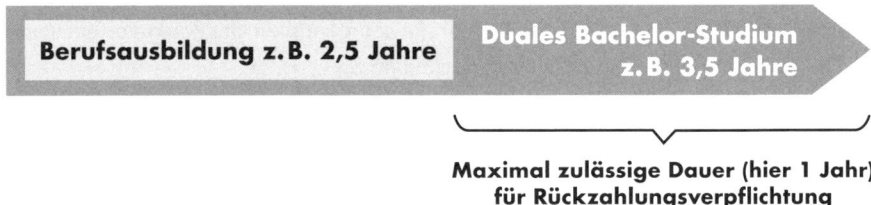

Für praxisintegrierende Studenten:
Absolvierst Du parallel keine Berufsausbildung, darf Dein Praxispartner die gesamte Studienzeit für die Rückzahlungsklausel bemessen.

---

[9] Gemäß § 12 BBiG.

Ein Beispiel zur Rückzahlung von Studiengebühren und Vergütung:

Die Studienbeiträge Deines ausbildungsintegrierten Studiums betragen 3 000 €. Sie sind nur in den zwölf Monaten Studienzeit nach Beendigung Deiner zweieinhalbjährigen Berufsausbildung bis zum Bachelorabschluss angefallen. Deine Vergütung betrug in diesen zwölf Monaten 1 200 € brutto monatlich. Sechs der zwölf Monate warst Du für das Studium von der Arbeit freigestellt. Nach Deinem Bachelorabschluss lehnst Du alle Anstellungsangebote ab.

Dein Praxispartner darf 3 000 € für Studiengebühren sowie 7 200 € (6 Monate x 1 200 €) für Deine Bruttovergütung für die sechs Monate, in denen Du von der Arbeit freigestellt warst, verlangen.

2. Das Anschlussarbeitsverhältnis
Dir muss im Vertrag eindeutig klar sein, zu welchen Bedingungen Du die Rückzahlung später nach einer frühzeitigen Kündigung leisten müsstest. Natürlich ist es ungerecht, wenn Dir jede x-beliebige Stelle zu einem mickrigen Gehalt angeboten werden dürfte und Du dennoch voll zurückzahlen sollst.

Damit es nicht soweit kommt, müssen Deine Übernahmebedingungen eindeutig formuliert sein. Die Klausel ist nur rechtlich wirksam, wenn ...

- im Vertrag steht, dass Du eine Anstellung bei Deinem Praxispartner bekommst. Möglich wäre auch eine Anstellung bei einem Tochterunternehmen. Diese Einstellungsoption muss jedoch ausdrücklich in der Klausel stehen.
- klar ist, welche angemessene Tätigkeit Du zu welchen Arbeitsbedingungen annehmen musst. Angemessen heißt:
  - Vollzeit,
  - eine Deiner akademischen Qualifikation entsprechende Tätigkeit und
  - eine Deiner Qualifikation entsprechende Anfangsvergütung
    (zum Beispiel: das Gehalt von BA-Absolventen der gleichen Fachrichtung im Unternehmen oder in der Branche, falls keine Vergleichbarkeit im Unternehmen besteht)

Stehen in Deiner Rückzahlungsklausel nicht alle dieser Bedingungen, liegt Intransparenz vor. Die Klausel verstößt dann gegen das Transparenzgebot und wird unwirksam. Du kannst dann nämlich nicht verlässlich einschätzen, welches Anstellungsangebot Dir Dein Arbeitgeber unterbreiten wird.

3. Bindungsdauer ist erlaubt, aber sie darf nicht zu lang sein

Eine Bindungsdauer muss vereinbart werden. Ohne sie wüsstest Du ja nicht, ab wann Du aus Deiner Rückzahlungsverpflichtung rauskommst. Sie regelt, wie lange Du für den Praxispartner nach Ende Deines Dualen Studiums arbeiten musst, damit sich für ihn die Investition in Deine Bildung lohnt.

- Verlässt Du Deinen Arbeitgeber *während* dieser Zeit, musst Du zurückzahlen.
- Mit jedem Monat, den Du für Deinen Praxispartner arbeitest, verringert sich die Rückzahlungshöhe.

Ein kurzes Beispiel, um Dir die Bindungsdauer zu erklären:

- Im Studienvertrag sind Kosten von 6 000 € zur Rückzahlung vermerkt. Die Bindungsdauer beträgt zwei Jahre, also 24 Monate.
- Demnach verringert sich der Rückzahlungshöhe mit jedem Monat um den Anteil von 1 / 24, also um 250 €.
- 9 Monate nach Deinem Studienabschluss verlässt Du Deinen Praxispartner und wechselst zu einem Konkurrenzunternehmen. Demnach musst Du noch 6 000 € minus 250 € x 9 Monate, also 3 750 € an Deinen Praxispartner zahlen.

Das Bundesarbeitsgericht hat Regelwerte entwickelt, um aus der Dauer der Ausbildung die höchstens zulässige Bindungsdauer abzuleiten.[10] Voraussetzung ist allerdings, dass Du für die Theoriephasen **von der Arbeit freigestellt** und **weiter bezahlt** wurdest.

Ausbildungsdauer (bezahlt und von der Arbeit freigestellt)	Höchstens zulässige Bindungsdauer
Für bis zu 1 Monat	Bis zu 6 Monate
Für bis zu 2 Monate	Bis zu 1 Jahr
Für 3 bis 4 Monate	Bis zu 2 Jahre
Für 6 bis 12 Monate	Bis zu 3 Jahre
Für bis zu 2 Jahre	Bis zu 5 Jahre

---

[10] Bundesarbeitsgericht, Urteil vom 14.01.2009, Aktenzeichen: 3 AZR 900 / 07.

Kürzer als die angegeben Regelwerte darf die Bindungsdauer immer sein, aber länger in Einzelfällen auch. Etwa, wenn die Qualität Deiner erworbenen Qualifikation außerordentlich hochwertig ist. Diese Regelwerte liefern Dir eine erste Orientierung: Oft wägen die Gerichte allerdings ab und ziehen dafür alle Umstände des Einzelfalls heran. Für das Duale Studium hat sich eine Bindungsdauer von zwei bis drei Jahren verbreitet.

4. Die Klausel muss danach unterscheiden, wer kündigt und warum
Grundsätzlich muss es Dir möglich sein, durch Deine Betriebstreue der Rückzahlungsverpflichtung zu entgehen. Wird Dir kein Arbeitsvertrag angeboten, obwohl Du gerne für den Praxispartner arbeiten möchtest und trotzdem sollst Du zurückzahlen? In diesem Fall bekommst Du ja gar nicht die Chance, die Ausbildungskosten durch Deine Treue zum Praxispartner abzuleisten. Diese Klausel würde Dich unangemessen benachteiligen und wäre deshalb unwirksam.

Grundsätzlich muss die Rückzahlungsklausel Regelungen darüber enthalten, in welchen Fällen Du *nichts* zurückzahlen musst:

* **Keine angemessene Anstellung**
  Nach Abschluss des Dualen Studiums muss Dir ein adäquater Arbeitsplatz angeboten werden. Geschieht dies nicht, musst Du nichts zurückzahlen. Die Kriterien für ein angemessenes Anschlussarbeitsverhältnis kannst Du im vorigen Abschnitt nochmal nachlesen.

* **Kündigung aus Gründen, die Du nicht zu vertreten hast**
  Wirst Du während des Dualen Studiums oder während der anschließenden Bindungsdauer aus Gründen gekündigt, die Du nicht zu vertreten hast, musst Du nichts zurückzahlen. Das ist etwa dann der Fall, wenn das Unternehmen keine Kapazität hat, Dich einzustellen, da ein betriebsbedingter Einstellungsstopp oder Personalabbau stattfindet.
  Ebenso entfällt die Rückzahlung, wenn Du zwar kündigst, die Gründe für Deine Kündigung jedoch beim Praxispartner liegen und nicht bei Dir. Eine derartige Situation liegt zum Beispiel dann vor, wenn Dein Praxispartner mehrere seiner Pflichten aus dem Vertrag verletzt.

INFO

Ausweg Aufhebungsvertrag

Bei einem Aufhebungsvertrag kündigst weder Du noch Dein Praxispartner. Ihr einigt euch freiwillig darauf, den Vertrag aufzuheben. Selten steht diese Möglichkeit im Vertrag, sie besteht jedoch immer. Schließt Du mit Deinem Praxispartner aus einem der zwei vorgenannten Gründen einen Aufhebungsvertrag, kannst Du Dich dann mit Deinem Praxispartner auf die Rückzahlungshöhe einigen.

ACHTUNG

In welchen Fällen ist eine Rückzahlung gerechtfertigt?

- **Studienabbruch auf Deinen Wunsch hin:** Verlässt Du auf eigenen Wunsch vor dem Ende Deines Dualen Studiums den Praxispartner, kann eine Rückzahlung gerechtfertigt sein.
- **Allerdings:** Schaffst Du Dein Duales Studium nicht, obwohl Du Deine intellektuellen Möglichkeiten ausgeschöpft hast, werden die Richter wohl zu Deinen Gunsten entscheiden.
- **Verhaltensbedingte Kündigung:** Wird Dir eine verhaltensbedingte Kündigung ausgesprochen, weil Du zum Beispiel eine vertragliche Pflicht verletzt hast, kann eine Rückzahlung ebenfalls gerechtfertigt sein.

TIPP

Im Zweifelsfall einen Anwalt einschalten

Wir empfehlen Dir, eine vom Praxispartner verlangte Rückzahlung nicht einfach so hinzunehmen. Hole Dir lieber bei einem Anwalt rechtlichen Rat.

Kündigungsmöglichkeiten

Wie in jedem Arbeitsvertrag für ein normales Angestelltenverhältnis, so findest Du auch in Deinem Ausbildungs- oder Bildungsvertrag die Bedingungen für die Kündigung. Meistens lehnen sich die Verträge an die BGB-Paragraphen an. Nach der Probezeit kann das Duale Studium entweder

- per fristloser Kündigung aus wichtigem Grund (gemäß § 626 BGB) oder
- per ordentlicher Kündigung mit Kündigungsfrist vier Wochen (gemäß § 622 Absatz 1 BGB)

beendet werden – sofern kein Tarifvertrag von der BGB-Formulierung abweicht. Je nachdem, wie schwerwiegend der Grund war, kommt eine der beiden Kündigungsarten in Frage.

Formuliert sind sie in den Verträgen folgendermaßen:

»Das Vertragsverhältnis kann nur gekündigt werden:«

(1) *»beiderseits aus einem wichtigen Grund, ohne Einhaltung einer Kündigungsfrist;«*
Diese Möglichkeit solltest Du nur in absoluten Ausnahmefällen in Betracht ziehen. Sie kommt nur für besonders schwere Pflichtverletzungen infrage. Du kannst dieses Register nur ziehen, wenn es Dir (oder Deinem Praxispartner) nicht zugemutet werden kann, noch eine Kündigungsfrist abzuwarten. Zum Beispiel, wenn Dir keine Vergütung mehr gezahlt wird. Innerhalb von zwei Wochen nachdem Du über das auslösende Ereignis Bescheid weißt, musst Du die Kündigung einreichen.

(2) *»beiderseits, wenn die / der Studierende vom Studium an der Hochschule / Berufsakademie ausgeschlossen worden ist, ohne Einhaltung einer Kündigungsfrist;«*
Wenn Du exmatrikuliert wirst, hat Dein Praxispartner ein Kündigungsrecht. Für ausbildungsintegrierende Studenten besteht während sie noch in der Berufsausbildung stecken, die Möglichkeit, wenigstens die Berufsausbildung noch abzuschließen.

(3) *»von der / dem Studierenden mit einer Kündigungsfrist von einem Monat zum Monatsende, wenn sie / er das Studium aufgeben oder sich für eine andere Tätigkeit ausbilden lassen will.«*
Du hast natürlich das Recht zu kündigen, wenn Du merkst, dass das Duale Studium nicht das Richtige für Dich ist. Beachte dabei eventuelle Rückzahlungsverpflichtungen.

EXPRESS-WISSEN

- Als zukünftiger Dualer Student musst Du bis zu vier Verträge unterschreiben, die Deine Ausbildung und Dein Arbeitsverhältnis regeln.
- Auch für Dual Studierende gelten die Bestimmungen aus dem Arbeitsrecht uneingeschränkt.
- Für Duale Studienverträge gibt es keinen einheitlichen deutschlandweiten Mustervertrag. Die Ursache hierfür liegt auch in den zweierlei Studienmodellen, die rechtlich unterschiedlich behandelt werden:
  - Als ausbildungsintegrierender Dualer Student wirst Du für die Dauer Deiner Berufsausbildung mit normalen Azubis rechtlich gleichgestellt. Danach erhältst Du meist einen Teilzeitangestelltenvertrag bis zu Deinem Studienabschluss und giltst als Arbeitnehmer.
  - Als praxisintegrierender Dualer Student hast Du von Beginn an den Arbeitnehmerstatus. Die einzelnen Vertragsbestandteile darf Dein Praxispartner freier gestalten. Dadurch unterscheiden sich die Verträge von Praxispartner zu Praxispartner, Hochschule zu Hochschule und Bundesland zu Bundesland.
- Die Verträge dürfen nicht gegen geltendes deutsches Recht verstoßen und gesetzliche Mindeststandards unterschreiten. Hierfür gibt es gesetzliche Regelwerke, die für den jeweiligen Vertragsabschnitt sozusagen die erlaubten Untergrenzen festlegen:

	Ausbildungs-integriertes Studium	Praxisintegriertes Studium
Vertragsdauer	• Für Lehre laut Berufsausbildungsvertrag zwischen 2 und 3 Jahre • Studienvertrag regelt für die Dauer bis zum Studienabschluss über die Dauer der Ausbildung hinaus	• Studienvertrag (manchmal Ausbildungsvertrag genannt) regelt bis zum Studienabschluss in der Regel zwischen 3 und 4 Jahren
Probezeit	• Zwischen 1 bis 4 Monate ohne Kündigungsfrist nach Berufsbildungsgesetz (BBiG)	• Bis zu 6 Monate mit Kündigungsfrist von 2 Wochen gemäß BGB →

	Ausbildungsintegriertes Studium	Praxisintegriertes Studium
Theoriezeiten	• Theorietage werden als Arbeitstage verrechnet oder in Teilzeitverträgen mit einer geringeren Wochenarbeitszeit berücksichtigt. • Im ausbildungsintegrierten Studium müssen bis die Berufsausbildung abgeschlossen ist, Theoriezeiten mit der vertraglichen Wochenarbeitszeit angerechnet werden.	
Praxiszeiten	• Volljährige: max. 48 Wochenstunden nach Arbeitszeitgesetz bei einer Arbeitswoche von Montag bis Samstag • Minderjährige: max. 40 Wochenstunden nach Jugendarbeitsschutzgesetz	
Erholungsurlaub	• Volljährige: mind. 4 Wochen nach Bundesurlaubsgesetz • Minderjährige: Gestaffelt je nach Alter gemäß Jugendarbeitsschutzgesetz	
Vergütung	• Kein Anspruch auf den gesetzlichen Mindestlohn • Anspruch auf angemessene Ausbildungsvergütung nach BBiG während der Lehre • Nach der Lehre meistens Teilzeitangestelltengehalt	• Kein Anspruch auf den gesetzlichen Mindestlohn • Unterschiedliche Mindestvergütungen je nach Bundesland und Hochschulart • An manchen Hochschulen und BA keine Pflicht, Dich zu vergüten
Pflichten als Dualer Student	• Während der Lehre: gleiche Pflichten wie normale Azubis nach § 13 BBiG • Nach Berufsabschluss frei festgelegt	• Häufig an die Pflichten eines normalen Azubis angelehnt

→

	Ausbildungsintegriertes Studium	Praxisintegriertes Studium
Rückzahlungsklausel	• Rückzahlungszeitraum darf frühestens mit Abschluss der Berufsausbildung beginnen	• Rückzahlungszeitraum für gesamte Studienzeit erlaubt
	Aus der Klausel müssen ALLE der vier Punkte eindeutig hervorgehen und zulässig formuliert sein, damit die Klausel rechtlich wirksam ist: • Die Höhe und Art der Rückzahlungsverpflichtung • Das Anschlussarbeitsverhältnis • Die Bindungsdauer darf nicht zu lang sein • Die Klausel muss danach unterscheiden, wer kündigt und warum	
Kündigungsmöglichkeiten	(1) beiderseits aus einem wichtigen Grund, ohne Einhaltung einer Kündigungsfrist; (2) beiderseits, wenn Du vom Studium an der Hochschule / Berufsakademie ausgeschlossen wurdest, ohne Einhaltung einer Kündigungsfrist; (3) von Dir mit einer Kündigungsfrist von einem Monat zum Monatsende, wenn Du das Studium aufgeben oder Dich für eine andere Tätigkeit ausbilden lassen willst.	

Schritt 5

Tipps und Tricks für Duale Studenten

Hast Du bereits Deinen begehrten Studienplatz in der Tasche, fängt die Herausforderung noch einmal von vorne an. Du musst jetzt im Dualen Studium Dein Können unter Beweis stellen. Jetzt gilt es, Dein Studium zu organisieren, Dich um Deine Finanzen zu kümmern und mit der Belastung im Studium möglichst gut umgehen zu lernen.

- In Kapitel 12 zeigen wir Dir mit 9 Alltags-Hacks kreative Tipps, mit denen Du die Herausforderungen im Alltag eines Dualen Studenten meisterst.
- In Kapitel 13 erklären wir Dir, wie Du als Dein eigener Finanzminister mit den ungeliebten Themen finanzielle Förderung und Einkommenssteuererklärung zurechtkommst. Wir behalten dabei stets Deinen Status als Dualen Studenten im Blick. Das zusätzliche Kapitel findest Du unter:

  www.berufundkarriere.de/onlinecontent

  Folge einfach den Anweisungen auf der Website.

Kapitel 12

Insider-Ratschläge von ehemaligen Dualen Studenten

Das Duale Studium ist kein Ruheraum für schläfrige Hamster. Dein Studium wird sehr viel Zeit in Anspruch nehmen und Dir einiges an Kraft abverlangen. Wir haben uns mit anderen Dualen Studenten zusammengesetzt und noch einmal die besten Tipps gesammelt. Wir können Dir deshalb eine Liste zur Hand geben, die wir selbst gerne zu Beginn unseres Studiums gehabt hätten. Du findest hier unser geballtes Wissen, von Auslandsaufenthalt bis zu Tipps, wie Du am besten Konflikte mit Deinem Partnerunternehmen lösen kannst. Hier kannst Du auch während Deines Studiums immer wieder nachschlagen, wenn Du mal wieder Rat suchst. In diesem Kapitel erfährst Du alles, was Du für Deinen erfolgreichen Studien- und Arbeitsalltag wissen solltest:

- Wir zeigen Dir mit kleinen **Alltags-Hacks**, wie Du mit der Doppelbelastung in Deinem Studium kreativ umgehen kannst.
- Als Dualer Student ist Dein Weg stark vorgezeichnet. Bist Du einer der hungrigen Typen, die gerne möglichst viel erreichen wollen? Dann haben wir hier für Dich die **Tipps, mit denen Du aus der Masse hervorstichst**.
- Ein Thema, das die Herzen der meisten Dualen Studenten höher schlagen lässt, ist der **Auslandsaufenthalt**. Nicht jedes Unternehmen bietet das an. Wir zeigen, wie Du Dir selbstständig einen Auslandsaufenthalt organisieren kannst. Dabei verraten wir Dir auch, wie Du am meisten aus dem Aufenthalt mitnehmen kannst.

9 Alltags-Hacks: Tipps für Studium, Arbeit und Zeitmanagement

Wie gehst Du am besten mit den Problemen und Herausforderungen um, die während des Dualen Studiums zwischen Dir und Deinen Zielen stehen? Mit diesen neun Tipps meisterst Du die häufigsten Themen des Alltags.

1. Zusammenhalt

Einer für alle, alle für einen. Gemeinsam ist man immer stärker. Das gilt nicht nur für die drei Musketiere, sondern auch für Duale Studenten. Egal was Du von Hochschule oder Partnerunternehmen willst, es ist hier immer besser sich mit anderen Dualen Studenten zusammenzutun. Gerade bei Themen wie Ausland, Abteilungsaufenthalte, mögliche Sorgen oder Beschwerden gilt: Dein Anliegen wird ernster genommen, wenn Du es mit Deinen Kollegen zusammen vorbringst. Denn damit wird dem Unternehmen klar, dass es sich um keinen persönlichen Wunsch von Dir handelt, sondern insgesamt wichtig ist.

Gerade an kleineren Berufsakademien und Hochschulen kommen das Studentenleben und der Kontakt zu anderen Studiengängen häufig zu kurz. Das liegt häufig daran, dass die anderen Studiengänge in den Vorlesungen sitzen, während Du im Betrieb arbeitest. Das nennt sich revolvierender Unterricht und verhilft der Verwaltung zur vollen Auslastung der Hörsäle und Räumlichkeiten zu jeder Zeit im Jahr. In der Folge siehst Du aber die Studenten aus anderen Fächern selten oder nie und lernst somit weniger Leute kennen.

Wenn ihr allerdings gerne mit anderen Dualen Studenten in Kontakt kommen wollt, ist Engagement gefragt, zum Beispiel:

- Organisiert bei schönem Wetter einen Grillabend auf dem Campus. Vorher solltet ihr natürlich das Einverständnis aus der Verwaltung einholen.
- In manchen kleineren Städten wurde ein Studenten-Förderverein ins Leben gerufen. So ein Verein engagiert sich unter anderem für das studentische Leben vor Ort. Frage einfach einmal nach, wie ihr möglichst leicht eine Party ausrichten könnt. Manchmal gibt es schon einen kostenlosen oder günstigen Partyraum, den ihr nutzen dürft.

2. Arbeit und Netzwerken im Unternehmen

Jeder Duale Student will in der Arbeit einen möglichst guten Eindruck hinterlassen und sich so gute Perspektiven für die spätere Karriere im Unternehmen erhalten. Einer der Gründe für ein Duales Studium sollte sein, dass Du bereits einen Fuß in der Tür im Unternehmen hast. Das haben wir Dir in Kapitel 2 ausführlich erklärt. Wenn Du Dir aber bewusst bist, welche Strategie und welche Aktionen Dir dabei helfen können, hast Du am Ende des Dualen Studiums nicht nur einen Fuß in der Tür, sondern hast einen soliden Grundstein für Deine weitere Karriere gelegt.

Zugegebenermaßen gehen manche der folgenden Tipps ein bisschen weit. Nicht jeder wird alle umsetzen können und wollen. Wenn Du aber nur einen Teil der Tipps ausprobierst, wirst Du den meisten anderen Dualen Studenten etwas voraushaben.

- Die Voraussetzung für einen guten Ruf im Partnerunternehmen ist **gute Arbeit**. Damit überraschen wir Dich wahrscheinlich nicht. Je mehr Mühe Du Dir gibst und je besser Deine Ergebnisse sind, desto mehr wirst Du als Mitarbeiter geschätzt. Die meisten Dualen Studenten liefern zuverlässig gute Arbeit ab und sind auch bereit, die Extrameile zu gehen und mehr zu machen, als von ihnen verlangt wird. Der berühmte amerikanische Unternehmer und Motivator Jim Rohn drückt das so aus: »Always do more than you get paid for«. Das kannst Du Dir zum Motto machen, wenn Du einen besonders guten Eindruck machen willst. Falls Du mit Deinen Aufgaben fertig bist, solltest Du nach neuen fragen und die Zeit nicht vertrödeln.

- Für Erfolg und Anerkennung in der Arbeitswelt gehört im Gegensatz zur Schule mehr dazu, als nur gute Zensuren zu haben. Eine Bekannte von uns hat in ihrem Dualen BWL-Studium für ein Unternehmen aus dem Gesundheitsbereich großartige Arbeit geleistet und exzellente Bewertungen erhalten. Als Sie sich drei Jahre später in der gleichen Abteilung bewarb, hat Sie der Chef der Abteilung nicht mehr wiedererkannt. Das hat sie richtig schockiert. Gute Arbeit alleine reicht also leider nicht. Du musst einen Weg finden, in Erinnerung zu bleiben. **Du kannst Dir Dich selbst als Marke vorstellen.** Eine gute Marke muss erst einmal geschaffen werden und sich von den bestehenden abgrenzen. Genauso wie wir Schuhe von Nike wiedererkennen und für begehrenswerter halten als No-Name-Produkte vom Discounter, musst Du Dich im Unternehmen richtig einbringen und darstellen. Wir haben Dir dafür ein paar einfache Vorschläge zusammengestellt:
  - **Gute Kleidung:** Kleide Dich etwas besser als im Büro notwendig. Ein bekannter Spruch lautet: »Du sollst Dich nicht für den Job kleiden, den Du hast, sondern für den, den Du gerne haben willst.« Gut gekleidet fällst Du auf jeden Fall positiv

auf. Schau Dich um, wie die Kollegen und Kolleginnen sich kleiden und pass Dich dem Stil an. Kaufe zunächst nicht im Internet, sondern lass Dich in besseren Geschäften beraten, auch wenn der Anzug oder das Kostüm hier etwas mehr kostet. Die Verkäufer in guten Geschäften wissen, welche Kleidung ankommt.

— **Unternehmungen mit Kollegen:** Das ist eine einfache, aber oft unterschätzte Möglichkeit, wie Du eine persönliche Beziehung zu den Kollegen aufbaust. Das fängt schon beim gemeinsamen Mittagessen an. Auch wenn es nicht in jedem Unternehmen üblich ist, verabrede Dich mit Deinen Kollegen zum gemeinsamen Mittagessen. Während die Kommunikation im Büro sich eher um arbeitsbezogene Themen dreht, kannst Du beim Mittagessen Deine Kollege besser kennenlernen. Noch viel besser geht das bei gemeinsamen Freizeitaktivitäten am Wochenende oder nach der Arbeit. Wenn die Kollegen dann mal zusammen etwas trinken gehen, lass Dir das auf keinen Fall entgehen. So können Deine Kollegen Dich als Menschen kennenlernen. Du bist dann mehr als nur jemand, der mal kurze Zeit mit den Kollegen im gleichen Raum saß. Ganz nebenbei macht das Arbeiten auch mehr Spaß, wenn man ein gutes Verhältnis zu den Kollegen aufgebaut hat.

— **Vorschläge / Ideenmanagement / Betriebliches Vorschlagswesen:** Hast Du eine gute Idee, wie man etwas im Unternehmen verbessern kann? Dann scheue Dich nicht davor, diese Idee alleine oder mit anderen Dualen Studenten zusammen zu bearbeiten und dem Unternehmen vorzustellen. Große Unternehmen haben dafür einen eigenen Prozess, das sogenannte Ideenmanagement, eingeführt. Diesen Kanal kannst Du nutzen, um mit den Ideen auf Dich aufmerksam zu machen. Oder Du präsentierst Deinem Chef einfach Deine ausgearbeitete Idee und bittest ihn um Feedback. Am besten Du sprichst, bevor Du die Idee vorstellst, mit einem Kollegen oder Kommilitonen Deines Vertrauens.

— **Aktive Teilnahme:** Zeige in Besprechungen, Meetings und Schulungen, dass Du da bist und mitdenkst. Gerade wenn Du neu in einer Abteilung bist, musst Du hier selbst agieren. Als Newbie kannst Du Dich ruhig trauen, in Besprechungen Dinge nachzufragen, die Du nicht verstanden hast, und auch Fragen zu aktuellen Aufgaben stellen. Lauschst Du einer Schulung oder einem Vortrag, gilt das Gleiche. Du zeigst damit, dass Du Teil der Veranstaltung bist und Dich mit den Themen beschäftigst. Wahrscheinlich hast Du Angst, dass Du zu viele dumme Fragen stellst und damit negativ auffällst. Das ist allerdings Schwachsinn. Genau das Gegenteil ist der Fall. Niemand wird über ein paar Fragen eines Neuen den Kopf schütteln. Du trägst so sogar zum Unternehmenserfolg bei. Dadurch dass Du noch nicht vollkommen in der Abteilung integriert bist, leidest

Du nicht unter Betriebsblindheit. Deine Fragen können auch für Deine Kollegen sehr wertvoll sein, die vorgebrachten Themen noch einmal zu reflektieren und zu verbessern.

- **Kleinigkeiten:** Auch Kleinigkeiten helfen, Dich in Erinnerung zu behalten. Bringe in der ersten Woche in einer neuen Abteilung einen Kuchen oder Ähnliches zur Begrüßung mit und verabschiede Dich genauso in der letzten Woche oder feiere so Deinen Geburtstag mit Deinen Kollegen. Hat ein Kollege Geburtstag, speichere Dir den Termin im Kalender ein und schicke ihm nächstes Jahr am Geburtstag eine Nachricht. Falls Du etwas von einem Kollegen benötigst und Fragen hast, ist es auch immer besser anzurufen oder persönlich vorbeizuschauen als eine E-Mail zu schreiben. Das geht nicht nur schneller, sondern stärkt auch die Beziehung zu den Personen.

3. Lernen und Netzwerken an der Hochschule

Beginnst Du Dein Duales Studium, so wirst Du schnell eine wichtige Lektion lernen: Das, was Du als Schüler als Lernen bezeichnet hast, wird für Dich bald die Übung zum Warmwerden für einen Lernmarathon werden. Diese Weisheit gilt erst einmal für alle Studenten, egal ob Dual oder nicht. Das Niveau der Prüfungen und die Stoffmenge, die Du lernen musst, sind in der Schule höchstens mit den Abiturprüfungen zu vergleichen. Noch in der Schule werden Mitschüler, die sich nach den Hausaufgaben noch eine Stunde hinsetzen und lernen, als Streber betitelt. In der Klausurphase Deines Studiums wirst Du erkennen, dass eine Stunde gerade so ausreicht, Deinen Lernplan für den Tag aufzustellen. Aber keine Panik. Auch in einem Dualen Studium gibt es immer wieder Verschnaufpausen, in denen Du nach dem Besuch Deiner Studienkurse nach Hause gehen und komplett abschalten kannst. Sei Dir aber bewusst, dass Du im Studium deutlich mehr leisten musst als in der Schule.

Die größte Schwierigkeit ist es, den Anfang zu meistern. Für Dich als Dualer Student im ersten Jahr gibt es ein paar Herausforderungen zu meistern.
Wir erklären Dir, welche das sind und wie Du damit umgehst:

- Auch wenn Du in der Schule richtig gut warst, heißt das noch lange nicht, dass Dir ein Studium leichtfallen wird. Gerade weil sich die Schwerpunkte der Schulausbildung je nach Bundesland sehr unterscheiden, sind Schüler aus verschiedenen Regionen auch unterschiedlich erfolgreich. Es ist wichtig, dass Du Dich nicht selbst überschätzt. Unser Tipp ist es, gerade in der ersten Klausurphase Demut zu üben. Das heißt, Du lernst mit Deinen Kommilitonen zusammen und traust Dich bei

Ihnen und den Dozenten nachzufragen, wenn Du etwas nicht ganz verstehst. Lerne in der ersten Klausurphase lieber ein bisschen mehr als nötig ist. Dann kommst Du auch gut durch die erste Klausurphase.

- Dein Ruf aus der Schule ist weg. Das ist ein Stück weit auch wünschenswert. Du kannst aus der Schublade entfliehen, in die Dich Deine Lehrer während Deiner Schullaufbahn einsortiert haben. Konnte Dich ein Lehrer nicht leiden oder selbst wenn Du an Deiner Schule den Titel des inoffiziellen Schulclowns geführt hast: All das interessiert an der Hochschule niemanden mehr. Du startest von Null. Du hast die Chance, Deinen Ruf neu aufzubauen und so zu gestalten, wie Du willst. Halten die Dozenten viel von Dir, findest Du einfacher einen Lehrstuhl für eine Bachelorarbeit oder für ein Empfehlungsschreiben für ein Auslandssemester oder ein Stipendium. Auch Deinen Noten in Seminararbeiten und Vorträgen schadet ein guter Ruf nicht.

- An der Hochschule spielen TEAM-Arbeiten eine viel größere Rolle als an der Schule. Oft bekommt ein ganzes Team die gleiche Note für eine gemeinsam zu erstellende Arbeit. In einem BWL-Studium musst Du vielleicht ein Business-Plan für eine Geschäftsidee in einem Team schreiben und präsentieren. Ein Running Gag unter Studenten ist: TEAM heißt »Toll Ein Anderer Machts«. Die wenigsten Teams bestehen aus lauter Leuten, die sich gleich für den Erfolg der Gruppenarbeit einsetzen. Der einfachste Weg, damit umzugehen, ist: Akzeptieren. Dann kannst Du die Augen offen halten für mögliche Team-Partner, mit denen Du gerne zusammenarbeiten möchtest. So bist Du auch mit Gruppenarbeiten erfolgreich.

TIPP

Wie Du an der Hochschule einen guten Ruf bekommst

Beachtest Du ein paar einfache Regeln, so machst Du Dir das Studium an der Hochschule leichter. Glaub uns, denn wir haben die eine oder andere Regel erst brechen müssen, um zu erfahren, wie wichtig es ist, sie zu halten:

- **Gute Noten** führen mittelfristig dazu, dass Du einen besseren Ruf an der Hochschule bekommst. Gerade durch hervorragende Leistungen in Seminararbeiten oder bei Präsentationen kannst Du schnell beweisen, dass Du richtig was drauf hast. Das spricht sich gerade an kleineren Bildungseinrichtungen schnell unter den Dozenten herum.

- Zeige ehrliches **Interesse** während der Kurse. Für die Dozenten gibt es nichts Schlimmeres als passive Studenten, die auch nach mehrfacher Aufforderung die Zusammenarbeit mit dem Dozenten verweigern. Die meisten Studenten trauen sich nicht, sich zu melden, aus Angst sich zu blamieren. Unser Tipp ist: Arbeite so viel mit, wie Du kannst. So macht der Kurs mehr Spaß, Du lernst mehr und kannst Deinen Wissensdurst stillen. Ganz nebenbei fällst Du so auch schnell den Dozenten auf und bleibst in Erinnerung.

- Vermeide offene **Konfrontationen** mit Deinen Dozenten und ihren Mitarbeitern. Auch wenn Du mit der Bewertung einer Klausur oder sogar Deiner Bachelorarbeit unzufrieden bist. Traue Dich ruhig nachzufragen, wieso eine Bewertung eher schlechter ausgefallen ist. Aber auch wenn Du offensichtlich ungerecht behandelt wurdest, ist das noch kein Grund, eine Revolte zu beginnen. Startest Du hier eine offene Konfrontation, so verlierst Du. Auch eine nachkorrigierte Klausur fällt nur in absoluten Ausnahmefällen besser aus. Die Dozenten an der Hochschule halten hier zusammen. Und wenn Du Pech hast, machst Du Dich nicht nur bei diesem einen Dozenten unbeliebt, sondern dieser erzählt vielleicht auch gerne seinen Kollegen, was er von Dir hält.

4. Konflikte mit Unternehmen und Hochschule intelligent lösen

Wenn sich zwei streiten, freut sich meistens keiner von beiden. Fast jeder Duale Student wird im Laufe des Programms einmal in einen Konflikt mit seinem Partnerunternehmen oder der Hochschule geraten. Da gibt es ganz unterschiedliche Gründe. Einige, die wir bei uns selbst oder anderen Dualen Studenten erlebt haben waren:

- Unfaire Bewertungen im Studium oder in der Praxis
- Zeitliche Überschneidungen
- Urlaubstage
- Schlechte Leistungsergebnisse in Studium oder Praxis
- Die Qualität der Praxiseinsätze
- Die Möglichkeit, ein Auslandssemester zu machen

TIPP

Konflikte nie in direkter Konfrontation austragen

Eine schlechte Strategie, die wir auch selber ausprobiert haben und damit gescheitert sind, ist: Konflikte direkt austragen und der anderen Seite direkt erklären, dass sie falsch liegt. Auch wenn Du Dir sicher bist, dass Du im Recht bist, solltest Du Konflikte nicht direkt austragen. Es ist schwierig, jemanden von Deinem Standpunkt zu überzeugen, wenn Du auf direkte Konfrontation mit Deinem Gegenüber gehst. Und selbst wenn Du am Ende den Streit gewinnst, dann wirst Du trotzdem verlieren. Denn Dein Gegenüber steht doof da, wenn Du Recht hattest und Dich durchgesetzt hast. Diese Philosophie hat ein berühmter Lehrer für erfolgreiche Manager in USA Dale Carnegie gelehrt, zum Beispiel in seinem Buch »Wie man Freunde gewinnt«. Auch der berühmteste Investor der Welt, Warren Buffet, empfiehlt die Regeln von Carnegie für eine erfolgreiche Karriere im Unternehmen. Zeige zuerst Deinem Gegenüber, dass Du seinen Standpunkt verstehst. Du darfst auf gar keinen Fall die Meinung Deines Gegenübers als blöd darstellen. Das klingt vielleicht ein bisschen sehr nach Star Wars, aber lasse →

Dich in diesen Situationen nicht von Deinen negativen Gefühlen leiten. Dann kannst Du ihm in Ruhe Deine Perspektive erklären. Hol Dir am besten Verbündete und erkläre, wer Deine Ansicht noch teilt.

Probleme mit und im Partnerunternehmen solltest Du offiziell immer zuerst mit Deinem Betreuer besprechen. Du kannst Dich davor mit einem Kollegen Deines Vertrauens beraten. Überlege Dir dann gut, ob Du mit dem Ergebnis leben kannst. Wegen Kleinigkeiten einen Aufstand zu machen, lohnt sich nicht. Du verscherzt es Dir sonst mit Deinem Praxispartner. Zeigt das Unternehmen kein Verständnis für Dein Anliegen, kannst Du Dich an die jeweiligen Betreuer an den Hochschulen wenden. Wenn Du aber merkst, dass das Unternehmen Absprachen bricht und Du Dein Vertrauen verlierst, dann kannst Du einen Schritt weitergehen. Gerade die Berufsakademien und die DHBW haben Anlaufstellen mit viel Erfahrung im Umgang mit den Unternehmen. Im Notfall helfen sie Dir sogar, das Unternehmen zu wechseln.

Hochschule

Konflikte mit der Hochschule sind ebenfalls schwierig. Was schon in der Schule beim Deutschaufsatz ein Problem war, ist im Studium eher noch schlimmer. Häufig fühlen sich Studenten ungerecht bewertet. Auch uns ist es schon einmal so gegangen.
Hier gibt es generell zwei Möglichkeiten:

- Handelt es sich um eine Leistung, die genau messbar ist und Deine Arbeit wurde zu schlecht bewertet? Das beste Beispiel hierfür ist eine Mathematik-Klausur, bei der sich der Dozent verzählt hat. In diesem Fall gehst Du in die Einsicht der Klausur und fragst den Dozenten oder seine Mitarbeiter freundlich, ob die Anzahl Deiner Punkte stimmt.

- Fühlst Du Dich bei einer Leistung schlechter bewertet, die dem Dozenten Bewertungsspielraum lässt und sich eine Fehlbewertung mit einer Addition von Punkten nicht nachprüfen lässt? Der Klassiker ist eine zu schlechte Bewertung der Abschlussarbeit. In diesem Fall hast Du leider schlechtere Chancen. Überlege Dir hier genau, ob es sich lohnt, einen Streit mit der Hochschule anzufangen. Meist ist das nicht der Fall. Wenn doch oder wenn es mehreren Mitstudenten wie Dir ging, lohnt es sich zuerst einmal direkt ein Gespräch mit dem Professor und dann eventuell mit der Studiengangsleitung zu vereinbaren. Aber erwarte Dir nicht zu viel.

Informiere bei grob unfairer Bewertung auch Dein Partnerunternehmen und frage, inwiefern Dir diese weiterhelfen können.

5. Was Du machen kannst, wenn Du Dich unterfordert fühlst

Wem langweilig ist, der ist selber schuld. Was schon als Kind beim Spielen gegolten hat, behält auch im Leben eines Dualen Studenten seine Gültigkeit. Und trotzdem haben uns immer wieder befreundete Duale Studenten erzählt, dass sie gerade in einer Abteilung sind, in der es für sie nichts zu tun gibt. Viele Abteilungen sind auf das Profil eines Dualen Studenten noch nicht vorbereitet und geben Dir manch weniger anspruchsvolle Aufgabe. Du kannst das früh vermeiden, indem Du schon bei der Auswahl der Abteilung aufpasst. Du kannst meist steuern, ob Du in einem Bereich landest, der Dich mehr interessiert. Eine Anleitung, wie Du das machst, findest Du in dem dazugehörigen Unterpunkt. Als Dualer Student wirst Du oft mit Azubis und Praktikanten verwechselt. Dann kommt es schnell vor, dass aus gelegentlichen Hilfsaufgaben dauerhaftes Kaffeekochen und Kopieren wird. Oft spielt sich das aber im Laufe der Zeit ein. Hast Du bei einer einfacheren Aufgabe einmal gezeigt, was Du drauf hast, dann werden Dir die Kollegen eine schwierigere geben. Aber was ist, wenn Du in so einer Abteilung gelandet bist? Dann ist die Selbstverantwortung des Dualen Studenten gefragt: Überlege, was Dich in der aktuellen Abteilung am meisten interessiert und frage nach, ob es in diesem Bereich etwas zu tun gibt. Hier darfst Du ruhig ein bisschen frech sein und genau ausdrücken, wo Du gerne mehr anpacken möchtest. Nutze Beispiele, warum Du mit den aktuellen Aufgaben noch nicht gefordert wirst. Die meisten Kollegen werden so schnell merken, dass Du mit anspruchsvolleren Aufgaben umgehen kannst. Falls das immer noch nicht hilft, wende Dich an den Chef der Abteilung.

TIPP

Unternehmen mit wenig Erfahrung mit Dualen Studenten

Dass Du unterfordert wirst, kommt vor allem bei Ausbildungsbetrieben vor, die noch nicht sehr lange Duale Studiengänge
anbieten. Unternehmen, die erstmalig ein Duales Studium
anbieten, müssen einfach erst einmal selbst ihre Erfahrungen
im Umgang mit Dualen Studenten machen. Vermisst Du in der
Arbeit den Theorie-Praxis-Transfer, übernimm Du die aktive
Rolle! Trau Dich ruhig: Erkläre Deinen Kollegen oder Vorgesetzten, wie ein konkretes Problem im Betrieb wissenschaftlicher
angepackt werden kann. Gute Ansatzpunkte sind zum Beispiel
Projektarbeiten. Denke dabei an das nötige Feingefühl.

6. Die Tücken des Blockmodells meistern

Gerade wenn Dein Duales Studium im Blockmodell organisiert ist, fehlst Du immer
wieder für lange Zeit im Unternehmen. Das birgt die Gefahr, dass Du vernachlässigt
wirst und Dich schlechter in den Arbeitsablauf eingewöhnen kannst. Denn in manchen Bereichen dauert es auch mal drei Monate, bis Du eingearbeitet bist. Dann
musst Du im Blockmodell jedoch schon wieder zurück an die Hochschule.

Möchtest Du in die Welt eines bestimmten Bereiches im Blockmodell tiefer eintauchen, empfehlen wir Dir folgende Strategie: Bei Deinem ersten Abteilungsaufenthalt
wirst Du drei Monate eingearbeitet. Du organisierst Deinen nächsten Aufenthalt so,
dass Du im gleichen Bereich oder in einem sehr ähnlichen noch einmal unterkommst.
Du unterstützt dann im Tagesgeschäft und lernst die Kollegen kennen. Unterschiedliche Themen für mögliche Projekte oder Projektarbeiten werden besprochen. Gegen
Ende des ersten Praxisaufenthaltes erzählst Du Deinen Kollegen, dass Du nach den
drei Monaten zurück in die Abteilung kommst. Danach folgen Deine drei Monate an
der Hochschule, in denen Du mit etwas Abstand Deine Eindrücke verarbeiten kannst.
Zwischendurch hältst Du Kontakt zur Abteilung und fragst nach, ob die besproche-
nen Themen noch aktuell sind. Kommst Du letztlich wieder zurück, bist Du schnell
eingearbeitet und kannst Dich mit Deinem Vorwissen gleich daran machen, eines der
Themen zu bearbeiten.

7. So kommst Du in Deine Wunschabteilung

Die meisten Partnerunternehmen organisieren den ersten Teil der Praxiseinsätze für Dich. Meist sind das Einführungsveranstaltungen und die erste Abteilung. Danach hast Du aber die Chance, bei der Auswahl der nächsten Abteilung mitzuwirken. Wenn Du es geschickt anstellst, kannst Du Dir immer Deine Wunschabteilung für den nächsten Aufenthalt aussuchen.

Wie so oft, musst Du selbst aktiv werden. Dafür stehen Dir drei Möglichkeiten offen:

- **Ansprechpartner in der Personalabteilung:** Das ist die naheliegende Option, gerade solange Du im Unternehmen noch neu bist und für die anderen nicht das notwendige Netzwerk verfügst. Du solltest Dich nicht davor scheuen, Deinem Betreuer Deine Wünsche und Vorstellungen für Deine Praxisausbildung mitzuteilen. Viele Betreuer machen sich die Mühe und erfragen auch von ihren Dualen Studenten, was sie interessiert und wo sie hin wollen. Falls der Betreuer gute Kontakte zur Abteilung hat, dann hast Du auch eine große Chance, dass es mit der Wunschabteilung klappt.

- **Bereits geknüpfte Kontakte:** Die sicherste Methode ist, wenn Du über Deine eigenen Kontakte Deinen Aufenthalt selber organisierst. Dazu musst Du natürlich gut vernetzt sein. Sprich Mitarbeiter von interessanten Abteilungen an, die Du während Deiner Zeit im Unternehmen kennengelernt hast. Erkundige Dich, ob denn ein Aufenthalt in ihrer Abteilung möglich wäre. Oft musst Du Dich dann noch persönlich beim Chef vorstellen. Es ist wichtig, dass Du, sobald Du eine Zusage hast, die Personalabteilung kontaktierst und Bescheid gibst. Sonst macht die sich parallel auf die Suche und ist beleidigt, wenn Du schon woanders untergekommen bist.

- **Kaltakquise:** Du willst unbedingt in die Entwicklungsabteilung, aber Dein Ansprechpartner aus der Personalabteilung kann das nicht organisieren und Du kennst dort auch niemanden? Dann musst Du selbst die Initiative ergreifen und die jeweilige Führungskraft kontaktieren. Das heißt für Dich: Schnapp Dir den Telefonhörer und stell freundlich das Duale Studium und Dein Vorhaben vor. Oder Du schickst Deinen Lebenslauf. Meist ist die Reaktion sehr positiv und Du hast gute Chancen, dort einen Praxisaufenthalt zu verbringen. Suche am besten direkt den Kontakt zu Abteilungsleitern. Wir kennen viele Duale Studenten, die so in ihre Wunschabteilung gekommen sind. In Deiner Mail oder Deinem Anruf solltest Du folgende Informationen vermitteln:
  - Wer bist Du und seit wann bist Du Mitarbeiter des Unternehmens im Dualen Studium?

- Den Grund für Deinen Anruf: Einen Ausbildungsaufenthalt in der Abteilung.
- Den aktuellen Stand Deiner Ausbildung: Wie weit bist Du an der Hochschule und welche Ausbildungsaufenthalte im Unternehmen hast Du schon durchlaufen? Was sind Deine Studienschwerpunkte?
- Falls in Deinem Unternehmen die Personalabteilung die Kosten für Deine Ausbildung trägt, weise darauf ebenfalls hin. Ob das bei Deinem Dualen Studium der Fall ist, erfährst Du bei Nachfrage bei Deinem Betreuer in der Personalabteilung.
- Wenn Du anrufst, biete an, Deinen Lebenslauf mitzuschicken. Falls Du per E-Mail anfragst, hänge Deinen Lebenslauf gleich an. Dieser sollte aktuell sein und Deine bisherigen Aufenthalte und Noten im Studium enthalten – falls sie gut sind.

TIPP

Kündige Dein Kommen an!

Nach längerer Abwesenheit in der Firma, solltest Du Dich selbst in der neuen Abteilung ankündigen. Auch wenn Deine Betreuungsperson die Ankündigung für Dich übernimmt, hinterlässt es einen guten Eindruck, dies nochmal selbst zu tun. Am besten nimmst Du 4 bis 2 Wochen vor Deinem Start mit der Abteilung Kontakt auf. Falls Du nicht in der Nähe bist und Dich nicht persönlich vorstellen kannst, empfehlen wir Dir, anzurufen. Das Gespräch kannst Du auch gut in einer E-Mail nochmals zusammenfassen, worin Du über den Beginn und die Dauer Deines Aufenthaltes informierst. Dann sollte bei Deiner Ankunft ein Arbeitsplatz eingerichtet sein und im Idealfall bereits konkrete Aufgaben vorbereitet.

- Frage nach, was die genauen Aufgaben der Abteilung sind!
- Bei welchen Aufgaben kannst Du die Kollegen unterstützen?
- Sollst Du eine grobe Idee für eine Projektarbeit mitbringen?

8. Die Kunst der Betreuung – so viel wie nötig, so wenig wie möglich

Die höchste Kunst bei der Betreuung liegt nicht darin, Dir alles abzunehmen. Klar, klingt das komfortabel. Bekommst Du tatsächlich eine All-inclusive-Betreuung von Haus aus, ist das oft gut gemeint. Um wesentliche Dinge solltest Du Dich trotzdem selbst kümmern. Wir raten Dir davon ab, die gesamte Verantwortung für Dein Duales Studium abzugeben. Wenn es nötig ist, dann fordere von Deinem Betreuer mehr Eigenverantwortung und Mitspracherecht ein.

In den folgenden Bereichen solltest Du große Freiheiten genießen:

- Auswahl der Themen für Abschlussarbeiten
- Wünsche für Abteilungen, in denen Du arbeiten willst
- Auswahl der sogenannten Wahlfächer und Studienvertiefungen
- Auswahl der Abteilungen, bei denen Du Dich für Deine Zeit nach dem Dualen Studium bewirbst

TIPP

Selbst ist der ... Duale Student!

Wenn Du zu allem Ja und Amen sagst, wirst Du auf Dauer nicht froh damit. Trau Dich, offen zu sagen, welche Dinge Du lieber selbst in die Hand nehmen möchtest, wie die Organisation der nächsten Abteilung. Damit zeigst Du Selbstständigkeit und Eigeninitiative. Das sind Eigenschaften, die von jedem Chef gern gesehen sind und Dir auf Deinem Karriereweg weiterhelfen.

9. Deine Dualen Vorgänger – Freund, Feind und Helfer

Nein, Du bist nicht schizophren und auch nicht Dr. Jekyll oder Mr. Hyde. Mit Deinen Vorgängern im Dualen Studium musst Du richtig umzugehen wissen. Sie werden Dich auf Deine Nachfragen, egal wie banal, stets hilfsbereit an die Hand nehmen und im besten Wissen und Gewissen versuchen, Dir zu helfen. Hast Du ein Problem an der Hochschule oder im Job, das der Jahrgang vor Dir schon hatte, dann ist dieser bestimmt der richtige Ansprechpartner und wird Dir auf jeden Fall helfen.

Aber gib Acht: Hüte Dich davor, alles auf die Goldwaage zu legen, was Dir Deine Vorgänger mitgeben. Jeder Jahrgang und jeder Student macht unterschiedliche Erfahrungen. Lass Dich nicht erschrecken, wenn Deine Vorgänger Dir erklären, wie schrecklich manche Klausuren ausfallen und wie schwierig doch alles sei. Ebenso wenig solltest Du naiv sein und auch nicht jeden gut gemeinten Rat zu 100 Prozent befolgen. Denn auch, wenn ein bestimmtes Thema noch nie in der Klausur bei einem Professor dran kam, könntest Du im ersten Jahrgang sein, dem dieses unwahrscheinliche Schicksal widerfährt.

Wie Du aus der Masse hervorstichst

Es ist nicht ratsam, Deine gesamte Freizeit in der Arbeit zu verbringen, um möglichst gut aufzufallen. Die bittere Wahrheit ist: Nicht derjenige, der sich am besten anpasst, fällt auf. Es ist derjenige, der auch mal andere Wege geht und seine Augen immer offen hält, ob sich nicht irgendwo neben dem vorgezeichneten Weg eine Gelegenheit bietet.

Zweitstudium

Auch ein Zweitstudium ist eine Möglichkeit, sich neben dem Dualen Studium weiter zu profilieren. Du solltest ein solches Vorhaben auf jeden Fall mit dem Unternehmen abstimmen. Ein weiteres Präsenzstudium ist kaum möglich, denn Du kannst nicht in mehreren Vorlesungen gleichzeitig sitzen (außer Du heißt Hermione Granger, studierst in Hogwarts und Professor McGonagall hat Dir einen Zeitumkehrer gegeben). Persönlich haben wir nur unglückliche Kommilitonen kennengelernt, die neben einem Dualen Studium noch ein Zweitstudium gemacht haben. Die Noten im Studium haben unter dieser Dreifachbelastung ebenfalls gelitten. Auch hier sind wir gleich ehrlich zu Dir: Spielst Du mit dem Gedanken, noch zusätzlich ein Fernstudium zu belegen und Dich so weiterzuentwickeln? Wir empfehlen Dir, dieses Vorhaben auf nach dem Dualen Studium zu schieben. Im Dualen Studium bist Du zeitweise sehr gefordert und unter Druck. Du solltest die wenigen Dir gebliebenen Pausen sinnvoll nutzen, Dich erholen und Deine Studienzeit genießen. Das reicht dann immer noch, um einen interessanten Werdegang zu bekommen.

Stipendien

Dein Partnerunternehmen im Dualen Studium nimmt Dir Deine finanziellen Sorgen und Du bist nicht auf ein Stipendium angewiesen. Die meisten Stipendiengeber bieten allerdings mehr als nur finanzielle Unterstützung. Oft werden Kurse und Treffen geboten, bei denen Du Dich fachlich weiterbilden kannst und Dich mit erfolgreichen Unternehmensvertretern und Mitstipendiaten austauschen kannst. Man spricht hier von ideeller Förderung, die neben der finanziellen Förderung die zweite Säule der meisten Stipendienprogramme darstellt. Doch kannst Du trotzdem als Dualer Student ein Stipendium ergattern? Ja, das geht. Die meisten Stipendien werden in erster Linie an normale Vollzeitstudenten vergeben. Für manche Stipendien fallen Duale Studenten somit durchs Raster. Viele Organisationen und Stiftungen schließen Duale Studenten von der Förderung aus, da Du wegen der Vergütung durch den Praxispartner weniger bedürftig bist. Doch warum sollte es keine Ausnahmen von der Regel geben? Soviel sei schon verraten: Die gibt es!

Meistens unterscheidet sich der Förderzweck des Stipendiums nach den folgenden zwei Arten:

- Leistungsbezogene Vergabe
- Vergabe nach sozialem, politischem und kirchlichem Engagement

Besonders der zweite Punkt ist für »Engagierte« interessant. Obwohl Du Dualer Student bist, könntest Du Dich wieder ins Spiel bringen. Zum Beispiel auf das »Deutschlandstipendium« darfst Du Dich als Dualer Student bewerben. Dazu kommt noch: Für dieses und andere Stipendien spielt das Einkommen Deiner Eltern keine Rolle.

Viele Duale Studenten bewerben sich erst gar nicht. Aus diesem Grund stehen die Chancen deshalb nicht schlecht. Denn unter Stipendienbewerbungen fällst Du als Dualer Student leichter auf. Wir empfehlen jedem Dualen Studenten, sich zu überlegen, sich auf ein Stipendienprogramm zu bewerben. Das ist eine der weniger anstrengenden und doch wirkungsvollsten Möglichkeiten aufzufallen und sich weiterzuentwickeln.

INFO

Übersicht über Stipendienprogramme

Es gibt sehr bekannte und begehrte Stipendienprogramme und etwas weniger bekannte Programme. Deine Chancen stehen bei den weniger bekannten Programmen natürlich besser. Die bekannteren Stiftungen bieten oft die meiste finanzielle und ideelle Förderung.

Die bekanntesten Programme richten sich an Studierende aller Fachrichtungen und sind:

- Förderung durch die Studienstiftung des Deutschen Volkes
- Förderung durch Stiftungen von Parteien und Kirchen

Bei kleineren Stiftungen hast Du oft bessere Karten. Für die Suche nach passenden Stipendien empfehlen wir Dir folgende kostenlose Datenbanken im Internet:

- **www.stipendienlotse.de**
- **www.mystipendium.de/Stipendienverzeichnis**
- **www.e-fellows.net/Studium/Stipendien/Stipendien-Datenbank**

Soziale Projekte und Engagement an der Hochschule

Besonders wertgeschätzt wird es, wenn Du neben einem Dualen Studium immer noch etwas Zeit für soziales Engagement findest. Du kannst hier auf Deinem Engagement aus der Schule aufbauen oder auch komplett neue Betätigungsfelder entdecken. Hier zählen die gleichen, wie schon in Kapitel 9 für die Bewerbung: Gesellschaftliches Engagement, Vereinsmitgliedschaften und Soziales Engagement im engeren Sinne. Statt an der Schule Extra-Aufgaben zu übernehmen, kannst Du an der Hochschule in Arbeitsgruppen oder als Studentenvertreter aktiv werden. Zum Beispiel kannst Du Dich für das Orga-Team eures Absolventenballs melden. Was man bei der Organisation so einer Großveranstaltung alles beachten muss, hat uns Jennifer Golle erzählt. Für ihren Absolventenjahrgang an der Studienakademie Breitenbrunn hat sie den Bachelorball mitorganisiert. Angefangen beim Kartenverkauf über das Abendprogramm bis hin zum Catering gibt es eine Menge zu beachten. Du findest ihren Artikel auf unserer Website **www.duales-studium.guru**. Diese Art des Engagements bietet eine perfekte Ergänzung zu den kommerziell ausgerichteten Praxisphasen im Partnerunternehmen. Unserer Meinung nach ist es eine der besten Möglichkeiten, aus der Masse hervorzustechen und sich während des Dualen Studiums weiterzuentwickeln.

Studentische Hilfskraft

Eine Möglichkeit, Dein Duales Studium noch mit anderen Erfahrungen anzureichern ist es, als Studentische Hilfskraft an der Hochschule oder Berufsakademie zu arbeiten. Als Studentische Hilfskraft arbeitest Du direkt für die Hochschule oder einen Lehrstuhl. Die Aufgabenmöglichkeiten sind vielfältig: Als wissenschaftliche Hilfskraft betreibst Du Literaturrecherche für den Lehrstuhl oder liest die wissenschaftlichen Artikel Deiner Kollegen Korrektur. Mit diesen Aufgaben kannst Du Deine Sinne für wissenschaftliches Arbeiten schärfen. Du arbeitest sehr eng mit dem Professor oder seinen Mitarbeitern zusammen. Kontakte zu den Mitarbeitern der Lehrstühle – und eventuell sogar über die Hochschule hinaus – knüpfen sich da fast von alleine.

Besonders zu empfehlen ist diese Art der Nebentätigkeit für Dich als Dualer Student, wenn Du für Deine Zeit nach dem Studium mit folgendem liebäugelst:

- Du willst promovieren und zum Dr. Dualer Student werden.
- Du willst einen Einblick in die Welt der Wissenschaft erhaschen und erfahren, ob dieser Weg für Dich etwas wäre.
- Du willst die wissenschaftliche Perspektive besser kennenlernen und Dich stärker an der Hochschule engagieren.

Wir haben mit Dualen Studenten gesprochen, die nebenbei als studentische Hilfskraft gearbeitet haben. Ein Kommilitone hat uns erklärt, wie wertvoll seine Tätigkeit als studentische Hilfskraft für seine Entwicklung war:

»Die Tätigkeit als studentische Hilfskraft habe ich begonnen, weil mich die Abläufe an einem Lehrstuhl und die wissenschaftliche Arbeitsweise interessiert haben. Von den dort gemachten Erfahrungen konnte ich dann nicht nur bei der Erstellung meiner Abschlussarbeit profitieren. Sie haben mir später auch bei der Entscheidung geholfen, ob ich nach dem Studium nochmal an einen Lehrstuhl zurückkehre, um dort zu promovieren.«

Philipp Wanger, ehemaliger Dualer und nun Promotionsstudent

Wie wir Dir in diesem Ratgeber schon erklärt haben, handelt es sich bei dem Dualen Studium nicht um den direktesten Weg in eine wissenschaftliche Karriere. Wenn Du aber während des Studiums auf den Geschmack gekommen bist und mit der wissenschaftlichen Karriere liebäugelst, dann ist eine Arbeit als studentische Hilfskraft sehr zu empfehlen. Viele ehemalige studentische Hilfskräfte promovieren nach dem Studium an den Lehrstühlen, die sie während des Studiums schon unterstützt haben.

Ein anderer positiver Nebeneffekt folgt aus dem guten Kontakt zum Lehrstuhl: Schreibst Du hier auch Deine Abschlussarbeit, hast Du sehr günstige Voraussetzungen. Denn Du kennst genau die Ansprüche dieses Lehrstuhles und hast schon Erfahrung im wissenschaftlichen Arbeiten gesammelt.

TIPP

Wie werde ich studentische Hilfskraft?

Wieder ist Eigeninitiative gefragt. Oft werden Gesuche am Schwarzen Brett der Hochschule oder der Lehrstühle ausgehängt. Schaue auch auf der Website der Hochschule nach. Wirst Du hier nicht fündig, ist das auch kein Problem. Die meisten Lehrstühle sind ständig auf der Suche nach Unterstützung. Hier lohnt es sich, den Dozenten nach der Vorlesung einfach mal anzusprechen. Du kannst ihn auch in der Sprechstunde im Büro besuchen. Dabei kannst Du nur gewinnen. Zu zeigst dem Professor auf jeden Fall, dass Du Interesse für sein Fachgebiet hast. Auch wenn er Dir keine Stelle als studentische Hilfskraft anbieten kann, wird er das zu schätzen wissen. An einer Berufsakademie oder Dualen Hochschule hast Du bei festangestellten Dozenten die besten Chancen.

ACHTUNG

Dem Unternehmen Bescheid geben

Egal welche Nebentätigkeit oder Förderung Du angeboten bekommst, gib immer Deinem Partnerunternehmen Bescheid. So schlägst Du mehrere Fliegen mit einer Klappe. Wenn Du beispielsweise Bescheid gibst, dass Dir ein Stipendium angeboten wurde und Du gerne annehmen würdest, dann ist das ein Vertrauensbeweis an Deinen Praxispartner. Auch zeigst Du dem Praxispartner, dass Deine Leistung auch von woanders honoriert wird. Und rechtlich bist Du mit einer Zustimmung des Partnerunternehmens auch auf der sicheren Seite.

Wie man sich einen Auslandsaufenthalt selbst organisiert

Der Auslandsaufenthalt – Zwischenziel und Ansporn für den Dualen Studenten. Wir haben Dir schon in Kapitel 7 gezeigt, dass ein Auslandspraktikum bei vielen Dualen Studiengängen mit angeboten wird. Es werden aber leider nicht alle Praxispartner einen Auslandsaufenthalt in ihr Programm einbauen können. Ein kleines Unternehmen mit 30 Angestellten mit einem einzigen Büro in der Provinz kann Dich nicht mal eben in ein Auslandspraktikum nach Shanghai schicken. Trotzdem hören wir auch von Dualen Studenten regional aktiver Unternehmen immer wieder den Wunsch nach einem Auslandsaufenthalt. Aber was tun, wenn Dein Unternehmen keinen Auslandsaufenthalt anbietet? Ganz einfach: Selbst organisieren!

Denn es gibt Abhilfe. Auch ohne festeingeplanten Auslandsaufenthalt beim Praxispartner kannst Du Dich ohne weiteres selbst um ein Auslandssemester bemühen. Dieser Weg steht prinzipiell allen Dualen Studenten offen, die in einem akkreditierten Studiengang oder an einer akkreditierten Hochschule oder Berufsakademie studieren. Der zweite mögliche Weg ins Ausland führt über ein eigenständig organisiertes Praktikum innerhalb Deines Unternehmens oder bei einem Kunden oder Zulieferer Deines Praxispartners. Je nach Situation wird eine gehörige Portion Fleiß über den Erfolg dieses Vorhabens entscheiden. Doch es wird Dir helfen, wenn Du schon einen Plan hast, was es zu tun gibt.

Wir erklären Dir den Ablauf in vier Schritten:

1. Vorbereitung – den Wald trotz lauter Bäume finden
2. Planung und Bewerbung – der Teufel steckt in der Vielzahl der Aufgaben
3. Abschluss – was noch zu tun ist, wenn Du Deine Zusage hast
4. Finanzspritzen für Dein Auslandsstudium

Zusätzlich zeigen wir Dir, wie Du das Duale Studium im Ausland am besten darstellst und wie Leute außerhalb Deutschlands das Duale Studium verstehen.

ACHTUNG

Wann sollst Du mit der Planung Deines Auslandsaufenthaltes beginnen?

Wir raten Dir, mindestens ein halbes Jahr vor dem gewünschten Beginn des Auslandsaufenthaltes mit der Planung zu beginnen. Bei der Organisation des Aufenthaltes musst Du das ein oder andere Hindernis aus dem Weg räumen. Auch auf die Bearbeitung Deiner Bewerbungen und Visa wirst Du eine Weile warten müssen. Deshalb lohnt es sich, früh anzufangen. Falls Du Dich für die USA interessierst, solltest Du sogar bis zu einem dreiviertel Jahr früher mit der Planung beginnen. Die Amerikaner machen es Europäern ein bisschen schwieriger und verlangen noch ein paar Fleißaufgaben mehr, als die meisten anderen Länder.

Vorbereitung – den Wald trotz lauter Bäume finden

In einem Monat im Ausland entwickelt man sich schneller weiter als in einem Jahr zu Hause. Das werden Dir fast alle Studenten mit Auslandserfahrung unterschreiben. Du kannst am meisten für Dich aus Deinem Auslandsaufenthalt herausholen, wenn Du Dir von Anfang an über Deine Ziele im Klaren bist. Am besten Du beginnst schon vor der Planung damit. Mach Dir Gedanken, was genau Deine Ziele sind. Was willst Du mit Deinem Auslandsaufenthalt erreichen?

Mögliche Ziele sind:

- Du willst neue Erfahrungen machen und Deine Persönlichkeit weiterentwickeln.

- Eine gute Auslandsuniversität könnte Deinen Lebenslauf mit einem bekannten Namen bereichern.
- Du wolltest schon immer mal in Lateinamerika, USA oder wo auch immer leben.

Als Nächstes solltest Du Deine Möglichkeiten austesten und Dir genaue Notizen machen. Halte Ausschau nach dem, was theoretisch möglich ist, und wähle aus, was Dir gefallen wird.

- Starte mit den naheliegenden Möglichkeiten:
  - Erkundige Dich, ob Deine Hochschule Beziehungen zu Partnerhochschulen pflegt und wer Deine Ansprechpartner sind. An den meisten Hochschulen gibt es dafür ein Auslandsbüro. Welche Länder kommen für Dich infrage?
  - Hat Dein Partnerunternehmen einen Sitz im Ausland? In welchen Ländern und welche Schwerpunkte werden dort jeweils bearbeitet?
- Falls Du bei den naheliegenden Möglichkeiten keine gefunden hast oder es einfach keine gibt, schlagen wir Dir folgende Vorgehensweise vor:
  - Dir bleibt noch die Chance, Dich selbstständig als Gaststudent an einer ausländischen Universität zu bewerben. Dafür ist keine Hochschulpartnerschaft notwendig. Überlege Dir, welche Länder Dich noch interessieren würden und recherchiere im Internet, welche Hochschulen dort für Dich infrage kommen. Achte dabei auf die, von den Hochschulen angebotenen Kurse und darauf, dass diese in Dein Studium passen. Ob Du Dich an einer Austauschhochschule in USA oder Litauen bewirbst, spielt keine Rolle. Felix Leonhardt, ein ehemaliger Dualer Student der Nordakademie FH Elmshorn, hat uns im Interview erzählt, wie er seine Auslandsaufenthalte in Harvard und dem Massachusetts Institute of Technology (MIT) eintütete. Unter **www.duales-studium.guru** findest Du es unter der Rubrik »Interviews«. Beachte aber, dass bei diesem Weg Studiengebühren anfallen. Gerade in den USA können diese auch mal gerne für ein Semester zwei Jahresgehälter eines Dualen Studenten auffressen.
  - Auf Unternehmensseite überlegst Du, ob Dein Praxispartner auch einen Sitz im Ausland hat. Falls nicht, hattest Du eventuell während Deiner Praxisphasen mit internationalen Kunden oder Lieferanten zu tun? Manche Partnerunternehmen organisieren Praxisphasen bei wichtigen Kunden oder Lieferanten. So erhältst Du einen besseren Einblick in die Wertschöpfungskette der Branche und Deine Geschäftsbeziehungen können für später einmal verbessert werden. Sprich diese Option gegenüber Kollegen an, die mit den ausländischen Geschäftspartnern regelmäßig zu tun haben.

- Jetzt gilt es auszuloten, wann der richtige Zeitpunkt für Deinen Auslandsaufenthalt wäre. Wichtig ist, dass Du mit Deinem Auslandsaufenthalt die Praxisphase des Dualen Studiums nicht verlängerst. Das kann eine Hochschulphase oder eine Praxisphase sein.

- Gibt es ehemalige Duale Studenten, Auszubildende oder Trainees, die sich einen Auslandsaufenthalt organisiert haben? Wenn ja, hast Du Glück, denn meist haben diese dann schon vor Dir die Wege im Unternehmen und an der Hochschule freigekämpft. Im besten Fall kannst Du Dich auf sie berufen und in ihre Fußstapfen treten. Im schlechtesten Fall geben sie Dir wertvolle Tipps, wie Du bei der Organisation des Aufenthalts vorgehen kannst.

- Hast Du nun alle wichtigen Informationen zusammengetragen, solltest Du als nächstes bald Deinen Ansprechpartner beim Praxispartner kontaktieren. Das Ziel des Gespräches ist, dass Du Dir zumindest grünes Licht für die Eigenorganisation des Auslandsaufenthaltes abholst. Vielleicht hast Du Glück und Dein Ansprechpartner im Unternehmen unterstützt sogar aktiv Deine Bemühungen. Erkläre Deinem Ansprechpartner also Dein Vorhaben und mach ihm deutlich, warum der Gang ins Ausland für Dich persönlich wichtig ist. Gehe auch darauf ein, dass das Unternehmen ebenfalls von Erfahrungen Deines Auslandsaufenthaltes profitieren kann. Zum Beispiel kannst Du mit einer verbesserten kulturellen Kompetenz oder einer erlernten Sprache zum Erfolg des Auslandsgeschäfts des Unternehmens beitragen. Auch wenn das Unternehmen keinen Bezug zum Ausland hat: Betone, wie die Entwicklung Deiner Persönlichkeit und der Perspektivenwechsel an einer Hochschule im Ausland dem Unternehmen nützen wird.

Planung und Bewerbung – der Teufel steckt in der Vielzahl der Aufgaben

Gibt Dein Partnerunternehmen grünes Licht, beginnt nun die handwerkliche Arbeit: die Planung und Bewerbung. Wie Du genau vorgehen musst, hängt stark davon ab, wo und wie Du Dich bewirbst.

- Organisierst Du Dir Deinen Auslandsaufenthalt im Unternehmen, solltest Du Dich an den Vorschlägen Deines Ansprechpartners in der Personalabteilung orientieren. Auf jeden Fall darfst Du Dich nicht scheuen, auch selber Kontakt zu den Kollegen in Deiner Wunschaußenstelle aufzunehmen. Bei einem Zulieferer oder Kunden sollte der Kontakt dann lieber offiziell über die Personalabteilung oder eine Abteilung im Unternehmen hergestellt werden.

- Willst Du im Ausland studieren, musst Du auch jetzt noch den Großteil der Organisation selber in die Hand nehmen.
- Jetzt geht es darum, Bewerbungsunterlagen fertigzustellen und Formalitäten zu klären. Welche Unterlagen Du brauchst, erfährst Du bei Auslandspraktika von Deinem Unternehmen und bei einem Auslandssemester vom Auslandsbüro Deiner Hochschule oder der Website der ausländischen Hochschule:
  - Du musst Bewerbungsunterlagen fertig machen. Dazu gehören meist ein Motivationsschreiben, ein aktueller Lebenslauf, eine oder mehrere Empfehlungen von einem Professor sowie eine Übersicht über Deine bisherigen Studienleistungen. Teilweise musst Du Deine Zeugnisse auch noch von einer unabhängigen Agentur überprüfen und Gleichwertigkeit gegenüber ausländischen Zeugnissen bestätigen lassen, was transkribieren genannt wird. Die Bewerbung an sich sollte für Dich nach einer erfolgreichen Bewerbung für ein Duales Studium kein großes Problem mehr darstellen. Für Motivationsschreiben und Bewerbung gelten auch hier die gleichen Regeln und Tipps, die wir in Kapitel 9 vorgestellt haben. Achte bei den Bewerbungen darauf, dass Du Dein Duales Studium prägnant erklärst und auch in einem guten Licht erscheinen lässt.
  - Manche Länder außerhalb der Europäischen Union verlangen von Gaststudenten ein gültiges Visum. Gerade für die USA ist die Beantragung eines Visums kein Selbstläufer: Du musst zum Beispiel bestimmte Impfungen und eine ausreichende Auslandskrankenversicherung nachweisen.
  - Oft musst Du auch noch bestimmte Tests machen, bevor Du zu Deinem Auslandssemester zugelassen wirst. Der wohl bekannteste ist der Toefl-Englischtest. Dieser wird gerade von angelsächsischen Universitäten für ein Auslandssemester verlangt. Eine gute Vorbereitung nimmt – je nach Englischvorkenntnissen – mindestens ein bis zwei Monate in Anspruch.

Wenn der Auslandsaufenthalt steht

Wenn Dein Auslandsaufenthalt nun steht, gibt es noch ein paar Fleißaufgaben. So kannst Du noch etwas für die Finanzierung Deines Weges ins Ausland tun und Dir zeitlichen Freiraum schaffen.

- Viele Partnerunternehmen sind bereit, Dich bei Deinem Auslandsaufenthalt finanziell zu unterstützen. Sobald Du die Zusage hast, vereinbare noch einmal einen Termin mit Deinem Betreuer, um über mögliche finanzielle Unterstützung zu reden. Am leichtesten wird es, einen Zuschuss für die Unterkunft und die Reisekosten zu bekommen.

- Studierst Du an der Uni oder FH, kannst Du Dir auch den zeitlichen Freiraum für Deinen Auslandsaufenthalt selbst verschaffen. Um keine Zeit in Deinem Studium zu verlieren, überlege, ob Du die eine oder andere Prüfung vorziehst und schon früher schreibst. In Einzelfällen geht das auch an einer Berufsakademie oder Dualen Hochschule. Stelle Dir einen Plan auf, wie Du die Klausuren rechtzeitig schreiben kannst. So stellst Du sicher, dass Du Dein Studium durch den Auslandsaufenthalt nicht verlängerst.
- Du solltest Dich jetzt schon um die Anerkennung der Kurse im Ausland an Deiner Heimathochschule bemühen. Überprüfe genau, welche Kurse Dir für Dein Studium als Module anerkannt werden können. Wenn Dir ein Modul angerechnet wird, werden Dir die Leistungspunkte (ECTS) gutgeschrieben und Deine Note aus dem Ausland wird in das deutsche System übertragen und in Deine Leistungen integriert. Du kannst mit dem Prüfungsdekan auch ein sogenanntes Learning Agreement abschließen. Darin wird von Anfang an festgehalten, welche Kurse Du im Ausland belegst und wie sie Dir für Deinen Studienabschluss angerechnet werden.
- Unabhängig vom Learning Agreement lässt sich ein Kurs für Dein Studium anrechnen, wenn …
  - der Kurs ähnliche Inhalte hat, wie eine angebotene Veranstaltung an Deiner Heimathochschule, die Du noch nicht besucht hast und
  - der Kurs mindestens genauso viele ECTS Punkte schwer ist, wie der an der Hochschule angebotene Referenzkurs. Falls es sich um andere Leistungspunkte handelt, zählt die Übersetzung dieser Punkte in ECTS.

Finanzspritzen für Dein Auslandsstudium

Falls Dich Dein Partnerunternehmen finanziell nicht unterstützt, kannst Du ein paar zusätzliche Euros gut gebrauchen. Die beste Möglichkeit ist ein extra Stipendium für ein Auslandsstudium. Diese Stipendien sind oft einfacher zu ergattern als ein Stipendium für ein ganzes Studium.

- **Erasmus-Programm:** Ein Programm, das vom europäischen Haushalt finanziert wird, und einen Austausch von zwei bis zwölf Monaten für ein Auslandspraktikum oder Studium in bestimmten Ländern für Studenten aller Fachrichtungen und Hochschularten unterstützt. Die monatliche Förderung beträgt je nach Land und Art des Auslandsaufenthaltes bis zu 700 €. Im Ausland werden keine Studiengebühren gezahlt, Leistungen im Ausland werden an Deiner Hochschule anerkannt.

Das Erasmus-Programm ist weit verbreitet. Fast jede deutsche Universität und sehr viele Fachhochschulen verfügen über einen Erasmus-Verantwortlichen und eine gültige Erasmus-Charta. Aber auch manche Berufsakademien oder die DHBW bieten Erasmus-Programme an. Erkundige Dich an Deiner Hochschule, ob das möglich ist und was die Bedingungen sind.

- **DAAD-Stipendium:** Auf der Webseite des Deutschen akademischen Austauschdienstes DAAD (**www.daad.de**) gibt es eine Suchmaschine für Stipendien für studentische Auslandsaufenthalte. Der DAAD fördert den internationalen Austausch von Studenten und Wissenschaftlern. Neben der Übernahme von Reisekosten kannst Du Dich auf attraktive länderspezifische Stipendien, zum Beispiel für USA, Israel und Frankreich bewerben.

So erklärst Du das Duale Studium im Ausland

Gerade wenn Du in einem internationalen Unternehmen arbeitest, wirst Du öfters feststellen, dass das Konzept des Dualen Studiums im Ausland völlig unbekannt ist. Die meisten Länder kennen noch nicht einmal die deutsche Form der dualen Berufsausbildung. Deshalb hat man uns im Laufe unseres Dualen Studiums auch als Azubis, Praktikanten, Trainees oder einfach als Mitarbeiter vorgestellt. Es ist von Vorteil, wenn Du Deine eigene Ausbildung treffend erklären kannst. Man sollte also im Laufe des Dualen Studiums lernen, wie das einem am besten gelingt. Dabei solltest Du Dein Duales Studium ehrlich und mit Stolz erklären. Bist Du Dir nicht sicher, kannst Du Dich diesbezüglich auch von Deiner Hochschule beraten lassen, wie die offizielle Bezeichnung im Ausland ist. Leider bedeutet das nicht auch, dass die offizielle Bezeichnung im Ausland auch verstanden wird. In der Kommunikation mit internationalen Kollegen oder beim Auslandsaustausch empfehlen wir für eine knappe Beschreibung:

- »Combined Studies and Professional Experience Programme« – für alle Dualen Studienprogramme
- »Cooperative Higher Education« – für Studierende an Dualen Hochschulen oder Berufsakademien

Auch wenn das einige Hochschulen empfehlen, benutzt nicht den Begriff »dual studies«. Der Begriff schafft keinen Wert, da sich niemand im Ausland etwas darunter vorstellen kann. Wir persönlich sind mit »Combined Studies and Professional Experience Programme« sehr gut gefahren. Denn hier steckt schon die Kernessenz des Dualen Studiums drin: die Kombination aus Studium und Arbeit bei einem Arbeitgeber.

Für eine genauere Beschreibung in einem Satz geben wir Dir auch einen Vorschlag, den Du zum Beispiel in Deinen Lebenslauf auf Englisch schreiben kannst:

- »Programme for [very] good school graduates combining professional experience in a sponsor and employer company and [academic] studies. «

Du kannst das Duale Studium ruhig gut verkaufen. Wenn Dein Partnerunternehmen nur sehr gute Abiturienten nimmt, dann kannst Du das auch in Dokumenten, wie einem Lebenslauf, erwähnen. Erklärst Du das Programm mündlich, solltest Du nicht mehr betonen, dass es sich an überdurchschnittliche Abiturienten richtet, das wirkt angeberisch. Studierst Du nicht an einer Berufsakademie, so kannst Du auch das »academic« mit reinschreiben.

TIPP

Ausbildungsintegrierte Studiengänge

Für ausbildungsintegrierte Studiengänge ist es besser, wenn Du nicht erklärst, dass eine anerkannte Duale Berufsausbildung Teil des Programms ist. Diese existiert in den meisten Ländern in dieser Form nämlich nicht. Wenn Du diese dann noch umschreibst oder mit der offiziellen Übersetzung »Apprenticeship« arbeitest, stiftest Du schnell Verwirrung. Wichtiger ist, dass Du die praktische Erfahrung im Unternehmen hervorhebst. Da spielt es dann auch keine Rolle, in welcher Form diese erbracht wurde.

EXPRESS-WISSEN

- Wenn Du eine Reihe von Ratschlägen beachtest, ersparst Du Dir viel Ärger im Dualen Studium und erreichst leichter Deine Ziele.
- Da es mittlerweile sehr viele Duale Studenten und ehemalige in Deutschland gibt, ist ein Duales Studium alleine nichts Besonderes mehr. Stipendien, Zweitstudien, eine Tätigkeit als studentische Hilfskraft oder soziales Engagement sind eine Möglichkeit zusätzlich zum Dualen Studium noch etwas dazuzulernen und Dich weiterzuentwickeln. Hier ist zusätzliches Engagement mit Maß zu empfehlen.
- Falls Dein Unternehmen keinen Auslandsaufenthalt anbietet oder Du noch einen weiteren absolvieren willst, kannst Du Dir einen Auslandsaufenthalt auch selber organisieren. Infrage kommt ein Auslandssemester oder ein Auslandspraktikum. Falls Du von Deinem Praxispartner keine finanzielle Unterstützung erfährst, gibt es mit dem Erasmus-Programm und DAAD-Stipendium aussichtsreiche Finanzierungsmöglichkeiten.
- Wenn Du im Ausland erklären willst, welchen Ausbildungsweg Du gehst, musst Du Dir bewusst sein, dass das Duale Studium in den meisten Ländern vollkommen unbekannt ist. Am besten Du beschreibst es als »Combined Studies and Professional Experience Programme«. Falls Du ausbildungsintegriert studierst, musst Du das nicht noch einmal extra erwähnen. Denn auch die deutsche Berufsausbildung ist im Ausland unbekannt.
- Sich selbst einen Auslandsaufenthalt zu organisieren braucht viel Zeit, Mühe und Vorbereitung. Aber am Ende zahlt es sich aus. Es gibt sogar extra Stipendien für diese Art von Auslandsaufenthalt.

[www] Kapitel 13
Wie Du Dein eigener Finanzminister wirst

Als Dualer Student bist Du auf ein finanzielles Sicherheitspolster gebettet: Du verdienst während Deines Studiums Geld. Du kannst aber trotzdem noch andere Quellen für die Finanzierung Deines Studiums anzapfen. Außerdem kommen mit dem Verdienst andere Verpflichtungen auf Dich zu: Du musst Deine Einkommenssteuererklärung machen.

Wir haben uns für Dich auch die wichtigsten Finanzthemen angeschaut und bringen in diesem Kapitel Licht in das Dunkel dieses Bereichs, in dem bei Dualen Studenten immer noch große Verwirrung herrscht.

Das zusätzliche Kapitel findest Du unter: **www.berufundkarriere.de/onlinecontent**
Folge einfach den Anweisungen auf der Website.

Danksagung

Viele wichtige Ratschläge und Informationen, die wir unseren Lesern weitergeben, verdanken wir unseren Gesprächen mit Abiturienten, aktiven und ehemaligen Dualen Studenten, Hochschulvertretern und Unternehmensvertretern. Wir haben für die Erstellung des Buches insgesamt über 100 Gespräche geführt und jedes einzelne davon hat uns weitergebracht. Dafür sind wir sehr dankbar. Einige Personen und Organisationen möchten wir deshalb stellvertretend hervorheben.

Unsere Arbeitgeber Generali Versicherung und Munich Re haben uns nicht nur im Dualen Studium hervorragend ausgebildet, sondern auch den Weg zum Ratgeberbuch ein Stück weit begleitet. Namentlich bedanken wir uns hierfür bei unseren ehemaligen Betreuern und Mentoren Steffi Vielmuth und Michaela Schindler.

Ganz besonders danken wir Martin Faltl, der unseren Ratgeber mit einem Fachbeitrag aus Sicht der Motivationsforschung bereichert hat.

Auch die Hochschulen und Bildungseinrichtungen, die uns bereitwillig Einblick in ihre unterschiedlichen Philosophien und Abläufe gewährt haben, machten die Ratschläge in diesem Ratgeber erst möglich. Besonders dazu beigetragen haben Prof. Reinhold Geilsdörfer, Prof. Bärbel Renner und Simone Schröter von der DHBW, Theresa Eitel von hochschule dual und Prof. Burkhard Utecht von der Staatlichen Studienakademie Thüringen.

Vor allem die Ratschläge ehemaliger Dualer Studenten und Unternehmensvertreter haben sich als besonders wertvoll herausgestellt. Darum danken wir stellvertretend für alle ehemaligen Dualen Studenten Marc-Sven Mengis (Unternehmensgruppe fischer), Stefan Krause (Wohnungsbaugenossenschaft »Neues Berlin«), Melanie-Gitte Lansmann (THINK ABOUT GmbH) und Michael Langfeld (Dr. Weber & Partner).

Auch unsere Kommilitonen Christian Greilmeier, Philipp Wanger, Sabrina Okrongli, Annika Grießer, Tobias Rochlitz, Gabriel Gillessen und Christian Daumoser haben nicht nur die Buchidee mit entflammt und uns bereitwillig immer wieder mit Tipps für zukünftige Duale Studenten versorgt – sondern uns auch während des Dualen Studiums mit Team-Spirit und Ehrgeiz unterstützt.

Zuletzt gilt Florians besonderer Dank Lisa Schüttenhelm. Sie hat uns immer wieder inspiriert und dadurch einen erheblichen Anteil zum Buch beigetragen. Viele Wochenenden hat sie auf ihren Freund verzichtet und ihn dennoch geduldig durch manche schriftstellerische Talsohle begleitet.

Stichwortverzeichnis

Unsere **Leseempfehlungen**

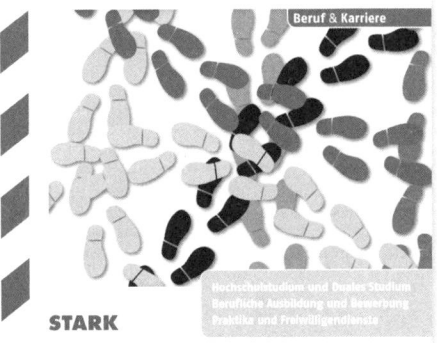
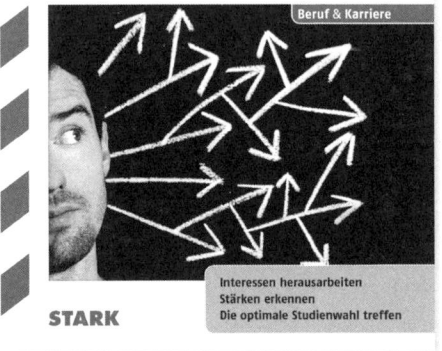